Herrad Schenk

Glück und Schicksal

Herrad Schenk

Glück und Schicksal

Wie planbar ist
unser Leben?

Verlag C.H.Beck München

Die Deutsche Bibliothek – CIP-Einheitsaufnahme

Schenk, Herrad: Glück und Schicksal : wie planbar ist unser Leben? /
Herrad Schenk. – München : Beck, 2000 –
ISBN 3 406 46627 3

ISBN 3 406 46627 3

© Verlag C. H. Beck oHG, München 2000
Umschlagbild: René Magritte, Le mal du pays,
1941 – © VG Bild-Kunst, Bonn 2000
Umschlaggestaltung: Uwe Göbel, München
Satz: Fotosatz Janß, Pfungstadt
Druck und Bindung: Freiburger Graphische Betriebe, Freiburg
Gedruckt auf säurefreiem, alterungsbeständigem Papier
(hergestellt aus chlorfrei gebleichtem Zellstoff)
Printed in Germany

www.beck.de

*Zur Erinnerung
an Werner Langenheder
(1938–1995)*

*Mit ihm zu leben war für mich Glück –
ihn zu verlieren
meine Begegnung mit dem Schicksal*

INHALT

Erster Teil

DER MYTHOS DER MACHBARKEIT

«Das Bild also, nach dem der einzelne
sein Leben entwerfen zu müssen lernt,
paßt nicht zu dem,
was das Leben mit ihm macht.»
Horst-Eberhard Richter

1. Jeder Mensch ist seines Glückes Schmied

Das bekannte Sprichwort kann als ein Leitmotiv der westlichen Kultur während der letzten drei Jahrhunderte gelten.
In unserer Gegenwart hat es noch einmal eine neue und
zum Teil fatale Bedeutung erlangt.

«Jeder ist seines Glückes Schmied» – das heißt, jeder
Mensch kann sein Leben nach seinen Wünschen gestalten
und aktiv handelnd Einfluß auf sein Schicksal nehmen. Wir
sind, so behauptet das Sprichwort, kein Spielball blinder
Mächte; wir sind verantwortlich für unseren Lebenserfolg.
Das Glück fällt uns jedoch nicht zu; wir müssen hart dafür
arbeiten. Die Metapher des Handwerks legt nahe: Wer sein
Glück schmieden will, muß Fertigkeiten erlernen, muß
auch Kraft einsetzen, denn das Material ist hart und spröde.
Doch wenn wir die Regeln beachten und uns tüchtig anstrengen, dann machen wir unser Glück.

Hinter diesem Sprichwort steckt ein Bekenntnis zum
Individualismus: Du selbst, und nur du allein, schmiedest
dir dein Lebensglück. Es setzt Freiheit des Willens und
Handelns voraus. Es propagiert Machbarkeit und Kontrolle, bekennt sich damit aber auch zur Verantwortlichkeit für die Ergebnisse des eigenen Handelns. Das sind
die Grundlagen des westlichen Menschenbildes der
Moderne, und diese Welthaltung ist in den letzten Jahrhunderten ungemein erfolgreich gewesen. Sie hat unser
wissenschaftliches Denken bestimmt und zur Entwicklung
einer erfolgreichen Technik geführt. Sie hat unser wirt-
schaftliches Handeln beeinflußt, das im Zusammenspiel
mit dem wissenschaftlich-technischen Fortschritt eine

grandiose Steigerung des Wohlstands der westlichen Welt herbeiführte.

Der Glaube an die individuelle Gestaltungsmacht hat darüber hinaus auch das persönliche Leben geprägt. In vielen Bereichen, in denen die Menschen früherer Zeiten sich eher passiv und abhängig von äußeren Mächten wahrnahmen, erkennen wir heute unseren aktiven, verursachenden Anteil am Geschehen unseres Lebens. Wir sind davon überzeugt, daß wir selber an unserem Lebensskript schreiben, dessen Muster wir erkennen und zum Teil auch verändern können. Die meisten von uns meinen, daß der äußere Verlauf unseres Lebens, die berufliche Karriere und der materielle Erfolg, entscheidend von uns selbst bestimmt wird. Hier gilt die Behauptung: Jeder ist seines Glückes Schmied! ganz besonders. Aber wir halten uns heute auch in vielen anderen Dimensionen unseres persönlichen Lebens für die Verursacher und Gestalter unseres Lebensglücks. So glauben wir zum Beispiel nicht mehr, daß die Liebe uns schicksalhaft zustößt; nein, wir senden, obwohl nicht immer bewußt, Signale aus und suchen uns unsere Lebenspartner nach gewissen Kriterien selber aus. Wir haben erkannt, daß wir entscheidend daran mitwirken, wenn Beziehungen scheitern und es zu Trennung und Scheidung kommt. Wir glauben daran, daß wir das Wesen und die Lebenshaltung unserer Kinder durch unsere Erziehung entscheidend formen. Viele von uns sind auch überzeugt, daß wir für Krankheiten selbst verantwortlich sind, daß wir sie durch unsere Ernährung und Lebensweise oder unsere seelische Disposition herbeiführen oder auch verhindern können.

Natürlich ist diese Sichtweise der Dinge nicht ganz falsch. Wir erleben sie als richtig, weil wirklich sichtbare Zusammenhänge zwischen unserem Handeln und Unterlassen und unserem Lebensverlauf bestehen. Auf der anderen Seite gibt es genügend Beispiele für unerwünschte Ereignisse im Leben, die nicht von uns herbeigeführt werden. Unfälle, Naturkatastrophen, Erfahrungen von Gewalt, Krieg, Flucht und Vertreibung, schwere Krankheiten und der Tod naher Angehöriger greifen sehr tief in individuelle

Biographien ein. Wir nennen solche Ereignisse «Schicksalsschläge» und versuchen so zu unterscheiden zwischen von außen gesetzten Bedingungen unseres Lebens und einem Spielraum, innerhalb dessen wir es selbstbestimmt gestalten können. Noch nie ist dieser Gestaltungsspielraum so groß gewesen wie heute für die Angehörigen der westlichen Welt. Vielleicht neigen wir deswegen dazu, ihn gewaltig zu überschätzen und die von uns selbst nicht gesetzten Bedingungen unseres Lebens zu bagatellisieren.

Natürlich wissen wir, rein theoretisch, daß die Macht des Schicksals dem Schmieden des individuellen Glückes Grenzen setzt. Doch was erleben die Menschen heute bei uns noch als Schicksal? Es ist jedenfalls auffällig, wie stark wir im Vergleich zu früheren Zeiten unsere Gestaltungsmacht betonen, wie sehr wir alles, was uns geschieht, auf selbst- bzw. von Menschen gesetzte Ursachen zurückführen. Beruflicher Erfolg? Man war tüchtig und kompetent, hat ihn sich erarbeitet. Armut und materielle Not? Selbstverschuldet durch Faulheit und Unfähigkeit. Ein Unfall? Man selbst oder ein anderer hat nicht genug aufgepaßt, Fehler gemacht. Eine größere technische Katastrophe? Schlamperei und menschliches Versagen an irgendeiner Stelle, die sich bei genauerer Untersuchung auch genau bezeichnen läßt. Naturkatastrophen? Wären die Verantwortlichen aufmerksamer gewesen, hätte man zumindest vor ihnen warnen und ihre Folgen dadurch abwenden können. Schwere Krankheiten? Zumindest mitverschuldet durch falschen Lebenswandel.

Dahinter steht ein ungetrübt optimistisches Weltbild vom Menschen als Macher: Wer sich anstrengt und alles richtig zu machen bemüht, dem muß es einfach gut gehen, der wird Glück im Leben haben und Leid erfolgreich von sich weghalten können. In manchen psychologisch-esoterischen Kreisen geht man so weit, eine unabhängig vom Denken des Individuums existierende Wirklichkeit überhaupt zu leugnen. Sämtliche von außen kommenden Ereignisse sind demnach direkt oder indirekt, bewußt oder unbewußt, selbst verursacht – und damit auch dem eigenen Willen unterworfen, durch die Kraft des eigenen Denkens zu steuern. Solche Anschauungen erfreuen sich gerade in jüngster Zeit in der Lebenshilfeliteratur großer Beliebtheit.

Die Überschätzung der Machbarkeit unseres Lebens ist typisch für unsere Zeit; sie kennzeichnet die Moderne im Vergleich zum Mittelalter und zur frühen Neuzeit. Damals erlebten sich die Menschen als abhängiger von Schicksalsmächten. Tatsächlich ereigneten sich ja auch häufiger existenzielle Katastrophen wie Dürren, Seuchen, Überschwemmungen, Hungersnöte; auch Kriege waren gegenwärtiger. Die Sterblichkeit war größer; jeder Mensch, der erwachsen wurde, hatte mehrere Todesfälle in der Familie erlebt, Geschwister und oft auch Eltern sterben sehen. Noch gab es keine moderne Technik, die eine Beherrschbarkeit der Natur vorgaukelte.

Die Überschätzung der Machbarkeit ist auch kennzeichnend für eine bestimmte Generation an einem bestimmten historischen Ort: für die westliche Zivilisation, insbesondere die USA und Westeuropa in den Jahrzehnten nach dem Zweiten Weltkrieg – für eine Generation, die fast ihr ganzes Leben in einer historisch seltenen Phase von Sicherheit, sozialem Frieden und allgemeinem Wohlstand verbracht hat.

In Deutschland haben sich die Eltern der Nachkriegsgeneration in der Mehrzahl ganz bestimmt nicht als die aktiven Gestalter ihres individuellen Schicksals gesehen. Sie mochten allerlei Lebenspläne gemacht haben, aber für die einen setzte die Nazidiktatur, für die Mehrheit der anderen spätestens der Krieg, die Flucht, die Vertreibung, der Tod einschneidende Zäsuren, die ihr Leben in ganz anderen als den angesteuerten Bahnen verlaufen ließ. Für diese Generation ging es weniger um ein Machen ihres Schicksals als um ein Überleben durch die Anpassung daran, ein trotziges Sich-Durchschlagen unter zwingend vorgegebenen Bedingungen, ein Trotzdem und Dennoch. – Das dürfte für den größten Teil der Weltbevölkerung, der eben nicht in den privilegierten Nischen des Wohlstands lebt, auch heute noch der Fall sein.

Die Überschätzung der Machbarkeit des eigenen Lebens ist sicher auch typisch für eine Lebensphase. In den ersten

Jahrzehnten des Lebens erlebt man sich eher als aktiv gestaltend. In dieser Zeit bewertet man viel von dem, was man tut, als neu und einzigartig; man erkennt seine Abhängigkeit von den anderen noch nicht; man sieht noch keine wiederkehrenden Muster in der eigenen Biographie, nur eine aufsteigende Bahn, und man verkennt die eigene Abhängigkeit vom Leben vorangegangener Generationen. Später werden solche Zusammenhänge und Begrenzungen sichtbarer.

In der zweiten Lebenshälfte mehren sich im allgemeinen Ereignisse, die nicht mehr ohne weiteres als «selbst geschmiedet» erlebt werden können. Für die deutsche Nachkriegsgeneration, der keine größeren kollektiven Katastrophen zugestoßen waren, kristallisierten sie sich um Themen wie Krankheit und Gesundheit, Altern und Tod. Dennoch halten viele Menschen auch angesichts solcher Erfahrungen noch fest an der Illusion, ihr Leben weitgehend steuern, kontrollieren und absichern zu können. Sie leugnen und verdrängen die Macht von Schicksalsschlägen, solange sie selber nicht betroffen sind; sie versuchen sich auf mancherlei Weise gegen jede Unbill zu versichern; sie fliehen in ein quasi-magisches, infantiles Denken, das von vielen Lebenshilferatgebern propagiert wird. Dort wird einem vermittelt, wie man es anstellt, immer erfolgreich zu sein, immer fit, jung und gesund zu bleiben, sich alles Leid und alles negative Geschehen durch positives Denken vom Leib zu halten.

Die Nachfrage nach solcher Literatur ist immens; wahrscheinlich wird sie von der Angst gespeist, die Grandiositätsvorstellungen vom eigenen kontrollierenden Ich doch nicht aufrecht erhalten zu können. Nur wenige Menschen erkennen an dieser Stelle den Machbarkeitswahn unserer Kultur im Muster ihres eigenen Lebens und lernen, ihre existenzielle Abhängigkeit zu akzeptieren. Dann werden neue und andere Wege nötig, die Angst zu überwinden.

Die Überschätzung der Machbarkeit des eigenen Lebens ist auch etwas Persönlichkeitsspezifisches. Manche Menschen neigen mehr dazu als andere. Wahrscheinlich nähren gerade die am meisten die Illusion, alles steuern zu können, denen lange Zeit fast alles zu gelingen scheint.

Auch mir, nach dem Zweiten Weltkrieg geboren, sind die Grenzen der Machbarkeit des eigenen Lebens erst spät bewußt geworden. In meinen jüngeren Jahren sah ich mich selbstverständlich und ausschließlich als Schmiedin meines Glücks: Alles, für das man sich wirklich anstrengt, kann man auch erreichen – die typische Weltsicht von Menschen mit viel Ehrgeiz, einigen Fähigkeiten und Begabungen, denen sich lange nur Hindernisse mittlerer Ordnung in den Weg stellen, gerade groß genug, um motivierende Herausforderung zu sein.

Zwei simple Erfahrungen konfrontierten mich, konfrontieren langfristig uns alle mit den Grenzen der Machbarkeit. Erstens: es geschieht nicht immer, was wir wollen, und wenn wir noch so verbissen darum kämpfen – und zweitens: es geschieht oft genug, was wir nicht wollen, und wenn wir uns noch so sehr dagegen abzusichern versuchen. Wir gestalten unser Leben nach besten Kräften, vieles gelingt uns auch, doch früher oder später erfüllt sich ein hochbesetzter Lebenswunsch nicht. Außerdem stoßen uns irgendwann Ereignisse zu, die wir über alles fürchten. Es mögen Unfälle, lebensbedrohliche oder chronische Krankheiten sein, Behinderungen, Einbrüche von Gewalt oder ähnliches. Dinge, die uns wichtig waren, Menschen, die wir liebten, werden uns genommen.

Der Machbarkeitswahn – und darin liegt seine eigentliche Gefahr – läßt unsere Fähigkeit verkümmern, uns mit dem Schicksalhaften in unserem Leben zu versöhnen. Er macht, daß wir unaufhörlich hinter Zielen herjagen, die sich verselbständigen und nicht mehr auf ihren Sinn hinterfragt werden, er macht, daß wir all unsere Kräfte darin verbrauchen, das Leid der menschlichen Existenz zu leugnen und von uns wegzuhalten. Die vitale Energie, die er bindet, brauchen wir aber, um uns mit dem zu arrangieren, das wir nicht ändern können, das vom Schicksal Gesetzte zu akzeptieren und fruchtbar in unser Lebensmuster zu integrieren.

Machbarkeitswahn und Individualismus gehören zusammen; sie haben sich historisch gemeinsam entwickelt. Das mündige Individuum auf dem Weg zur Selbstverwirklichung, die mit Glück gleichgesetzt wird, übernimmt die Kontrolle über und die Verantwortung für sein eigenes Leben.

Selbstentfaltung, Selbstverwirklichung, ein selbstbestimmtes Leben – das sind die Gebote und Verheißungen des Individualismus. Diese Ziele, mit der Aufklärung entstanden und im 20. Jahrhundert in der westlichen Welt allgemein geworden, hatten sich die gesellschaftlichen Befreiungsbewegungen der 70er und 80er Jahre auf die Fahnen geschrieben. Sie waren auch in einer Erziehung angelegt, die die individuelle Entwicklung, Bildung als Mittel zu sozialem Aufstieg, zu Status, Vermögen und gesellschaftlicher Teilhabe zum Lebensziel machten. Das zweihundert Jahre alte klassisch-bürgerliche Erziehungsideal vom Individuum, das «immer strebend sich bemüht», wurde noch verstärkt durch das elterliche «Du sollst es mal besser haben als wir».

Das war besonders ausgeprägt in Westdeutschland, wo die Elterngeneration der 40er und 50er Jahre, nach dem Zweiten Weltkrieg materiell am Punkte Null, gedemütigt und voll Scham über die nationalsozialistische Ära, mit häufig gebrochenen Karrieren, den eigenen Kindern den Auftrag gab, dieses Scheitern mit ihrem Lebenserfolg wettzumachen.

Auf diesem Hintergrund haben sich in der zweiten Hälfte des 20. Jahrhunderts viele Karrieren entfaltet. Viele Menschen der ersten Nachkriegsgeneration erlebten ihre Entwicklung – die Schuljahre, die Ausbildung, die ersten Berufsstationen – als unaufhaltsamen Aufstieg. Man verdiente immer mehr, man konnte sich immer mehr leisten, immer größere Wohnungen, immer mehr Alltagskomfort, immer teuerere Autos, immer weitere Reisen. Keine größeren negativen Ereignisse behinderten den Lebensgang dieser Generation, keine gesellschaftlichen Katastrophen von größerer Reichweite, keine Wirtschaftskrisen, sozialen Umbrüche oder Kriege brachten individuelle Lebenspläne zum Scheitern. Von daher ist es nicht verwunderlich, daß die, die erfolgreich waren, sich selbst als «Schmiede ihres Glücks» erlebten. Sie hatten sich angestrengt, sie waren strebsam und ehrgeizig gewesen, also hatten sie ihren Erfolg selbst gemacht.

Erst als der individuelle Aufstieg sich abflachte oder zum Stillstand kam, erst mit einer gewissen Saturiertheit stellte sich bei vielen ein Unbehagen ein. Die Leere eines bloß ichbezogenen Lebenskonzepts wurde in den mittleren Lebensjahren fühlbar. Die sozialen Aufsteiger dieser Generation hatten als einzige Rückbindung in ein «Wir» nur noch die Familie im Hintergrund; andere größere Gemeinschaften und soziale Verbände hatten mit zunehmender Individualisierung an Bedeutung verloren. Oftmals war die individuelle Karriere durch die Erwartungen und den Stolz der Herkunftsfamilie befördert worden. Zu gegebener Zeit mußte eine eigene Familie gegründet werden, die für das durch den Aufstieg nicht selten sozial entwurzelte Individuum einen neuen Wir-Bezug herstellen sollte.

Der überspitzte Individualismus der Nachkriegsgeneration wurde bei uns gewiß noch verstärkt durch die Abgrenzung vom Wir-Gefühl, das der Nationalsozialismus gepredigt hatte. Der war ja eine anti-individualistische Weltanschauung gewesen, die die Einordnung des Ichs in die Volksgemeinschaft gefordert hatte (ähnlich wie der Kommunismus die Einordnung des Individuums in die Solidargemeinschaft der Arbeiterklasse verlangte). Eine eigene Familie schützte zumindest für eine gewisse Lebensphase vor der Leere und dem unbefriedigenden Gefühl, einen nur egoistischen Lebensplan zu verfolgen. Kinder, die es einmal noch besser haben sollten, konnten eine Zeitlang zur Rechtfertigung weiterer Karriereanstrengungen werden.

Es ist kein Zufall, daß die Frage nach dem Glück gerade von dieser Generation so laut gestellt wird – von ihr und von der nachfolgenden Generation, die im Geist eines noch weiter fortgeschrittenen Individualismus und zugleich in einer gesellschaftlichen Situation mit weniger positiven objektiven Zukunftschancen aufwächst. Die heute Dreißigjährigen können ihren Lebensverlauf nur noch selten als ein ständiges Besser und Mehr erleben; zumeist begannen diese Biographien schon auf dem Hintergrund materieller Sättigung. Das Problem dieser Generation ist die scheinbar unbegrenzte Vielfalt der Möglichkeiten, die aber nur ins Beliebige zielen – und die latente Angst vor Rückschritt und Verfall des Wohlstands.

Die Frage nach dem Glück im Leben ist in diesem Zusammenhang nur die verkappte Frage nach dem Sinn, die sich für die Mehrzahl nicht mehr durch die herkömmliche Religiosität beantworten läßt, wegen der nachlassenden Verbindlichkeit und der schwindenden prägenden Kraft des christlichen Weltbildes.

Sind wir nun unseres Glückes Schmied – oder sind wir es nicht? Jeder Versuch einer Antwort auf diese Frage muß viele Facetten haben. Was verstehen wir überhaupt unter Glück und Lebenserfolg? Wie weit machen wir unser Leben selbst, und wie weit wird es von Ereignissen bestimmt, auf die wir keinen Einfluß haben? Welche Ereignisse können wir auf welche Weise beeinflussen, und wo und in welcher Form begegnet uns Schicksal? Und welche Haltung gegenüber dem Leben folgt aus unserem Anspruch, unser Glück selbst zu gestalten?

In diesem Buch geht es mir um die Grenzen der Machbarkeit und damit, allgemeiner, auch um die Grenzen des Individualismus. Wir können heute neben seinen Verheißungen auch seine Schattenseiten erkennen, den Preis, den wir für unsere individualistische Lebensgestaltung zahlen müssen – wohl wissend, daß wir nicht mehr dahinter zurückfallen können und wollen.

«Nach dem Herausfallen – oder Heraustreten –
aus der Endlichkeit des christlichen Lebenszyklus
mußte der Mensch nun einen Sinn darin suchen,
sich auf einer nach vorn unabgegrenzten Linie zu bewegen.
Diesen Sinn hat er schließlich darin zu finden gesucht,
das bloße Weitergehen in der Zeit mit Fortschritt,
mit permanenter Höherentwicklung gleichzusetzen.»
Horst-Eberhard Richter

2. «Gott ist mit dem Tüchtigen»
Die Entstehung des Machbarkeitsmythos

Im späten Mittelalter und in der frühen Neuzeit hatten
sich die Menschen als viel ohnmächtiger und abhängiger
von äußeren Schicksalsmächten erlebt. Die Welt schien ihnen ein Jammertal, das Leben war kurz, es enthielt gewiß
auch einige flüchtige Freuden, aber vor allem mußte es
durchlitten werden. Es herrschte eine weltskeptische, pes-
simistische Lebenshaltung vor. «Was sind wir Menschen
doch? Ein Wohnhaus grimmer Schmerzen, / Ein Ball des
falschen Glücks, ein Irrlicht dieser Zeit, / Ein Schauplatz
herber Angst, besetzt mit scharfem Leid, / Ein bald ver-
schmelzter Schnee und abgebrannte Kerzen ...», dichtete
Andreas Gryphius (1616–1664) und gab damit dem Lebensgefühl einer Zeit Ausdruck, in dem das Bewußtsein
existenziellen Ausgeliefertseins und der Vergänglichkeit do-
minierten. Die Menschen mögen sich abmühen, wie sie
wollen; es triumphieren doch immer Leid, Krankheit und
Tod; alle Anstrengungen sind vergeblich, denn was man
aufgebaut hat, wird über kurz oder lang wieder verfallen.

Angesichts der menschlichen Ohnmacht und Angst ver-
mittelte lediglich das Gefühl der Gotteskindschaft eine ge-
wisse Sicherheit und Geborgenheit. Wer sich in Gottes
Willen ergab, konnte und mußte darauf verzichten, sein
Leben genau zu planen, zu berechnen und zu kontrollieren.
Wenn man sich ganz darauf konzentrierte, ein Gott wohl-

gefälliges Leben zu führen, dann durfte man aber darauf vertrauen, nach dem Tod zu ihm zu gelangen, Entschädigung für die schweren Jahre des irdischen Lebens.

Glück in dieser Welt zu erlangen galt nicht als Ziel, das man sinnvollerweise anstreben sollte; denn Glück war nur ein flüchtiger, trügerischer Zustand, der einen darüber hinaus von der Betrachtung des Wesentlichen ablenken konnte. Der einzige wirkliche Fortschritt, den ein Mensch in seinem Leben machen konnte, bestand darin, immer fester im Glauben zu werden.

In der ständischen Gesellschaftsordnung des Mittelalter gab es kaum Möglichkeiten für individuellen Aufstieg und persönliches Fortkommen und dementsprechend auch nur wenig Glauben an einen sozialen Fortschritt hin zu einer besseren oder gerechteren Gesellschaft. Alles Menschliche war einerlei Flickwerk, eitel und mit Unvollkommenheit behaftet – gerecht und vollkommen würde erst das Reich Gottes sein, das dem Tod und der Auferstehung folgte. Man hatte ein eher zyklisches Geschichtsbild: Gesellschaften und Kulturen kommen und gehen, steigen auf, erleben eine gewisse Prosperität und verfallen wieder. Der Lauf der Geschichte besteht in der ewigen Wiederkehr des Gleichen, bis der Jüngste Tag anbricht. Wie schon der Prediger Salomo sagte: «Was ist's, das geschehen ist? Eben das hernach geschehen wird. Was ist's, das man getan hat? Eben das man hernach wieder tun wird; und geschieht nichts Neues unter der Sonne» (Prediger 1, 1,9).

Im 18. Jahrhundert entwickelten die Menschen im europäischen Abendland dann eine neue Einstellung zum Leben, eine neue Auffassung von der Geschichte und ein optimistischeres Bild von der Welt und sich selbst als handelnden Individuen. Allmählich verlor sich der Glaube, daß der Sinn der menschlichen Existenz erst im ewigen Leben offenbar werde; man erwartete nun mehr und mehr, er müsse sich bereits im Diesseits, am sichtbaren Lebenserfolg manifestieren. Die Freiheit des Willens wurde stärker betont, die Chance des Menschen, nach Maßgabe der Vernunft zwischen verschiedenen Handlungsmöglichkeiten zu wählen und damit auch verschiedene Ergebnisse zu erzielen.

Das Individuum wurde sich seiner selbst immer mehr bewußt. Es vollzog sein Leben nicht mehr selbstverständlich in den Bahnen vorangegangener Generationen, wie es das Ideal des Mittelalters gewesen war. Statt im von Gott gegebenen Stand zu verharren, versuchte es sich nun in individueller Lebensgestaltung; es strebte nach gesellschaftlichem Aufstieg, nach Berufserfolg und materiellem Reichtum. Auf dem Tüchtigen ruht sichtbar Gottes Segen, lautete die neue Maxime. Strenge dich also an, entwickele deine Fähigkeiten, erwirb Wissen und Fertigkeiten! Mache etwas aus dir, suche im Leben fortzukommen! Nutze deine Zeit, verändele sie nicht! Bilde dich, denn Wissen ist Macht und Bildung ein Vehikel gesellschaftlichen Aufstiegs. Arbeite rastlos, setze dir Ziele, kleinere Ziele, größere Ziele, ein Lebensziel! – Mit der Verbreitung der protestantischen Ethik wird «Gott ... zum Partner individuellen Erfolgs- und Glücksstrebens».[1]

Die protestantische Ethik enthielt den Auftrag, etwas aus sich selbst und seinem Leben zu machen, sich nicht passiv seinen Lebensumständen zu ergeben, sondern ihnen kämpferisch das Beste abzuringen. «Du selbst bist, was aus allem du dir schufst und bildetest und wardst und jetzo bist, dir bist, dein Schöpfer selbst und dein Geschöpf», erklärte Gottfried Herder.[2] Diese Lebenshaltung, das Selbstbewußtsein des ganz auf sich gestellten Individuums, das sein Leben aktiv in die Hand nimmt, wird von Goethes Prometheus im gleichnamigen Gedicht verkörpert. «Hast du nicht alles selbst vollendet, / heilig glühend Herz?» Prometheus, stolz auf seine Leistungen, verhöhnt die Ohnmacht der Götter und kündigt alle kindliche Abhängigkeit von ihnen auf. Er ist kein Gott, kommt aber fast den Göttern gleich, als Macher und Schmied seines Glücks.

Das neue Ideal der individuellen Lebensgestaltung gilt zunächst nur für die Männer; jedenfalls orientiert es sich an Werten, die als maskulin gelten. Der neue Mensch soll sein Schicksal nicht *erleiden* oder *ertragen*, sondern *meistern* oder *bezwingen*. Die Passivität, das bloße Aushalten und Erdulden, gilt nun als weibisch und minderwertig. «Feiger Gedanken / bängliches Schwanken, / ängstliches Klagen,

/ weibisches Zagen / wendet kein Elend, / macht dich nicht frei. / Allen Gewalten / zum Trutz sich erhalten, / kräftig sich zeigen, / nimmer sich beugen / rufet die Arme der Götter herbei», heißt es bei Goethe.

1776 wurde in der amerikanischen Unabhängigkeitserklärung das Streben nach dem persönlichen Glück, «the right to the pursuit of happiness», als ein unveräußerliches Menschenrecht proklamiert, als ebenso wichtig und grundsätzlich wie das Recht auf Leben und Freiheit. Amerika, so Richard van Dülmen, hatte sich damit als erstes Land eine Verfassung gegeben, «... die die Freiheit des ‹Selfmademan› zum Ideal der Gesellschaft erhob».[3] Aus dem Menschenrecht, der eigenen Fasson vom Glück nachzustreben, wurde im Laufe der Moderne in der allgemeinen Vorstellung so etwas wie das Recht auf Glück – ein Gedanke, der dem mittelalterlichen Menschen gewiß zutiefst fremd war. Unter Glück verstand man im 19. Jahrhundert zunächst vor allem Wohlstand und gesellschaftliches Ansehen, später, im 20. Jahrhundert, dann auch Selbstentfaltung. Sozialer Aufstieg, materieller Erfolg und Selbstverwirklichung wurden zum wichtigsten Lebensziel.

Im Mittelalter hatte das Streben nach materiellem Eigennutz als verächtlich gegolten; Gemeinnutz ging vor Eigennutz. Der mittelalterliche Mensch erlebte sich weniger als einzelner denn als Mitglied von sozialen Gruppen, als eingebunden in die Familie, die Dorfgemeinschaft, die Zunft, Gemeinschaften, von deren Solidarität er abhängig war. «Arbeit zum eigenen Gewinn war, wie individuelles Handeln überhaupt, nicht das angestrebte Ideal. Der ideale Bauer oder Handwerker war der, der seine Arbeit zur Zufriedenheit aller verrichtete, für seine Familie sorgte, anständig lebte und auf den andere sich ohne Nachteil verlassen konnten». «Jede Zunft, die ihre Produkte zu teuer verkaufte, und jeder Kaufmann, der eine Monopolbildung auf Kosten der Allgemeinheit anstrebte, wurde der ‹eigennützigen Hantierung› bezichtigt und konnte deswegen bestraft werden. Er störte nicht nur die soziale Harmonie, sondern widersprach auch der göttlichen Schöpfungsordnung. Jedes individuelle Streben nach Reichtum galt als verwerflich. Ziel der Gesellschaft war die ständisch gebundene Sicherung der ‹Nahrung›».[4] Natürlich hat es auch im Mittelalter Egoismus und Habgier gegeben. Aber erst im 18. Jahrhundert verbreitete sich eine Lebensphilosophie, die das Streben nach Eigennutz und die Arbeit für den eigenen Gewinn zu positiven Beweggründen des Handelns erklärte.

Arbeit wurde nun nicht mehr als Fluch Gottes angesehen, als eine Notwendigkeit, in die vor allem die unteren Schichten sich wohl oder übel zu fügen hatten, sondern als ein Mittel, sich individuell zu profilieren und die Welt und das eigene Leben zu gestalten. Mit der Entfaltung der eigenen Fähigkeiten und mit dem eigenen Erfolg erfüllte man Gottes Willen. Diese Einstellung kommt in vielen Autobiographien des 18. und 19. Jahrhunderts zum Ausdruck. In dieser Zeit wurde es zur literarischen Mode, daß Männer aus den bürgerlichen Schichten, die es zu wirtschaftlicher Prosperität und sozialer Anerkennung gebracht hatten, rückblickend ihren Lebensweg beschrieben.

Nehmen wir als ein Beispiel, das für viele stehen kann, die autobiographischen Aufzeichnungen von Goethes Sekretär und späterem Freund Johann Peter Eckermann (1792–1854). Sie beginnen mit den Worten: «Zu Winsen an der Luhe, einem Städtchen zwischen Lüneburg und Hamburg, auf der Grenze des Marsch- und Heidelandes, bin ich zu Anfang der neunziger Jahre geboren, und zwar in einer Hütte, wie man wohl ein Häuschen nennen kann, das nur einen heizbaren Aufenthalt und keine Treppe hatte...».[5] Die Familie lebte hauptsächlich von einer Kuh und einem kleinen Acker, der Vater zog als Händler zu Fuß mit einem «hölzernen Schränkchen auf dem Rükken» über Land, die Mutter verdiente ein bißchen, indem sie Mützen für «bürgerliche Frauenzimmer» nähte. Johann Peter Eckermann selbst arbeitete, wie damals üblich, schon als Kind mit, er hütete die Kuh, half den Acker bestellen, sammelte Brennholz und Eicheln, die als Gänsefutter verkauft wurden. «Unter solchen Zuständen und Beschäftigungen, während welcher ich auch periodenweise die Schule besuchte und notdürftig lesen und schreiben lernte, erreichte ich mein vierzehntes Jahr, und man wird feststellen, daß von hier bis zu einem vertrauten Verhältnis mit Goethe ein großer Schritt und überall wenig Anschein war.»[6]

Nach dem gleichen Muster erzählt Louis Oppenheimer die Karriere seines Vaters Hirsch Oppenheimer (1805–1883), des vermögenden Bankiers, der als kleiner Händler begann. Hirsch Oppenheimer erhielt zu seiner Bar Mizwa «... von seinem Stiefvater, nach eigenen, uns oft genug wiederholten Erzählungen, *einen Taler*, um mit diesem Gelde sein Geschäft und Verdienstmöglichkeit zu beginnen. So ging er am Sonntag morgens zu Fuß nach Hannover und kaufte sich für sein Vermögen von einem Taler kleine Waren, mit denen er dann Handel trieb und in wenigen Tagen mit seinem Taler einen Taler oder mehr verdient hatte. Auf diese Weise, und da ihm auf seinen Wanderungen keine Kosten entstanden – er fand willig und gerne nachts Aufnahme bei seinen Kunden und Bekannten –, vergrößerte er stets sein Betriebskapital und konnte auch bald größere und bessere Sachen einkaufen und dadurch mehr verdienen.»[7]

Ähnlich berichtet der Universitätsprofessor Peter von Bohlen (1796–1840) von seiner Kindheit: Als sein Vater starb, war er knapp 10 Jahre alt; die Mutter mußte mit Waschen und Nähen drei unmündige Kinder durchbringen; er selber erhielt als begabter und strebsamer Junge «freie Schule», arbeitete aber nebenher auf dem Feld, um die Mutter zu entlasten, die ebenfalls bald starb. 1810 berief ein Dekret Napoleons alle Waisenjungen zum Kriegsdienst. Der erst vierzehnjährige Peter von Bohlen hatte das Glück, zum persönlichen Burschen eines französischen Generals zu werden, der ihn zu seinem Schützling machte. Das wurde der Beginn eines sozialen Aufstiegs, der zum Studium und später zur Universitätsprofessur führte.[8]

Diese Beispiele, die für viele Autobiographien bedeutender Persönlichkeiten des 18. und 19. Jahrhundert stehen können, sind Illustrationen von Lebenserfolg. Sie haben einen gemeinsamen Grundtenor: Ihre Verfasser blicken auf eine harte, entbehrungsreiche Kindheit zurück; durch Fleiß und unermüdliche Arbeit, durch ein wenig Glück und Protektion, derer sie sich würdig erwiesen, gelang es ihnen, im Leben voranzukommen, zu wohlhabenden und angesehenen Persönlichkeiten zu werden, die aktiv an der Gestaltung der Gesellschaft mitwirkten.

Natürlich waren solche Karrieren, gemessen an der großen Zahl der Armen, die nicht aus ihrer verzweifelten Situation herausfanden, auch in dieser Zeit die Ausnahme und nicht die Regel. Neu und typisch war nur der Stolz, mit dem solche Aufsteigerbiographien aus dem Bildungs- und Wirtschaftsbürgertum von denen, die erfolgreich waren, präsentiert wurden. Seht, man kann es schaffen! lautete die Botschaft und die Moral. Seht, so muß man es anstellen, um etwas aus sich zu machen!

Das vom protestantischen Arbeitsethos besonders geprägte Amerika wurde der Nährboden des Tellerwäschermythos. Hier bewunderte man den Selfmademan grenzenlos; hier schätzte man Menschen, die ihr Vermögen selbst erworben hatten höher ein als solche, die es nur erbten. Hier glaubte man fest daran, daß es jedem möglich sei, von ganz unten nach ganz oben in die Pyramide der Reichen und Mächtigen aufzusteigen, nur durch eigene Anstrengung. Gewiß war das auch in einer Gesellschaft, die nicht von den Barrieren alten ständischen Denkens und enger traditioneller Ordnungen geprägt war, lange Zeit leichter möglich. In Europa taten sich die Neureichen, die man auch verächtlich als Parvenus, Emporkömmlinge, bezeichnete, noch im 19. Jahrhundert schwer, von den alten gesellschaftlichen Eliten akzeptiert zu werden. In den USA aber schätzte man von Anfang an individualistisches Leistungsethos, Pionierdenken und ökonomisches Abenteurertum, wie es sich bei Millionären und Industriekapitänen, von Rockefeller bis Bill Gates, zeigte.

«Wir alle streben nach Glück, wir haben das Recht, unser Glück zu suchen, zu finden, zu machen.» Diese Grundaussage der Menschenrechtserklärung wandelte sich im allgemeinen Bewußtsein bald zum grundsätzlichen Anspruch auf Glück: «Jeder Mensch hat das Recht, glücklich zu sein!» Nicht nur das: Bald ergab sich aus dem *Recht auf Glück* auch die *Pflicht zum Glück*. Wer sich nicht müht, aus seinen Lebensumständen das Beste zu machen, wer zum Beispiel keinen materiellen Erfolg anstrebt, der muß dumm oder faul oder beides sein.

Die neue Pflicht, am eigenen, auch materiellen Lebensglück zu schmieden, führte zu einer anderen gesellschaftlichen Bewertung der Armut. Früher hatte man sie als gottgewollt, als ein von außen gegebenes Schicksal hingenommen; es mußte schließlich Reiche und Arme geben, so wie es Fürsten und Bauern gab. Nun wurde Armut zu etwas Verächtlichem: Warum unternahm der betreffende Mensch nichts, sich daraus zu befreien? Wer keinen materiellen Erfolg vorweisen konnte, der hatte wohl nicht intensiv genug gearbeitet, es mußte ihm am guten Willen oder an Tüchtigkeit mangeln, und deswegen verdiente er weniger Mitleid als vielmehr Verachtung.

Seit Mitte des 19. Jahrhunderts stellt der Sozialismus dieser Deutung der Armut ein anderes Verständnis gegenüber, wenn er sie nicht auf individuelles Versagen, sondern auf die Ausbeutung der Arbeiterklasse durch das Kapital zurückführt. Doch das liberalistische Denken erwies sich als stärker, und es dominiert auch heute wieder.

Die Untüchtigen haben kein Recht, die Tüchtigen an der Verfolgung ihres Glücks zu hindern – das war ein weiterer Gedanke, der aus der neuen Maxime abgeleitet wurde. Wenn es Leute gibt, die passiv im Unglück verharren wollen – bitte, das ist ihre Sache –, sie haben aber kein Recht, mit ihren Forderungen nach Hilfe und Unterstützung an den Strebsamen zu kleben und diese zu behindern. Freie Bahn dem Tüchtigen!

La Fontaines Fabel von der Grille und der Ameise bringt diese Moral treffend zum Ausdruck: Während die Ameise emsig tagein, tagaus arbeitet, lebt die Grille unbekümmert vor sich hin, trällert und singt den ganzen Sommer; als es kalt wird, hat sie keinerlei Wintervorrat gesammelt. Sie läuft, von Hunger geplagt, zur Ameise und bittet um etwas Korn, das sie später zurückgeben will, mit Zins und Zinseszins. Doch die knauserige Ameise mag von ihrem Vorrat nichts hergeben: Was habt Ihr denn zur Sommerzeit getrieben? fragt sie die Grille. Ich habe gesungen und bekam viel Applaus, antwortet die Grille. Wenn Ihr im Sommer gesungen habt, dann könnt Ihr jetzt tanzen! verhöhnt die Ameise sie.

«Jeder ist seines Glückes Schmied» – das heißt auch: Jeder ist für sich selbst verantwortlich. Je mehr die Menschen sich die Vorstellung zu eigen machten, daß sie selbst ihren Lebenserfolg herbeiführen können, desto mehr verbreiteten sich Ehrgeiz und Strebsamkeit einerseits, aber auch Selbstbezogenheit und Rücksichtslosigkeit andererseits. Wenn ich glaube, daß das Unglück jeden, auch den rechtschaffen bemühten Menschen, treffen kann, dann neige ich eher zu Mitgefühl und Solidarität mit denen, die gerade schlecht dran sind, denn jederzeit könnte ja ein Unglück auch mich treffen, und dann werde ich über die Unterstützung der anderen froh sein. Glaube ich aber, daß das Glück stets verdient und ein Begleiter der Tüchtigen ist, was scheren mich dann die anderen, solange ich selbst auf Erfolgskurs bin? Sollen die doch für sich selber sorgen. Wie man sich bettet, so liegt man.

Immer weiter! Immer höher hinaus! Immer mehr! Erfolg erzeugt Erfolg, wie das Geld das Geld, sagt der französische Moralist Chamfort (1741–1791) in seinen «Maximen und Gedanken». Dem menschlichen Streben und Können sind keine Grenzen gesetzt. Jeder Fehlschlag wird dem Starken nur zur neuen Herausforderung auf seiner aufsteigenden Lebensbahn.

Natürlich entwickelten sich diese individualistische Lebenshaltung und der Mythos der Machbarkeit nicht im luftleeren Raum. Die Entwicklung vollzog sich vor dem Hintergrund der Industrialisierung, Hand in Hand mit einem imposanten wissenschaftlich-technischen Fortschritt, der sich erst langsam, dann immer schneller in veränderte Lebens- und Arbeitsbedingungen übersetzte. Er wurde begleitet von der Evolution eines neuen Wirtschaftssystems, das die statische Substitutionswirtschaft früherer Zeiten ablöste, die eine Wirtschaft ohne nennenswertes Wachstum gewesen war. Fast alles, das man erwirtschaftete, war sofort wieder aufgezehrt worden, man hatte nur gerade genug dauerhafte Gebrauchsgüter produziert, um die abgenutzten zu ersetzen. Dem sich entfaltenden Individualismus entsprachen der Liberalismus und der Kapitalismus als neue Wirtschaftsordnung. Adam Smith verkündete 1776 in seinem ökonomisch-philosophischen Klassiker «The Wealth of Nations», daß das Streben des Menschen nach verbesserten Lebensbedingungen für sich selbst keineswegs verwerflich, sondern im Gegenteil etwas sehr Positives sei, da sich aus dieser Haltung vermittelt wachsender Wohlstand für alle ergebe.

«Das größte Glück der größten Zahl!» Diese Forderung, formuliert von Jeremy Bentham (1748–1832), war der Grundsatz des Utilitarismus, einer philosophischen Schule, deren Weltanschauung zunehmend Volkswirtschaft und Politik bestimmte. Alle Menschen streben nach Vermeidung von Unlust und nach Gewinnung von Lust, sie wollen mit möglichst wenig Anstrengung möglichst viel Genuß erlangen. Diejenige Wirtschafts- und Gesellschaftsform ist die beste, die der größten Zahl von Menschen den größtmöglichen Nutzen, das heißt: Wohlstand, bringt.

Immer mehr Wohlstand für einen immer größeren Teil der Bevölkerung! Eine solche Entwicklung wurde durch den rasanten technischen Fortschritt möglich.

Schon im 19. und erst recht im 20. Jahrhundert nahm das Tempo des technischen Fortschritts so zu, daß sich die Lebensbedingungen bereits innerhalb von nur einer Generation spürbar veränderten. Die Menschen der westlichen Welt konnten sich kollektiv als immer mächtigere Beherrscher von Natur und Zivilisation erleben. Der technische Fortschritt reduzierte nach und nach viele der lebensbedrohlichen Risiken, denen man in früheren Zeiten ausgesetzt gewesen war. Naturkatastrophen wie Dürren und Überschwemmungen, Mißernten und Seuchen wurden in ihren Auswirkungen eingedämmt; früher tödliche Krankheiten konnten geheilt werden, die Säuglingssterblichkeit verringerte sich, die Lebenserwartung stieg. Der mit dem Fortschritt erzielte Reichtum kam zunächst nur wenigen zugute und verschärfte dadurch soziale Gegensätze, schaffte aber langfristig immer mehr Wohlstand für alle. Ein geringeres Maß an existentieller Bedrohung und ein wachsendes Maß an Lebenskomfort machten den Erfolg des naturwissenschaftlich-technischen Denkens für alle Menschen sichtbar und evident.

Der Fortschritt wurde in der Welt des säkularisierten Christentums zum Götzen, zu einem kollektiven, nicht mehr hinterfragten Ziel, der Mythos der Machbarkeit wurde die neue Religion. Den Menschen ist alles möglich, so schien es, sie können ihre Umwelt in immer größerem Stil zähmen und sich dienstbar machen.

Noch in unserer Gegenwart sind technischer Fortschritt, der sich in ökonomische Investitionen umsetzt, und ein ständiges Wirtschaftswachstum, das durch immer größere Produktivität, d. h. durch immer weniger Einsatz von menschlicher Arbeit und immer mehr Einsatz von intelligenter Technologie, erreicht wird, die erklärten politischen Ziele der meisten Gesellschaften.

Dem Ideal des individuellen Aufstiegs entsprach auf der gesellschaftlichen Ebene die Idee des sozialen Fortschritts. Um die Wende vom 19. auf das 20. Jahrhundert, vor dem Ersten Weltkrieg, erreichte der soziale Fortschrittsoptimismus einen Höhepunkt. In dieser Zeit glaubte die Mehrheit der Menschen in Nordamerika und im mittleren Europa, es werde in absehbarer Zeit dank des technischen Fortschritts möglich sein, den Hunger und die Armut aus der Welt zu schaffen, alle Krankheiten auszurotten. Bildung werde allen zugänglich werden. Alles wird immer besser! dachte man. Die Menschen hielten sich für zivilisierter und klüger als ihre Vorfahren, für politisch fähiger und verantwortlicher; eines Tages würden vielleicht auch Kriege nicht mehr nötig sein. Natürlich gab es auch damals Fortschrittskritiker, doch die skeptischen Stimmen blieben vereinzelt.

Der englische Historiker Arnold Toynbee (1889–1975) beschreibt in seiner posthum erschienenen großen Geschichte der Zivilisationen «Menschheit und Mutter Erde» das Lebensgefühl seiner Jugend: «Ein 1889 geborener englischer Bürger glaubte – von dem Tag, an dem er sich seiner Umwelt bewußt wurde, bis August 1914 –, das irdische Paradies stehe vor der Tür. Die Geschichte der Vergangenheit erschien als ein Zeitalter der Gewalt, der Ungerechtigkeit und des Leidens. Nun hatten es die ‹zivilisierten› Nationen hinter sich gelassen, und zwar endgültig, wie man naiverweise annahm».[9] Doch in Wirklichkeit, so Toynbee, sei «... die Technik ... das einzige Feld der menschlichen Tätigkeit, in dem es eine Vervollkommnung gab. Der ungeheuren Entwicklung von der altpaläolithischen Technologie zu der mechanisierten unserer Tage entspricht kein ähnlicher Fortschritt in den Beziehungen der Menschen zueinander ...»[10]

Mitte des 20. Jahrhunderts war zumindest der Glaube an den *technischen* Fortschritt noch einigermaßen ungebrochen. Der *soziale* Fortschrittsglaube der westlichen Welt wurde im Laufe des 20. Jahrhunderts gründlich erschüttert, durch die beiden Weltkriege, die große Wirtschaftsdepression, den Nationalsozialismus und den Stalinismus und nicht zuletzt auch durch den Zusammenbruch der sozialistischen Systeme, die versucht hatten, eine sozial gerechtere Gesellschaftsordnung zu schaffen. Es wurde nur zu deutlich, daß technischer Fortschritt nicht das gleiche ist wie sozialer Fortschritt, daß er nicht automatisch zu verbesserten menschlichen Beziehungen führt. Er macht die Menschen keineswegs im tieferen Sinn zivilisierter, d. h. freundlicher im Umgang miteinander oder auch nur konfliktlösungsfähiger. In der Zeit des Wiederaufbaus nach dem Zweiten Weltkrieg, in den langanhaltenden Jahrzehnten wirtschaftlichen Aufschwungs, in denen eine große Zahl von Menschen in der westlichen Hemisphäre sich eines immer größeren materiellen Wohlstandes erfreute, begann man auch zu verstehen, daß materieller Fortschritt nicht auf Dauer identisch ist mit einem Zuwachs an subjektiv empfundener Lebensqualität. Doch die Ideologie des wirtschaftlichen Wachstums blieb von dieser Einsicht weitgehend unberührt und behielt ihren beherrschenden Stellenwert. Materielles Glück für alle – das ist eben die einfachste Version von Glück, die sich kollektiv herstellen läßt. Es scheint für viele noch immer die Voraussetzung für die Verwirklichung aller anderen Varianten des Glücks.

Der technische Fortschrittsoptimismus blieb noch länger

ungebrochen. Er erlebte in den 60er Jahren des 20. Jahrhunderts noch einmal eine Hochphase. Damals lieferte der amerikanische Zukunftsforscher Herman Kahn strahlende Prognosen für die Jahrtausendwende: Man werde auf dem Mond leben können; es werde Tourismus im Weltall geben; die Menschen würden das Problem des Hungers in der Welt durch «Unterwasserfarmen» und Unterwasser-Tierhaltung lösen; ganz neue Formen der Architektur würden entstehen; man werde beispielsweise der Enge auf der Erde durch schwebende Wohnkugeln entkommen; bald würden alle Viren und Bakterien, die Krankheiten erzeugen, besiegt sein.[11]

Viele dieser Visionen sind Science-fiction geblieben. In manchen Bereichen allerdings werden die Prognosen durch die Wirklichkeit noch übertroffen. Die Gentechnologie und die Reproduktionsmedizin etwa, die vor vierzig Jahren noch gar nicht so zentral im Blickfeld der Zukunftsforscher waren, haben sich viel rasanter entwickelt, als man glaubte. Heute besteht die Möglichkeit, die genetische Substanz von Pflanzen und Tieren so zu manipulieren, daß widerstandsfähigere und ertragreichere Arten gezüchtet werden können, mit der Aussicht, dadurch die Ernährungssituation der Weltbevölkerung insgesamt zu verbessern. Auch in das Erbgut von Menschen kann inzwischen wirkungsvoll eingegriffen werden. Schon kann man viele Krankheiten im frühesten Stadium der menschlichen Embryonalentwicklung diagnostizieren und «aussortieren». In vitro gezeugte Kinder sind längst keine Seltenheit mehr. Bald wird man nicht nur die Geburt von Kindern mit bestimmten Krankheiten oder dem unerwünschten Geschlecht verhindern können, sondern auch Kinder mit bestimmten Merkmalen regelrecht «in Auftrag geben können», z. B. Kinder mit blonden Haaren und blauen Augen – und vielleicht mit einem hohen Intelligenzquotienten.

Auch auf dem Gebiet der Informationstechnologie waren die Entwicklungen gewaltiger als vor drei Jahrzehnten geahnt, sie greifen tief in die Organisation des Alltags, des Freizeitverhaltens, der Kommunikationsstruktur ein. Immer mehr beschleunigten sich auch die Geschwindigkeit der informationstechnischen Innovationen und ihre Verbreitung: Radio, Fernsehen und Telefon brauchten einige Jahrzehnte, um für die Mehrheit der Bevölkerung selbstverständlich zu werden. Beim PC und beim Handy waren es nur wenige Jahre. Die Zahl der Menschen, die einen Internet-Zugang besitzen und nutzen, wächst täglich weltweit mit ungeheurer Geschwindigkeit.

Trotz dieses Siegeszugs des technischen Fortschritts, trotz der beeindruckenden Liste technischer Neuerungen und Leistungen auf vielen Gebieten, hat der allgemeine Fortschrittsoptimismus in den letzten beiden Jahrzehnten bei uns erheblich nachgelassen.

Zum einen haben die Menschen bemerkt, daß sich technischer Fortschritt nicht ohne weiteres in sozialen Fortschritt umsetzt und daß materieller Wohlstand nicht automatisch individuelle Zufriedenheit und persönliches Glück bewirkt.

Zum anderen ist der technische Fortschritt heute als solcher nicht mehr ganz unverdächtig. Seine Schattenseiten sind sichtbarer geworden, in Form von unbeabsichtigten negativen Technikfolgen wie etwa irreversiblen Umweltschäden größeren Ausmaßes. Die Menschen beginnen zu begreifen, daß es zur inneren Dynamik des Fortschritts gehört, wenn sich mit jedem gelösten Problem wieder neue, vielleicht noch größere, auftun.

Die Fortschritte der Medizin bei der Bekämpfung der Infektionskrankheiten beispielsweise tragen zur Überbevölkerung in der Welt bei, und sie konfrontieren uns mit der Überalterung in den fortgeschrittenen Industriegesellschaften. Der Abnahme der klassischen Infektionskrankheiten steht eine Zunahme der Herz-Kreislauf-Krankheiten gegenüber. Je älter die Menschen im Durchschnitt werden, desto größer wird die Zahl derer, die an Altersdemenz erkranken. Vielleicht, sogar sehr wahrscheinlich, daß man bald ein wirksames Mittel gegen Krebs und möglicherweise auch eines gegen Aids finden wird; aber kaum jemand glaubt heute noch, man könne irgendwann alle Krankheiten besiegt haben. Computergesteuerte Operationen lassen sich heute schon mit hoher Präzision durchführen, immer mehr Organe können erfolgreich verpflanzt werden. Aber was nützt das, wenn der Anwendung medizinischer Hochtechnologie aus Kostengründen Grenzen gesetzt sind?

Für jede Krankheit, die man zurückdrängen kann, wird sich eine andere verbreiten, die vorher vielleicht ganz unbekannt war oder nur eine periphere Bedeutung hatte. So schließen ernstzunehmende Forscher eine Rückkehr großer Seuchen, der Pest im 14. Jahrhundert oder der Spanischen Grippe zu Beginn des 20. Jahrhunderts vergleichbar, in der nahen Zukunft nicht aus, halten sie sogar für sehr wahrscheinlich. Ebola, Aids oder das Hunter-Virus sind nur Beispiele. Das Entstehen neuer Seuchen wird u. a. dadurch begünstigt, daß die Menschen immer tiefer in die Regenwälder vordringen und dort über ihnen fremde Wirtstiere mit Viren in Kontakt kommen, gegen die sie keinerlei Abwehr aufgebaut haben. Viren mutieren ständig und überspringen dann manchmal die Artengrenze. Auch schon identifizierte Erreger mutieren schneller, als man Impfstoffe gegen sie entwickeln kann. Seuchen finden heute auch optimale Verbreitungsbedingungen durch die erhöhte und beschleunigte Mobilität. Wenn ein mit einem neuen Erreger infizierter Mensch ein Flugzeug besteigt, kann er in wenigen Stunden, noch bevor ihn irgendwelche Symptome gewarnt haben, in einem anderen Teil der Welt eine Reihe von Menschen angesteckt haben; auch die Klimaanlagen der Flugzeuge tragen zur Streuung und raschen Verbreitung von Viren bei.[12]

Sicher können die Grenzen des Machbaren auf technischem Gebiet immer noch weiter ausgedehnt werden. Aber in der Bevölkerung wächst das Unbehagen gegenüber den unbeabsichtigten Folgen erwünschter Veränderungen, die man zu Beginn des Prozesses noch gar nicht kennen, hinterher aber auch nicht mehr abwählen kann. Es wächst das Gefühl der Überforderung durch zu viele Entscheidungsmöglichkeiten, für die man noch keine ethischen Kriterien entwickeln konnte. Man hat Angst vor dem Debakel des Zauberlehrlings, den Überblick und damit die Kontrolle zu verlieren. Die selbstangestoßenen Entwicklungen könnten außer Kontrolle geraten und Katastrophen bewirken, die sich nicht mehr eindämmen lassen. Je komplexer die involvierten Abläufe, je schneller das Tempo der Veränderung, desto größer wird das Gefühl der Überforderung und damit auch die Angst.

In den letzten beiden Jahrzehnten ist der Chor der warnenden und pessimistischen Stimmen laut geworden. Der Club of Rome wies als einer der ersten daraufhin, daß die Überbevölkerung, die Umweltschädigung und der Abbau nicht erneuerbarer Ressourcen tickende Zeitbomben darstellen, die selbst dann schwer zu entschärfen wären, wenn ein rasches Umdenken in Wirtschaft und Gesellschaft einsetzte. Auch wenn sich konkrete Einzelprognosen des Club of Rome zum Teil nicht erfüllt haben, so glaubt doch inzwischen ein großer Teil der Bevölkerung an die allgemeine Tendenz seiner Voraussagen. Es besteht eine unterschwellige Angst vor größeren ökologischen Krisen, auf die die Menschheit zusteuert, ohne daß diese zentral etwas an der Lebenshaltung der Menschen oder an unserer Wirtschaftsordnung – die einander bedingen und perpetuieren – ändern würde.

Immer wieder erinnern technische Unfälle und Umweltskandale mit relativ großer Reichweite an die Grenzen des Machbaren: Reaktorunfälle, Chemieunfälle, nicht vorschriftsmäßig entsorgte giftige Abfälle, verseuchte Flüsse, Waldsterben, Schadstoffe in der Nahrung, Überschwemmungen aufgrund übermäßiger Flußregulierung. Für viele Menschen folgt daraus eine Relativierung der vormals verbreiteten Fortschrittseuphorie in dem Sinne, daß sie begreifen: Jede scheinbare Verbesserung hat ihren Preis und ihre Schattenseiten, jedem manchmal nur scheinbaren Gewinn stehen auch Verluste gegenüber, die gravierender sein können, für jedes gelöste Problem ergeben sich zahlreiche neue. Andere sehen die Lage noch dramatischer und sind davon überzeugt, daß wir uns unaufhaltsam auf ein riesiges Fiasko zubewegen, eine ökologische Katastrophe, einen wirtschaftlichen Zusammenbruch, das Ende des Weltfriedens oder zumindest des sozialen Friedens in der eigenen

Gesellschaft. «In einem beängstigenden Tempo stürzt die Welt derzeit auf einen Abgrund zu. Nach Jahrhunderttausenden eines relativen Gleichgewichts mit der umgebenden Natur hat der Mensch in den letzten zwei Jahrhunderten seine natürliche Umwelt in einer Weise verändert, daß ihm der zivilisatorische Fortschritt selbst zum Alptraum zu werden beginnt.»[13] Drewermann macht für diese Katastrophe die menschliche Welthaltung verantwortlich, die das «säkularisierte Christentum» hervorgebracht hat: den individualistischen Größen- und Machbarkeitswahn.

Während der Mythos der Machbarkeit in bezug auf die kollektiven menschlichen Leistungen inzwischen erschüttert oder zumindest angekratzt ist, lebt er im Bereich des persönlichen Lebens unvermindert weiter. Zwar glauben wir nicht mehr daran, daß der technische und wirtschaftliche Fortschritt uns ein immer noch besseres Leben bescheren wird; eher fürchten wir uns in diesem Zusammenhang vor Rückschlägen, die unser individuelles Leben ernsthaft tangieren könnten.

Doch im persönlichen Bereich nähren viele Menschen noch immer die Illusion von der ständig aufsteigenden Lebensbahn, von einem unaufhörlichen Mehr und Höher und Größer. Hier ist der Mythos der Machbarkeit noch einigermaßen ungebrochen und treibt heute zum Teil die seltsamsten Blüten.

«Die Untersuchung des glücklichen Lebens
ist der einzige Gegenstand,
den sich die Philosophie
zum Zweck und Ziel setzen muß.»
Cicero

«Ja, lauf nur nach dem Glück,
doch laufe nicht zu sehr.
Denn alle laufen nach dem Glück,
das Glück läuft hinterher.»
Bert Brecht

3. Verdientes oder geschenktes Glück?
Die vielen Gesichter des Glücks

Die Sehnsucht nach dem Glück und eine ausgeprägte Anspruchshaltung an das Glück sind unser historisches Erbe
aus der gesellschaftlichen Entwicklung zur Moderne.

«Wir haben ein Recht auf Glück» und «Glück ist machbar» – diese Glaubenssätze wurden zum festen Bestandteil
der westlichen Weltanschauung. Dabei hatte sich der
Glücksbegriff zunächst auf das materielle Glück und den
Lebenserfolg konzentriert, mit allgemeiner Verbreitung des
Wohlstands kreiste er zunehmend um das Ideal der Selbstentfaltung. Beides ist in der Gegenwart zur Richtschnur des
privaten und des öffentlichen Lebens geworden: Ein einzelnes Leben gilt als glücklich, wenn der Mensch sein volles
Potential entfalten kann; als wichtiger Gradmesser dafür
gelten der soziale Aufstieg und das Einkommen. Gesell-
schaftssysteme gelten als um so besser, je mehr individuelle
Freiheit und materiellen Wohlstand sie der Bevölkerung
garantieren – «das größte Glück der größten Zahl». Privater
Lebenserfolg bedeutet: Es geht im Leben immer aufwärts.
Gesellschaftlicher Fortschritt bedeutet: Alles wird für alle
immer besser.

Meinen äußeren Lebenserfolg kann ich erfassen, indem
ich von meiner sozialen Herkunft ausgehe: Bin ich «weiter

gekommen» als meine Eltern? Ich kann mich mit meinen Altersgenossen vergleichen oder mein Leben zum gegebenen Zeitpunkt mit früheren Lebensphasen: «Wo stehe ich im Verhältnis zu Geschwistern und Schulkameraden? Habe ich mich positiv entwickelt?» In einem bekannten Werbespot wird ein solcher Statusvergleich aufgegriffen. Zwei ehemalige Kameraden, die einander lange nicht gesehen haben, treffen sich zufällig und blättern einander auf die Nachfrage: «Wie geht es dir?» Fotos vor: «Mein Haus, meine Frau, mein Auto, mein Boot, mein Pferd . . .» Materielle Güter symbolisieren den gesellschaftlichen Status und das Einkommen, in der Regel das Ergebnis einer erfolgreichen beruflichen Laufbahn. Auch Familie, Partnerschaft, Kinder werden auf der Haben-Seite gebucht, wenn es sich nicht gerade um eine unglückliche Beziehung und schlecht geratene Kinder handelt. – Manchmal sind weniger andere Personen oder der eigene soziale Ursprung die Bezugsgröße für den Grad des Lebenserfolgs, sondern ein eigenes inneres Bild von dem, was man immer haben und erreichen wollte.

«Lebenserfolg» ist eine bilanzierende Kategorie. Wir gehen davon aus, daß man glücklich ist bzw. sich zufrieden fühlt, wenn die Bilanz rein äußerlich gut aussieht. Das muß allerdings keineswegs immer der Fall sein.

Es gibt Menschen, die, an äußeren Kriterien gemessen, sehr erfolgreich sind und sich dennoch nicht glücklich und zufrieden fühlen. Sie haben vielleicht eine glänzende Karriere gemacht in einem Beruf, der gesellschaftliches Ansehen vermittelt, sie verfügen über ein hohes Einkommen, sie wohnen mit ihrer Familie im eigenen Haus, sie sind gesund und führen ein ihrem Lebensstandard entsprechendes soziales Leben – und obwohl andere sie für glücklich halten, vielleicht sogar beneiden, fühlen sie sich selber nicht zufrieden. Nach den Gründen befragt, würden ihnen sicher immer welche einfallen: Die Ehe ist langweilig geworden, die Kinder entwickeln sich nicht, wie sie sollen, die alten Eltern kommen nicht mehr allein zurecht, die Auftragslage für ihr Unternehmen entwickelt sich schlecht, die Börsenkurse fallen, sie haben Ärger mit dem Finanzamt, sie fühlen sich ständig unter Streß, sie fürchten sich vor Krankheit.

Umgekehrt gibt es Menschen, die es, äußerlich betrachtet, nicht sehr weit gebracht haben und trotzdem ganz zufrieden wirken. Sie üben einen wenig illustren Beruf aus, führen eine durchschnittliche Ehe und haben finanziell gerade ihr Auskommen. Trotzdem macht ihnen ihre Arbeit Freude, sie fühlen sich in ihrem Privatleben wohl, und sie haben das Gefühl, mit ihrem Einkommen gut zurechtzukommen. Wenn man sie fragt, warum sie zufrieden sind, würden sie vielleicht sagen, daß ihnen die Arbeit in ihrem Kleingarten Spaß macht, vor allem in diesem Sommer, in dem das Wetter so besonders schön ist, daß sie sich auf ihren Urlaub freuen und daß die kleine Tochter nächste Woche im Schulkonzert Flöte spielt.

Das, was der Volksmund meint, wenn er sagt: Geld allein macht nicht glücklich, hat Heinrich von Kleist sehr bildhaft in seinem «Aufsatz, den sichern Weg des Glücks zu finden» formuliert: «Wir sehen die Großen dieser Erde im Besitz der Güter dieser Welt. Sie leben in Herrlichkeit und Überfluß, die Schätze der Kunst und der Natur scheinen sich um sie und für sie zu versammeln, und darum nennt man sie Günstlinge des Glücks. Aber der Unmut trübt ihre Blikke, der Schmerz bleicht ihre Wangen, der Kummer spricht aus allen ihren Zügen. Dagegen sehen wir einen armen Tagelöhner, der im Schweiße seines Angesichts sein Brot erwirbt; Mangel und Armut umgeben ihn, sein ganzes Leben scheint ein ewiges Sorgen und Schaffen und Darben. Aber die Zufriedenheit blickt aus seinen Augen, die Freude lächelt auf seinem Antlitz, Frohsinn und Vergessenheit umschweben die ganze Gestalt. Was die Menschen also Glück und Unglück nennen, das sehn Sie wohl, mein Freund, ist es nicht immer ...»[1]

Zwar gibt es einen gewissen Zusammenhang zwischen dem materiellen Wohlstand und der Lebenszufriedenheit. Untersuchungen haben gezeigt, daß sich in den reichen und politisch stabilen Ländern mehr Menschen als glücklich bezeichnen als in den armen und unruhigen Ländern. So sagen zum Beispiel die Schweizer und die Norweger häufiger, sie seien glücklich, als die Griechen oder die Portugiesen. Natürlich wissen wir bei einer solchen interkulturellen Studie nicht, ob unter «Glück» in den verschiedenen Gesellschaften annähernd Ähnliches verstanden wird, ob Glück überhaupt überall als ähnlich wünschenswert gilt, aber wir können wohl aus dieser Untersuchung schlußfolgern, daß extreme Armut und existentielle Sorgen das allgemeine Lebensglück durchaus beeinträchtigen. Dieser Zusammenhang besteht jedoch nicht durchgehend: So erklären sich die armen Iren öfter für glücklich als die reichen Japaner. Und innerhalb ein und derselben Gesellschaft ist der Zusammenhang zwischen Reichtum und Glück nur von geringfügiger Bedeutung: Die Milliardäre in den USA empfinden sich nur wenig glücklicher als die Amerikaner mit Durchschnittseinkommen, und obwohl sich die privaten Einkommen in den USA zwischen 1960 und 1990 verdoppelt haben, verdoppelte sich der Prozentsatz derer, die sich als glücklich ansahen keineswegs, sondern er blieb konstant bei etwa 30%.[2]

Die einfache Gleichsetzung von Glück und äußerem Lebenserfolg, die unsere Gesellschaft so gern vornimmt, ist also nicht zutreffend. Eigentlich wissen wir das alle, und trotzdem streben die meisten nach Geld und Sozialstatus, weil sie sich davon ein glückliches Leben erhoffen. Die Idole unserer Gesellschaft sind Verkörperungen von äußerem Erfolg, Reichtum und Ruhm. Man bewundert vor allem Filmstars und Fernsehgrößen, Popsänger und Spitzensportler, Wirtschaftsbosse und manchmal auch führende Politiker, weil sie viel Geld haben, Macht ausüben oder Ruhm genießen und anscheinend ein Leben Erster Klasse führen. Die Erfolgreichen, die Reichen und Berühmten beneidet man und stellt sie sich zunächst einmal glücklich vor. Erfährt man, daß sie es nicht sind (wie etwa bei der englischen Prinzessin Diana), dann macht das die Idole eine Spur menschlicher. («Sieh mal an, sie hat die gleichen Probleme wie ich, obwohl sie in diesem märchenhaften Ambiente lebt» oder auch: «Besser nicht so reich und nicht so schön und dafür eine liebevolle Ehe – so wie ich es habe.») Im Vergleich wird das eigene Unglück erträglicher oder das eigene Glück fühlbarer.

Die Werbung stellt uns am liebsten Menschen vor, die jung, gesund, schön sind und sich finanziell etwas leisten können, sie inszenieren für uns ein dolce vita, das nach landläufiger Meinung der Inbegriff des Glücks ist. Wir sollen uns mit ihnen identifizieren und unsere Glückssehnsucht auf die Konsumgüter richten, die die Menschen in den Werbespots scheinbar so glücklich machen.

Wenn aber Reichtum und Sozialprestige nicht automatisch Glück bedeuten – was ist Glück dann?

Wir wissen intuitiv, wann ein Mensch glücklich ist. Wenn man glücklich ist, wirkt man lebendiger, man bewegt sich anders, leichter, lockerer, man blickt wach, mit offenen Augen in die Welt und strahlt Lebensfreude aus. So einfach es ist, Glück zu erkennen, wo es uns begegnet, so schwer ist es, Glück zu definieren. Es ist ein extrem schillernder und diffuser Begriff. Schon in der Antike unterschied ein gewisser Marcus Varro 288 verschiedene Antworten auf die Frage «Was ist Glück?».[3]

Glück haben und glücklich sein ist nicht identisch. Wenn eine Person sich beklagt: «Ich bin nicht glücklich», so drückt sie ein Gefühl der Unzufriedenheit mit sich selbst und ihrem Leben aus, das nicht erfüllt scheint. Wenn sie sagt: «Warum haben andere immer Glück und ich nie?», dann meint sie, daß denen im Leben Vorteile zufallen, die sie selber auch gern hätte. Man benutzt den Begriff «Glück» also, um ein Gefühl zu beschreiben, zugleich aber auch für die äußeren Gegebenheiten, von denen man meint, daß sie dieses Gefühl mit sich bringen.

Während es im Deutschen für «Glück» nur ein einziges Wort gibt, das einerseits die äußeren Umstände meint, die mir zustoßen («ich habe Glück gehabt»), andererseits aber das Glücksgefühl, das sie auslösen («ich bin glücklich»), unterscheiden andere Sprachen sehr wohl zwischen diesen beiden. Im Englischen ist das Glück, das von außen kommt «good luck», aber das Gefühl, das ich habe, «happiness» (vielleicht auch «bliss», wenn es ekstatischer ist, oder «contentment», wenn es sich um ruhige Zufriedenheit handelt). «Pech» («bad luck») als das Gegenteil von Glück meint immer das von außen kommende Mißgeschick und nie den Zustand oder das Gefühl, das es auslöst, während das Wort «Unglück» wie Glück die Doppelbedeutung hat. Interessanterweise meinte «Glück» auch im Deutschen früher sowohl das positive als auch das negative Geschick, war also eigentlich identisch mit dem, was wir dann später «Schicksal» nennen. Noch im späten 18. Jahrhundert verwandte man das Wort auch bei uns in dieser Bedeutung, die es heute nurmehr im Englischen gibt: «Er hatte aber schlechtes Glück, und die Dinge fügten sich für ihn nicht zum Guten ...»[4]

Der Dichter Theodor Fontane antwortete auf die Frage, was für ihn «Glück» sei: «Ein gutes Buch, ein paar Freunde, eine Schlafstelle – und keine Zahnschmerzen.» Diese genügsame Vision hat den Vorteil, daß sie sich leicht verwirklichen läßt – bis auf die Sache mit den Zahnschmerzen, die wir nicht ganz im Griff haben. In manchen Lebenssituationen sind die Glücksvorstellungen noch bescheidener: Menschen, die in den Hungerzonen der Erde leben, werden finden, daß Glück darin besteht, jeden Tag etwas zu trinken und zu essen zu haben; Menschen, die im Krieg oder Bürgerkrieg leben, werden vom Glück des Friedens träumen, vom Glück, keine Angst vor Gewalt mehr haben zu müssen.

Glück kann also schon darin liegen, daß negative, das Leben beeinträchtigende Faktoren wegfallen. Das Verschwinden von Hunger und Durst, Krankheit und Schmerzen, Angst und Hoffnungslosigkeit wird anfänglich als großes Glück erlebt. Allerdings hält diese Art von Glücksgefühl nicht lange an. Man gewöhnt sich rasch daran, satt und gesund zu sein, ein Dach über dem Kopf zu haben und in Frieden zu leben. Nach einer Weile wird dieser Zustand als selbstverständlich empfunden und wirkt nicht mehr als besondere Glücksquelle.

«Alle Befriedigung oder was man gemeinhin Glück nennt, ist eigentlich und wesentlich immer nur negativ und durchaus nie positiv. Es ist nicht eine ursprüngliche und von selbst auf uns kommende Beglückung, sondern muß immer die Befriedigung eines Wunsches seyn. Denn Wunsch, d. h. Mangel, ist die vorhergehende Bedingung jedes Genusses. Mit der Befriedigung hört aber der Wunsch und folglich der Genuß auf ... Daher kommt es, daß wir der Güter und Vortheile, die wir wirklich besitzen, gar nicht recht innewerden noch sie schätzen, sondern nicht anders meinen, als eben es müsse so seyn: denn sie beglükken immer nur negativ ... Erst nachdem wir sie verloren haben, wird uns ihr Werk fühlbar ...»[5]

In dieser Bedeutung ist Glück dasselbe wie die Abwesenheit von Unglück – die aber nur vorübergehend gefühlt werden kann, wenn der schlimme Schmerz aufhört, wenn der arge Mangel beseitigt ist. Danach können wir uns zwar mit dem Kopf noch erinnern: «Wißt ihr noch, wie es war, als wir Hunger hatten? Und jetzt ist der Kühlschrank immer voll! Dieser wunderbare Braten! Dieser üppige Kuchen!» Aber wir können das Glück, das auf dem Vergleich beruht, nicht mehr fühlen wie am Anfang. Noch weniger können wir alltäglich daraus tiefe Befriedigung schöpfen, daß unser Lebenskomfort um ein Vielfaches größer ist als der vergangener Generationen, indem wir uns etwa bei jedem Gang zur Toilette sagen: «Vor hundert Jahren mußten sie dafür noch über den kalten Hof in den zugigen Bretterverschlag!» oder «Wäre ich in die Zeit vor fünfzig Jahren zurückversetzt, müßte ich abends ohne Fernseher zurechtkommen. Und noch mal ein halbes Jahrhundert zurück hätte ich nicht mal Licht, um ein Buch zu lesen!»

Auch das Glücksgefühl, das sich einstellt, wenn ein hochbesetzter Lebenswunsch in Erfüllung geht, beruht auf diesem Mechanismus, d. h. es kommt durch die Beseitigung eines Mangels zustande. Das empfundene Glück ist dabei um so intensiver und tiefer, je lebensgeschichtlich älter der Wunsch ist. «Glück ist die nachträgliche Erfüllung eines prähistorischen Wunsches. Darum macht Reichtum so wenig glücklich: Geld ist kein Kinderwunsch gewesen», heißt es bei Sigmund Freud.[6]

Das Phänomen der Abnutzung, des schwächer werdenden Glückserlebens, gilt übrigens für sämtliche Formen der Wunscherfüllung. Mancher denkt: «Wenn ich mehr Geld verdiente, wäre ich glücklicher. Ich würde für mich und meine Familie ein Haus bauen. Auch ein Rennrad, eine neue Kücheneinrichtung, ein Urlaub in der Karibik könnten mich glücklich machen.» – Doch man gewöhnt sich an ein höheres Einkommen, an ein eigenes Haus und an exotische Ferienziele genauso wie an das Ende des Hungers. Was einem vorher so begehrenswert schien, wird bald selbstverständlich und spendet kein überströmendes Glücksgefühl mehr. Freude und Stolz halten eine Weile an und verschwinden wieder; sie verschwinden um so schneller, je müheloser ich mir einen Wunsch nach dem anderen erfüllen kann. «Was man im strengsten Sinne Glück heißt ... ist seiner Natur nach nur als episodisches Phänomen möglich. Jede Fortdauer einer vom Lustprinzip ersehnten Situation ergibt nur ein Gefühl von lauem Behagen; wir sind so eingerichtet, daß wir nur den Kontrast intensiv genießen können, den Zustand nur sehr wenig».[7]

Deswegen gilt es zu Recht als Lebenskunst, wenn Menschen es verstehen, sich die Genußfähigkeit zu erhalten, indem sie sich, auch wenn sie es könnten, nicht immer alle kleinen alltäglichen Wünsche sofort erfüllen. Befriedigungsaufschub ist ein Mittel, sich die kleinen Glücksgefühle im Alltag zu erhalten.

Doch nach dem eigentlichen Glück befragt, reden die meisten Menschen heute bei uns nicht von der Erfüllung materieller Wünsche. Häufig beschreiben sie Situationen, in denen sie Glück empfunden haben und wieder zu finden hoffen: einen Spaziergang in der Natur, intensives Erleben von Musik, eine Phase großer Verliebtheit, einen beruflichen Erfolg, ein gelungenes Werk. Sie sagen: Glück ist das Gefühl des vollkommenen Augenblicks. Glück ist der gelingende Tag. Glück bedeutet Liebe – so wie es in einem Goethe-Gedicht heißt: «Oh welches Glück, geliebt zu werden, / und lieben, Götter, welches Glück». Glück empfindet man auch in tiefer Geborgenheit, völliger Entspannung, vollkommener Harmonie. Doch manche Menschen erwähnen auch das scheinbare Gegenteil: Glück ist für sie Ekstase, ausgelassene Stimmung, ein außergewöhnliches Erlebnis, ein grenzenloses Gefühl der Freiheit, völlig abgehoben und losgelöst über den Dingen zu schweben. Es ist der Zustand, in dem man sich ganz und heil fühlt, im Einklang mit sich selber und seiner Umgebung, den Menschen und der Natur, vielleicht sogar mit dem ganzen Kosmos – ein Gefühl der Selbstvergessenheit.

Das sind nun in der Tat sehr verschiedene Facetten von Glück, die nur einen gemeinsamen Nenner haben: Glück ist offenbar ein intensives Gefühl des Lebendigseins. Es kommt zustande, wenn man ganz bei dem ist, was man tut, wenn man ganz und ungeteilt mit dem Erlebten identisch ist. Die Erfahrungsbereiche können dabei ganz verschieden sein: eine Begegnung mit Menschen oder mit Dingen, eine Erfahrung der Anstrengung oder der vollkommenen Ruhe, im Kontakt mit der äußeren Umgebung oder auf dem Weg nach innen, ein Ganz-bei-sich-Sein oder ein Völlig-außer-sich-Sein, es kann still oder ekstatisch sein. Dieses Glückserlebnis einer ungeteilten Hingabe an das, was ich gerade tue, an den Augenblick, in dem ich mich gerade befinde, hat der amerikanische Glücksforscher Cziksentmihalyi als «flow-Erlebnis» bezeichnet.[8] Der Zustand des «flow» tritt am ehesten dann ein, wenn man sich mit einer selbstgewählten Aufgabe befaßt, der man sich gewachsen fühlt. Sie darf also weder zu leicht sein, dann langweilt man sich, noch zu schwer, dann wird man frustriert und mißvergnügt. Man muß darüber hinaus die Fähigkeit und die Bereitschaft besitzen, sich ganz auf das zu konzentrieren, was man gerade tut. Weiterhin muß es innerhalb dieser Aufgabe oder Beschäftigung so etwas wie Teilziele geben, die einem direkte Erfolgsrückmeldungen vermitteln, ein Gefühl von Kontrolle und Bemeisterung der Situation. Dann, so Cziksentmihalyi, entsteht in tiefer, müheloser Hingabe ein Glückserlebnis; die Sorge um das Selbst und irgendwelche unerfreulichen Alltagsangelegenheiten verschwindet völlig, Raum und Zeit lösen sich auf, Stunden erscheinen wie Minuten, Tage wie Augenblicke.

Manchmal erreicht man dabei ein Stadium der Selbstvergessenheit, des Abgehobenseins von der Realität, das dem Zustand ähnelt, den religiöse Praktiker der verschiedensten Religionen in der Meditation finden. Jean-Jacques Rousseau hat die äußeren Bedingungen zur Erlangung dieses Glücksgefühls beschrieben, das er selbst am ehesten bei der Betrachtung der Natur erlebte: «Das Herz muß ganz ruhig sein, und keine Leidenschaft darf diese Stille trüben. Es gehört eine innere Stimmung dessen, der sie genießt, dazu und eine bestimmte Stimmung der Gegenstände, die ihn umgeben. Es darf weder vollkommene Stille noch zuviel Unruhe sein, sondern eine gleichförmige und mäßige Bewegung, ohne Erschütterungen und Unterbrechungen».[9]

Auch im Zen-Buddhismus wird es als Weg zum Glück angesehen, wenn es einem gelingt, ganz bei dem zu sein, was man tut, ganz im Augenblick zu sein und den kleinen Dingen um sich her liebevolle Aufmerksamkeit zu schenken. In einer bekannten Lehrgeschichte wird ein Zen-Meister gefragt, wie er es anstelle, daß er so glücklich wirke und immer eine tiefe innere Ruhe ausstrahle. Er antwortet: «Wenn ich sitze, sitze ich. Wenn ich stehe, stehe ich. Wenn ich esse, esse ich. Wenn ich spreche, spreche ich.» «Aber das tun wir doch auch!» sagen die anderen. Der Meister antwortet: «Wenn ihr sitzt, denkt ihr ans Aufstehen; wenn ihr steht, fangt ihr schon an zu laufen; ihr eßt beim Laufen, und beim Essen denkt ihr über gestern, heute und morgen nach.»

Die Beschäftigung mit einer Idee, einer Sache, einer Aufgabe, einem Freizeitvergnügen ist um so befriedigender, je länger und tiefer man sich mit ihr befaßt. «Eine geregelte Tätigkeit haben und Sieg auf Sieg erringen: wahrscheinlich ist das die Formel des Glücks».[10] Deswegen nennt Bertrand Russell auch besonders die Menschen glücklich, die sich nicht dauernd nur mit sich selbst befassen, sondern ein tieferes Interesse an anderen Menschen und Dingen entwickeln können, eine selbstgewählte hochgeschätzte Tätigkeit, der sie um ihrer selbst willen über längere Zeit mit großer Intensität nachgehen – egal, ob es das Gärtnern ist oder das Briefmarkensammeln, wissenschaftliche Studien oder ein ehrenamtliches Engagement. «Tiefinnerliches Glück hängt in erster Linie von freundschaftlicher Anteilnahme an Menschen und Dingen ab … Wer seine persönlichen Kümmernisse über irgendeinem echten Interesse an der Außenwelt vergessen kann, sei es die Geschichte des Konzils von Trient oder der nächtliche Sternenhimmel, der wird, von seiner Abschweifung ins Unpersönliche zurückgekehrt, durch ein neues Gleichgewicht und eine neue Gelassenheit auf die denkbar beste Weise gegen seine Sorgen angehen können. Und zu alledem hat ihm diese Abkehr von sich selbst ein echtes, wenn auch nur zeitweiliges Glück geschenkt.»[11]

Glück ist offenbar nicht identisch mit Zufriedenheit. Mit der Aussage «ich bin glücklich» beschreiben wir eher eine Augenblicksqualität, die zwar tief empfunden sein mag, nichtsdestoweniger aber als flüchtig wahrgenommen wird, während wir, wenn wir sagen «ich bin zufrieden» einen zwar weniger euphorischen, dafür aber auch potentiell länger anhaltenden Zustand meinen. «Glück» bezieht sich auf den überschwenglichen Augenblick, «Zufriedenheit» bilanziert über den Augenblick hinaus rückblickend eine Zeitspanne.

«Zufriedenheit» beschreibt eine ausgeglichene Stimmungslage, in der ich mich einverstanden fühle mit mir und meinen Lebensumständen. Dieses Gefühl kann wohl nur dann entstehen, wenn keine schwerwiegenden, drängenden Probleme im Vordergrund stehen und wenn man in seinem Leben ganz allgemein das Verhältnis zwischen persönlichen Anstrengungen und äußeren Ergebnissen als angemessen empfindet. Es gibt Menschen, die sich recht häufig in dieser Stimmung befinden, und es gibt andere, die es nur selten oder nie sind, egal, wie ihr Leben, an äußeren Kriterien gemessen, aussieht.

Die Zufriedenen sind Optimisten; sie besitzen die Fähigkeit, die positiven Seiten ihrer jeweiligen Lebenssituation wahrzunehmen und zu empfinden. Sie können, um das bekannte Bild zu gebrauchen, sehen, daß ihr Glas noch halbvoll ist, während die anderen nur wahrnehmen, daß ihres schon zur Hälfte geleert ist. Die Zufriedenen bewerten ihr Leben nicht immer nach den unerfüllt gebliebenen Wünschen, sie vergleichen sich nicht stets mit denen, die mehr haben oder erfolgreicher sind, sondern sie können das, was ist, um seiner selbst willen schätzen. Vielleicht kommt das dadurch zustande, daß sie überhaupt weniger zum inneren Vergleich neigen; vielleicht stellen sie weniger Ansprüche an das Leben und an sich selber; sie sind möglicherweise weniger ehrgeizig und leben gleichmäßiger als die anderen, die häufig Unzufriedenheit empfinden. «Wer in guter Laune leben will», sagte der griechische Philosoph Demokrit, «darf sich nicht besonders bemühen, weder im Privatleben noch im öffentlichen Leben, und bei dem, was er jeweils treibt, darf er sein Ziel nicht höher ansetzen, als eigene Kompetenz und Natur es erlauben ... Denn eine gute Laune erlangen Menschen nur durch Mäßigung des Genusses und entsprechendes rechtes Lebensmaß ... Man soll also seinen Sinn auf das Mögliche richten und zufrieden sein mit dem, was man hat, ohne das, was Neid und Bewunderung erregt, zu sehr zu beachten ...»[12]

Man merkt sofort, daß dieses antike Ideal der inneren Ruhe und Ausgeglichenheit sich ähnlich konträr zu unserer Zeit verhält wie Bertrand Russells Empfehlung, sich nicht dauernd nur mit sich selbst zu befassen. Im Gegenteil: Unsere Gegenwart ermuntert uns zu ständiger Selbstbespiegelung, und sie betrachtet es als besonders positiv, wenn Menschen ehrgeizig und rastlos sind und sich ständig antreiben auf dem Weg zu neuen Zielen und neuer Wunscherfüllung.

Schließlich lebt auch unser Wirtschaftssystem davon, daß wir immer neue Wünsche entwickeln, die auf käufliche Güter hingeleitet werden können. Weil die eigentlichen Sehnsüchte durch den Konsumakt unbefriedigt bleiben, können immer wieder neue Bedürfnisse geweckt werden. «Glück ist kein Ding in einem Schaufenster, das man kaufen und sich einpacken lassen kann und das bei einem zu Hause genauso aussieht wie im Schaufenster».[13] Obwohl wir das wissen und die Tricks der Werbung mit dem Verstand recht gut durchschauen, sind wir ihren Mechanismen doch ausgeliefert, die einen vielleicht etwas mehr, die anderen weniger. Obwohl das Glück, das wir meinen, nicht käuflich ist, lassen wir uns doch immer wieder verleiten, auf diesem Wege wenigstens ein kleines Glück zu erlangen. In der konsumorientierten Überflußgesellschaft sind solche Freuden eben am einfachsten zu haben; und wir fallen immer wieder auf die Verheißung der Werbung herein, daß Konsum der schnellste und sicherste Weg zum Glück sei. Da das eigentliche Glück in unserem Leben auf sich warten läßt, trösten wir uns eben einstweilen mit dem Glücksersatz – ohne uns klarzumachen, daß eben dies uns auf lange Sicht unfähiger macht, andere, nachhaltigere Facetten des Glücks wahrzunehmen.

Das schnelle, flache und käufliche Glück hat in unserer Zeit Hochsaison. Das ist so, weil die Suche nach dem Glück in unserem Leben eine zentrale Rolle spielt, weil wir an die Machbarkeit des Glücks zu glauben gelernt haben und weil uns die Geduld fehlt, die schwierigeren Wege zu einem weniger oberflächlichen Glück zu beschreiten. Das Leben ist kurz, wir wollen unser Glück sofort; wir wollen etwas erleben, wir wollen uns gut fühlen. Wir kaufen nicht nur Ge- und Verbrauchsgegenstände, die unser Lebensgefühl erhöhen sollen – Kleider, Schmuck, Autos, schöne Dinge, mit denen wir uns umgeben, sichtbare Statussymbole –, sondern auch Erlebnisse: Urlaubstrips, Freizeitvergnügungen wie Kino- und Diskothekenbesuche, Musikfestivals und Tanzveranstaltungen, bestimmte Sportarten. «Spaß haben» ist das Motto der «Erlebnisgesellschaft». «Das Paradies hat die Telefonnummer des Club mediterrané»», lautete ein Werbeslogan.

Der Sport spielt eine besondere Rolle als Medium, das uns ein intensives Lebensgefühl verschaffen kann. Viele Sportarten, vor allem Extremsportarten, sind attraktiv, weil sie rauschähnliche Stimmungen auslösen können. Bergsteigen, Marathonlaufen, Surfen, lange und kurvenreiche Skiabfahrten, die ganze Nacht durchtanzen, auf der Kirmes Achterbahn fahren, Fallschirmspringen, Drachenfliegen, Bungee–Jumping. Manchmal ist das rauschhafte Glücksgefühl das Ergebnis extremer körperlicher Anstrengung, ein Zustand, in dem körpereigene Morphine freigesetzt werden. Manchmal setzt es darüber hinaus ein hohes Können voraus und entsteht aus dem Wechselspiel zwischen den Herausforderungen der Situation und der eigenen Konzentration und Geschicklichkeit, dem Manövrieren auf des Messers Schneide, im Wissen, daß eine ungeschickte oder falsche Reaktion unangenehme Folgen hätte. Nicht selten wird der Rausch auch durch den Kitzel der Gefahr bewirkt. Schauspieler, Sänger, Popstars und Redner erleben einen ähnlichen Kick des rauschhaften Glücksgefühls, wenn sie spüren, daß sie ihr Publikum beeindrucken und mitreißen.

Um ein rauschartig intensiviertes Lebensgefühl sofort und zuverlässig herzustellen, ohne erst lange und mühsam besondere Fertigkeiten erwerben zu müssen, nehmen manche Leute Drogen. Man will einfach «gut drauf sein», «high sein», sich lebendig und glücklich fühlen. Der Name der Droge «Ecstasy» spricht für sich. Natürlich gibt es nicht nur Drogen, die das Lebensgefühl steigern sollen, sondern auch solche, die den inneren Druck wegnehmen, trösten, beruhigen; zu den «Uppern» gehören auch die «Downer».

Zu Anfang der Moderne lagen die Glücksverheißungen im langfristigen Lebenserfolg, im sozialen Aufstieg, in der Selbstentfaltung – ein langer Weg voll Mühe und Anstrengung, voll aufgeschobener Befriedigung –, das Glück winkte erst am Ende eines harten Wegs als Belohnung. Unsere Gegenwart will vor allem die schnelle Belohnung, den schnellen Erfolg, die schnelle Erlebnisintensität. Sie verführt dazu, glückhaften Rausch in Konsum- und Ersatzhandlungen zu suchen. Solche Erlebnisse sind relativ leicht zu haben, doch tückischerweise nutzt sich der Genuß, den sie vermitteln, mit der Wiederholung immer stärker ab, und dann scheint das normale alltägliche Leben im Kontrast erst recht langweilig, grau, unerträglich. Gerade Jugendliche mit einem relativ sorgenfreien, saturierten Leben können in den Sog der Sucht geraten, wenn sie von einem Vergnügen zum anderen, von einer Veranstaltung zur nächsten driften, immer auf der Suche nach dem neuen, dem besseren, dem ultimativen Erlebnis.

Wahrscheinlich ist das Glück noch nie so verzweifelt gesucht worden wie heute von den Menschen in der westlichen Welt, denen es, nach ihrem objektiven Lebensstandard beurteilt, weitaus besser geht als ihren Vorfahren oder ihren Zeitgenossen in ärmeren Regionen der Erde. Diese verzweifelte Glückssuche hängt mit dem Überfluß zusammen und mit dem Überdruß, der durch den Überfluß entsteht, mit der Befreiung von Arbeit, die zu Langeweile führt, und mit der gleichzeitigen Zunahme der Angst, daß das Wohlergehen vielleicht nicht von Dauer sein könnte. Unsere Fixierung auf das «Glück», was auch immer darunter verstanden wird, kommt sicher dadurch zustande, daß ein über unsere persönliche Existenz hinausgehender, ein transzendierender Lebenssinn verlorengegangen ist.

Solange sie an ein Paradies jenseits des Todes glaubten, konnten die Menschen vielleicht besser damit fertigwerden, daß das Leben ein Jammertal ist. Seit sie aber in der Mehrzahl davon ausgehen, daß ihr Leben mit dem Tod unwiderruflich vorbei ist, muß für sie alles, was es lebenswert macht, bald, am liebsten jetzt sofort stattfinden – denn wer weiß, wie lange ich noch lebe? Es ist der Verlust der Transzendenz, der uns zur Jagd nach dem schnellen, oberflächlichen Glück treibt.

Ist die vehemente Suche nach dem Glück schon als solche ein Irrweg? Liegt der Fehler unserer Kultur darin, sich auf äußerliche Formen des Glücks kapriziert zu haben? Kann man Glück überhaupt willkürlich herbeiführen?

«Glück ist etwas, das man nicht erzwingen kann», sagen die einen, «es geschieht einfach.» Happiness happens. Die dümmsten Bauern, die es am wenigsten verdienen, ernten die dicksten Kartoffeln. Der eine hat's», der andere nicht – es hat rein gar nichts mit Verdienst zu tun. «Wem das Glück wohl will, dem kälbert sogar der Ochs», doch «wem das Glück nicht wohl will, der bricht das Bein auf ebener Erde», so behaupten deutsche Spruchweisheiten. Alles ist Zufall und geschieht ohne Bezug zum eigenen Handeln?

«Glück fällt einem nicht einfach in den Schoß», behaupten im Gegenteil die anderen. «Man muß sein Glück verdienen, für es kämpfen, es erobern.» Auch diese Erfahrung wird durch ein Sprichwort bekräftigt: «Das Glück ist der Begleiter des Tüchtigen.»

Kommt dieser Widerspruch zustande, weil die Aussagen sich auf eine jeweils andere Facette von Glück beziehen? Das würde heißen: Es gibt eine Art von Glück, für die man etwas tun kann, aber es gibt auch das andere Glück, das einem zufällt. Oder steht hinter den beiden widersprüchlichen Aussagen über das Glück vielleicht sogar ein grundsätzlich anderes Weltbild: «Wir sind unseres Glückes Schmied» gegen: «Letztlich sind wir dem Schicksal ausgeliefert»?

Wenn das Glück mit dem Lebenserfolg zusammenhängt, wenn es mit Reichtum und sozialem Aufstieg einhergeht, dann können wir bestimmt einiges – aber längst nicht alles – dafür tun. Das gleiche gilt für die Facetten des Glücks, die mit Wunscherfüllung oder der Beseitigung von Mangel zu tun haben. In gewissen Grenzen können wir etwas dafür tun, daß unerfreuliche Situationen sich ändern und hochbesetzte Wünsche sich erfüllen. Aber vieles kommt von außen und liegt nicht in unserer Hand, auch wenn wir uns noch so bemühen.

Wenn das Glücklichsein mit bestimmten Einstellungen zum Leben zusammenhängt, dann liegt es vielleicht am stärksten bei uns selber, ob wir glücklich sind. Wir können zum Beispiel versuchen, das zu schätzen, was wir haben, und uns nicht immer mit anderen zu vergleichen, denen es scheinbar besser geht als uns. Wir können lernen, ganz im Augenblick und bei dem zu sein, was wir gerade tun. Es könnte aber auch sein, daß Glück wirklich etwas ist, das wir nicht ohne weiteres willkürlich selbst herstellen können, sondern etwas, das uns wie ein Geschenk zufällt, als eine Zugabe, wenn wir uns um anderes bemühen: um Menschen, um Dinge, um eine «richtige», sinnvolle Lebensführung.

Generell hat sich unser Weltbild gegenüber früheren Zeiten insofern gewandelt, als wir heute unseren eigenen Anteil an Glück und Unglück in unserem Leben viel stärker herausstellen als die Abhängigkeit von unpersönlichen Schicksalsmächten. Wir sind überzeugt von der Machbarkeit des Glücks – Hunderte von Ratgeberbüchern mit Rezepten für das Glück zeugen davon. Wir glauben, daß wir unseres Glückes Schmied sind – wenn wir auch wissen, daß Schicksalsschläge den Möglichkeiten der Selbstgestaltung Grenzen setzen können. Doch was ist Schicksal? Und wo begegnet es uns heute noch?

«Kismet – Schicksal
hat zugemessen
Trinken und Essen,
Tod und Leben
von Allah gegeben».
Arabisches Sprichwort

«Des Menschen Tun
steht nicht in seiner Gewalt
und steht in niemandes Macht,
wie er wandelt oder seinen Gang richtet.»
Jeremias 10,23

4. Schicksal: kosmische Gesetze und göttliche Willkür gegen menschliche Ohnmacht?

«Schicksal» – schon das Wort klingt uns heute fremd, sonderbar altmodisch. Einerseits haftet dem Begriff noch etwas Gewaltiges an, Reste einer Bedeutungsschwere aus früheren Zeiten, die von einem anderen Weltbild geprägt waren. Andererseits fristet er ein Schattendasein im Bereich Aberglauben oder Kitsch, am Rande der rational ausgeleuchteten Bühne unserer aufgeklärten Zeit.

Manchen wird, wenn sie das Wort «Schicksal» hören, als erstes die Horoskopseite der Illustrierten einfallen – «Dein Schicksal steht in den Sternen» –, deren Lektüre sie vielleicht noch als amüsantes Gesellschaftsspiel betreiben: «Nutzen Sie den heutigen Tag für finanzielle Transaktionen.» Andere mögen an die Heftromane denken, die sich häufig als «Schicksalsromane» ausweisen: «Wie eine große Liebe unverhofft mein Leben veränderte» oder «Wie Chefarzt Dr. Müller das Leben meines einzigen Kindes rettete».

Mit dem Wiederaufleben esoterischer Strömungen in unserer Zeit verbreitet sich allerdings auch wieder eine gewichtigere Vorstellung vom Schicksal: als Einfluß kosmischer Gesetze auf unser Leben, als sinnhaftes Muster im individuellen Lebensgeschehen. Davon wird noch die Rede sein.

Der Duden, das sechsbändige «Große Wörterbuch der deutschen Sprache» (1980) definiert «Schicksal» als: «von einer höheren Macht über jemand Verhängtes, ohne sichtliches menschliches Zutun sich Ereignendes, was das Leben entscheidend bestimmt». Als «Schicksal» wird aber auch, so der Duden, «die höhere Macht» selber bezeichnet, «die in einer nicht zu beeinflussenden Weise das Leben bestimmt und lenkt». Demnach bezeichnet «Schicksal» einerseits gewisse Ereignisse, andererseits aber auch die höhere Instanz, die dieses Geschehen steuert.

Der Glaube an die Macht des Schicksals ist so alt wie die Menschheit und spielt in vielen Kulturen eine zentrale Rolle. Er war auch in Mitteleuropa ausgeprägt, bevor sich mit dem naturwissenschaftlich-technischen Denken ein materialistisches Weltbild durchsetzte, das den Glauben an die Voraussagbarkeit, die Kontrollierbarkeit und die Machbarkeit der meisten Ereignisse mit sich brachte.

Für die Griechen wurde das Schicksal durch die Moiren verkörpert, göttliche Wesen, die den Ablauf der Ereignisse im menschlichen Leben bestimmen und besonders mit Geburt und Tod in Verbindung gebracht wurden. In manchen alten Texten wird von einer, in anderen von drei Moiren gesprochen, Klotho, Lachesis und Atropos, die Töchter der Nacht (manchmal auch: die Töchter des Zeus), sind Verkörperungen der Idee des unerbittlichen Schicksals, Aspekte des ordnungsgemäßen Funktionierens des Universums. Manchmal scheint es, als ob sie nur den Willen der Götter ausführten; manchmal sind ihnen aber selbst die Götter, auch Zeus als oberster Herrscher des Himmels, unterworfen. Bei den Römern hießen die Moiren «Parzen». Der Name bedeutet «Gebärerinnen», während in dem griechischen Begriff «moirai» die Bedeutung «Teile» oder «zugeloste Anteile» steckt. Der Name der Moire «Lachesis» bedeutete «Zuerteilerin der Lose», während «Klotho» «die Spinnerin» ist: Die Moiren oder Parzen spinnen den Lebensfaden, messen ihn und schneiden ihn ab.[1]

Bei den Germanen webten die Nornen den Schicksalsfaden. Sie wohnten beim Urdbrunnen, unter den Wurzeln des großen Weltenbaumes, der Weltesche Yggdrasil. Ihre

Namen waren Urd, Verdandi und Skuld, was «Vergangenheit», «Gegenwart» und «Zukunft» (genauer: die Gewordene, die Werdende, die Zukünftige) bedeutet. In der Edda werden sie als «vielwissende» Frauen erwähnt, die «Stäbe schneiden», Runen ritzen, die «Lose, die das Leben der Menschen bestimmen, ihr Schicksal verkünden» (Edda). Das Wort «Norne» wird in einen Zusammenhang mit dem germanischen «snerhan» = «binden» gestellt. Die Dreizahl der Nornen erklärt sich aus ihrer dreifachen Tätigkeit: Leben geben, Geschick zuteilen, beides zerschneiden (so wie im indischen Kulturkreis das Schöpfen, Erhalten, Zerstören in der Dreieinigkeit von Brahma, Wischnu, Schiwa verkörpert wird). Die Nornen bestimmen Geburt, Heirat und Tod; die Gesamtheit des von ihnen Verhängten ist das Urgesetz, das alte große Gewebe des Schicksals. Die Nornen sollen älter als die Götter selber sein.[2] Etwas von den Nornen lebte in den Feen der europäischen Volksmärchen weiter, denn diese konnten mit ihren guten Wünschen und mit ihren Verwünschungen entscheidend auf das menschliche Schicksal einwirken.

Die Moiren, Parzen, Nornen oder Schicksalsgeister begegnen uns als «Ursitory» in der Überlieferung der Zigeuner. Der Autor Mateo Maximoff, selber Zigeuner, hat in dem gleichnamigen, zur Weltliteratur gewordenen Roman[3] alten Legendenstoff gestaltet: die Unausweichlichkeit des vorherbestimmten Todeszeitpunktes, aber auch die Chance der Menschen, unter bestimmten Umständen dem Schicksalsrad in die Speichen zu greifen, den Lauf des Verhängnisses zu verzögern oder ihm nachzuhelfen. Die drei Ursitory sind Geistwesen, bei den Zigeunern männlich imaginiert, die sich stets in der dritten Nacht nach der Geburt eines Menschen an seiner Wiege versammeln und über sein Schicksal beraten; ihre Voraussagen bewahrheiten sich immer. In einer eisigen Winternacht wird der Zigeunerin Tereina ein Sohn, Arniko, geboren. Die Ursitory prophezeien ihm Stärke, Schönheit und Charakter; der erste will ihm nur ein kurzes, der zweite dagegen ein langes Leben zubilligen. Da entscheidet der dritte, der «Meister der Ursitory», das Kind werde, weil es eine alte Schuld seiner

Großmutter sühnen müsse, nur so lange leben, wie ein bestimmtes Holzscheit im Feuer brenne. Großmutter und Mutter werden Zeuginnen dieses Urteilspruchs. Kaum sind die Ursitory verschwunden, da springt die Großmutter Dunicha zum Feuer, reißt das brennende Scheit heraus und wirft es durchs Fenster nach draußen in den Schnee. Als die Flammen verlöscht sind, händigt sie es ihrer Tochter Tereina aus: Siehst du, nun hast du das Leben deines Sohnes in der Hand, hüte es gut! Tereina bewacht das angebrannte Holz wie ihren Augapfel; ihr Sohn wird ein siegreicher Held, dem keine Gefahr etwas anhaben kann. Als Tereinas Tod naht –, er tritt genau zu dem Zeitpunkt ein, den die Ursitory bei ihrer eigenen Geburt ihrer Mutter vorausgesagt haben –, übergibt sie das angekohlte Holz Arnikos Frau, ihrer Schwiegertochter Orka. Orka aber wirft das Holzscheit selber ins Feuer, als Arniko sie verläßt, weil er eine andere Frau liebt. Er windet sich in Schmerzen, solange es brennt, und stirbt, als es zu Asche zerfällt.

Im deutschen Volksmärchen «Dornröschen» sind die Feen, die sich bei der Taufe versammeln, ebenfalls Schicksalsgeister, die im Guten und im Bösen Macht über das Leben des neugeborenen Kindes haben. Die bei der Einladung zum Taufmahl vergessene dreizehnte «böse» Fee verhängt in ihrem Zorn den Fluch, daß sich Dornröschen am dreizehnten Geburtstag mit einer Spindel stechen und daran sterben soll. Die letzte «gute» Fee kann diesen Fluch über der Wiege des Babys nicht aufheben, nur abschwächen in einen jahrhundertelangen totenähnlichen Schlaf, aus dem das Dornröschen nur durch den rechten Prinzen als Erlöser wieder aufgeweckt werden wird.

In den alten archaischen Vorstellungen vom Einfluß überirdischer Wesen auf das Schicksal der Menschen geht es fast immer um so elementare Dinge wie den Lebenserfolg (jemand wird sehr schön oder sehr stark werden, eine berühmte Königin, ein mächtiger Herrscher oder Sieger), manchmal auch um Schuldverstrickungen (denken wir an das Orakel, das zur Geburt des Ödipus verkündet wurde) – und um den Tod: wann und unter welchen Umständen er unausweichlich eintreten wird. Natürlich sind das die zentralen Lebensfragen der Menschen. Wenn ein Kind in der Wiege liegt, ist alles, was es betrifft, Zukunft und Ungewißheit. Was für ein Mensch wird es einmal werden? Wie wird sein Leben aussehen? Wird es lange dauern und glücklich sein? Auf die Umstände unserer Geburt und unseres Todes haben wir keinen Einfluß; wenn wir uns unserer Existenz bewußt werden, hat das eine schon stattgefunden und von dem anderen wissen wir nur, daß, aber nicht wann und wie es sich vollziehen wird.

Die großen monotheistischen Weltreligionen kennen keine Geistwesen mehr, die das unpersönliche Schicksal verkörpern oder transportieren. Hier übernimmt Gott (Jahwe, Allah) die Rolle des alleinigen Schicksalbestimmers. Das ganze Alte Testament hindurch ist der biblische Gott identisch mit dem Schicksal: Er bestraft, sendet Plagen und Krankheiten, läßt Städte in Schutt und Asche versinken, vernichtet Ernten und ganze Völker. Auf der anderen Seite schützt, hilft und verschont er, schenkt Reichtum, Ruhm, Nachkommenschaft, Gesundheit und was das Herz noch begehrt. Meistens sind die negativen Ereignisse im Leben der Menschen, die Schicksalsschläge und Katastrophen, die über sie hereinbrechen, Gottes Antwort auf menschliche Freveltaten; sie stehen also in engem Zusammenhang mit Schuld, die die Menschen auf sich geladen haben.

Die Götter der Antike waren bekanntermaßen willkürlich, in ihren Launen menschenähnlich, jedenfalls keineswegs gerecht. Sie konnten in ihrem Zorn und ihren Rachegelüsten sehr nachtragend sein und Menschen manchmal in einer Art Sippenhaft, die über Generationen dauerte, schwere Schicksalsschläge zufügen – nur weil ihre Ahnen irgendwann einmal Freveltaten begangen hatten.

Der Gott der Juden, Christen und Muslime dagegen gilt als gerecht, wenn auch manchmal in einer abstrakten, vom Menschen nicht immer leicht zu begreifenden Weise. Der Gott des Alten Testamentes ist weniger gütig als streng und hart, doch die Menschen bekommen nur, was sie verdienen. Wer sich schuldig macht und gegen Gott stellt, wird bestraft. Wer sich um einen tugendhaften Lebenswandel bemüht und Gott dient, wird belohnt. Aber auch hier gibt es vereinzelte Beispiele für göttliche Willkür. Hiob etwa, für seine Tugend und Gottesfurcht bekannt, wird, obwohl er sich keine Sünden hat zuschulden kommen lassen, aus heiterem Himmel mit einer Serie von Schicksalsschlägen persönlich vernichtet. Der alttestamentarische Gott erlaubt sich, vom Teufel angestiftet, einfach ein kleines Experiment mit ihm, indem er ihm seine Herden nimmt und ihn verarmen läßt, seine Kinder tötet und ihn mit schweren Krankheiten plagt.

Im Islam spielt der Glaube an ein vorherbestimmtes Schicksal eine noch größere Rolle als im Christentum. Die Gruppe der Gabriten (von arabisch «gabr» = Zwang) glaubte, daß alles bis ins kleinste vorausbestimmt sei. Ihnen standen jedoch die Qadariten gegenüber, die dem Menschen die Möglichkeit zugestanden, seine Werke nach eigenem Willen zu tun und damit auch im weiteren Sinn für sie verantwortlich zu sein. In der heute allgemein verbreiteten Form des muslimischen Glaubensbekenntnisses ist der Glaube an die Vorherbestimmung enthalten: «Ich glaube an Allah und seine Engel, seine Bücher und seine Gesandten, an den Jüngsten Tag, die Auferstehung nach dem Tode, die Vorherbestimmung seitens Allah – die gute wie die schlimme – , an das Gericht, die Waage, das Paradies und das Höllenfeuer – das alles ist die Wahrheit.» Vor allem der Todeszeitpunkt eines Menschen ist nach islamischem Glauben vorherbestimmt und auf der Tafel des göttlichen Ratschlusses fest verzeichnet.[4]

Auch heute noch sprechen viele gläubige Muslime, die ein Flugzeug, einen Zug oder ein Schiff besteigen, die Formel «Tawakkaltu ala Allah» – «Ich lege mein Leben in Gottes Hand» oder vielmehr: Ich weiß, daß es in Gottes Hand liegt, und es wird ohnehin nur geschehen, was er will. Die Ergebenheit islamischer Völker in ein schon vorbestimmtes Schicksal kann zur passiven Hinnahme nicht nur von Naturwidrigkeiten, Armut und Krankheit, sondern auch von gesellschaftlichen Mißständen führen. Andererseits gibt der Glaube an das Kismet auch Kämpfern im heiligen Krieg einen unerschütterlichen Mut – der Zeitpunkt ihres Todes ist ohnehin vorgezeichnet, und wer als Märtyrer für den Glauben stirbt, kommt direkt ins Paradies.

Verschiedene christliche Lehrmeinungen unterscheiden sich darin, wie weit sie das Schicksal des einzelnen Menschen für fest vorherbestimmt halten, welche Bedeutung sie der göttlichen Vorsehung einerseits und der menschlichen Willens- und Handlungsfreiheit andererseits zubilligen. Einerseits spielt der Glaube an die göttliche Vorherbestimmung, die Prädestination, auch in der christlichen Religion eine wichtige Rolle: Gott bestimmt das menschliche Geschick und hat vor allem Tag und Stunde des Todes eines jeden Menschen festgesetzt. Andererseits räumt das Christentum der menschlichen Willensfreiheit einen weitaus größeren Platz ein als andere Glaubenssysteme. «Der Wille bezeichnet die Entscheidungsinstanz, an der wir die Vorstellung von Verantwortlichkeit und Zurechenbarkeit festmachen und auf die wir moralische Leistungen oder Schuld zurückführen ... Könnte sich der Mensch nämlich nicht wissentlich gegen das Gute entscheiden, so wäre er für die Fehlentscheidung nicht verantwortlich; dann aber hätte ein moralisches Weltbild keinen Sinn, nach dem Gott die Guten belohnt und die Bösen bestraft».[5] Auch in der vorchristlichen antiken Philosophie gab es die Vorstellung einer gewissen Willensfreiheit, aber erst das Christentum (seit Augustinus) postuliert ein freies, spontanes und verantwortliches Wahlvermögen und damit eine erhöhte moralische Verantwortlichkeit für das eigene Handeln.

Den größten Zeitraum ihrer Geschichte, bis in die Moderne hinein, haben die Menschen in Europa wie anderswo ihren Handlungsspielraum und damit ihre Möglichkeit, ihr Leben zu gestalten, als sehr begrenzt erfahren.

«Was dir auch zustößt, es war dir von Ewigkeit her vorbestimmt», erklärte der römische Kaiser und Philosoph Marc Aurel (121–180 n. Chr.) in seinen «Selbstbetrachtungen».

«Gegen das Schicksal knallt der Fuhrmann seine Peitsche vergebens», heißt ein französisches Sprichwort. «Oft begegnet es uns auf der Straße, die wir nahmen, um ihm zu entkommen.» Das war auch die schreckliche Aussage des Mythos von Ödipus, der alles tat, damit die düsteren Prophezeiungen sich nicht verwirklichen sollten, die ihn seit seiner Geburt begleiteten, und der sie gerade deswegen erfüllte.

«Es ist weise, sich dem Schicksal zu unterwerfen», sagt ein chinesisches Sprichwort, «du kannst deine Türe zuschließen und in deinem Haus sitzenbleiben, doch das Verhängnis wird vom Himmel fallen.»

So hilflos, so ohnmächtig erlebten die Menschen sich oft gegenüber einem Geschick, das sie nicht voraussehen, nicht durch ihr eigenes Handeln beeinflussen und nicht verstehen, d. h. sinnhaft deuten konnten. Dann bahnt sich in Europa, mit Renaissance, Reformation, Aufklärung ein Wandel in der Weltanschauung an: Die Menschen sind ihrem Schicksal nicht ganz ausgeliefert. Sie haben durchaus die Möglichkeit, sich zu entscheiden, zu handeln und Einfluß auf ihr Leben zu nehmen.

Der Willens- und Entscheidungsfreiheit wurde seit der Reformation ein immer größerer Spielraum zugebilligt. Ging man im Katholizismus davon aus, daß der Mensch der Führung durch die Kirche bedarf, um zu erkennen, was Gottes Willen ist, so stärkt der Protestantismus mit der Forderung nach Gewissensfreiheit die Eigenverantwortung und die Entscheidungsmacht des Individuums. Während der Renaissance, der Reformation und der Aufklärung wurden die Grundlagen für den ausgeprägten europäischen Individualismus gelegt, der unsere Gegenwart prägt – und der zusammen mit dem im 19. Jahrhundert entstandenen naturwissenschaftlich-technischen Weltbild zur Verbreitung des Machbarkeitswahn geführt hat, der uns heute beherrscht: die Vorstellung, wir und nur wir selbst bestimmten unser Schicksal.

Diese Wahnvorstellung hat der Psychoanalytiker Horst-Eberhard Richter in seinem gleichnamigen Buch als «Gotteskomplex»[6] bezeichnet. Während des Mittelalters, meint Richter, fühlten sich die Menschen noch überwiegend kindlich und ohnmächtig, existentiell immer gefährdet, aber geborgen im Gefühl ihrer Gotteskindschaft; zwar nicht einem blinden Schicksal ausgeliefert, aber völlig in der Hand eines allmächtigen, strengen und strafenden, aber auch gütig und fürsorglich gedachten Vatergottes. Die Philosophie der Renaissance und der Aufklärung, das neue naturwissenschaftlich-technische Denken nährten nach und nach die «Illusion von der menschlichen Allmacht». «Gott geht verloren, der Mensch will selber Gott sein».[7] Von einem Extrem, dem der kindlichen Abhängigkeit und Hilflosigkeit, stürzen die Menschen nun vorwärts ins andere Extrem, in die Illusion, die Natur, die Zivilisation und ihr eigenes Leben gänzlich steuern, bestimmen und kontrollieren zu können.

Im europäisch-christlichen Mittelalter war das menschliche Bemühen weniger darauf ausgerichtet, selber Kontrolle zu gewinnen, als ein Gott wohlgefälliges Leben zu führen, damit er gnädig sei, belohne und nicht bestrafe. Zu den christlichen Tugenden gehörte auch die Ergebung in dunkle Geschicke, in harte und grausame Schicksalsschläge, hinter denen sich Gottes Absicht nur schwer erkennen ließ. Wenn Gott und das Schicksal identisch sind, beziehungsweise: wenn das, was ich als Schicksal erlebe, Gottes Willen ist – dann sind manche Schicksalsschläge nur schwer zu verstehen. Gott ist gerecht – das Schicksal aber schlägt oft blind und grausam zu. Wenn Gott aber gerecht ist und den Menschen gut will, wie kann er zulassen, daß mir furchtbare Dinge geschehen? Was habe ich denn Schlimmes getan, Gott, fragten sich die von Schicksalsschlägen geplagten Menschen, daß du mich so strafst? Die mittelalterliche Antwort auf diese Frage lautete: Es gibt keinen Menschen ohne Schuld, der Erbsünde wegen – außerdem gibt es in jedem Leben Sünde, für die man eigentlich Strafe verdient hat. Und wenn es keine Strafe ist, so ist es eben, wie im Falle Hiob, eine Prüfung: Gott will sehen, ob du auch im Mißgeschick am Glauben festhältst. Dann galt es, nicht mit Gott zu hadern («Was habe ich getan, daß ich so bestraft werde?»), sondern sich in sein Geschick zu fügen und darauf zu vertrauen, daß alles sich irgendwann doch wieder zum Guten wenden werde – oder daß Gott einen im anderen Leben für das Leiden in diesem entschädigen werde. «Der Herr hat's gegeben, der Herr hat's genommen, der Name des Herrn sei gelobt.»

Lange Zeit, erklärt Horst-Eberhard Richter, hatten sich die Menschen in ihrer Gotteskindschaft so sicher gefühlt, daß sie «... darauf verzichten (konnten), die Welt genau zu erforschen und ihr Leben zu berechnen».[8] Doch mit dem Verlust des mittelalterlichen Weltbildes beginnt die Notwendigkeit der Berechnung und der Kontrolle. Die «... Naturerforschung steht von Anfang an unter dem Druck der Angst, alle Ursachen erkennen zu müssen, um nicht doch am Ende von unbekannten Mächten überwältigt zu werden. Man muß die Umwelt restlos erkunden und sich ihrer bemächtigen, da kein elterlicher Beschützer mehr da ist, der Geborgenheit vermittelt».[9]

Die Menschen flüchten sich in den Allmachtskomplex, so Richter, weil sie den Gedanken an eine Leere ohne Gott nicht wirklich aushalten. Es ist ihnen vom Beginn der Neuzeit an bis heute nicht gelungen, ihren angemessenen Platz zu finden zwischen «dem Nichts und der Unendlichkeit, zwischen Winzigkeit und angemaßter Übergröße».[10] Sie sind nicht imstande, sich selbst als Wesen mittlerer Größe wahrzunehmen, die einerseits in vielen Abhängigkeiten stehen, die sie nicht steuern, manchmal nicht einmal durchschauen können, die aber dabei keineswegs völlig ohnmächtig und hilflos sind, sondern in Grenzen handeln und gestalten können.

«Das vorrangige Mittel zur Selbststabilisierung blieb die Erringung intellektueller Gewißheit und Macht».[11] Das Primat der versachlichenden, technischen Denkweise in der Moderne erklärt sich daraus, daß es den Menschen zu einem ständig wachsenden Machtbewußtsein verhalf. In erster Linie waren es die Männer, die sich Rationalität, Sachlichkeit und Gefühlskontrolle aneigneten; die anderen Seiten des Menschseins: Abhängigkeit, Schwäche und Leiden, Passivität und Emotionalität wurden als weniger wertvolle Eigenschaften und Verhaltensweisen an die Frauen delegiert. Die Leugnung und Verdrängung von Schwäche und Abhängigkeit, der Versuch, das Leiden mit allen

Mitteln aus dem Leben zu entfernen, ist ein wichtiger Aspekt des «Gotteskomplexes». Er ist die Kehrseite des menschlichen Drangs nach narzißtischer Omnipotenz.

Aber die moderne Wunschvorstellung vom selbstbewußten, unabhängigen, sein Leben autonom gestaltenden, omnipotenten Individuum hat keineswegs schlagartig die uralte (Ehr-)Furcht vor dem Schicksal ausgelöscht. In unseren Tagen bestehen verschiedene, zum Teil diffuse und einander widersprechende Vorstellungen nebeneinander, Elemente, die aus unterschiedlichen Weltbildern stammen: modernes und vormodernes Denken, christlicher Glauben und wissenschaftliche Rationalität neben «Aberglauben» und Irrationalem, alte europäische neben fernöstlicher Religiosität, alte und neue Schicksalsgläubigkeit, im veränderten Gewand von New-Age-Lehren und verschiedenen esoterischen Überzeugungen. Sogar innerhalb ein und desselben Individuums können widersprüchliche Ideen nebeneinander existieren.

Auch bei Menschen, die sich zur naturwissenschaftlichen Welterklärung bekennen, finden sich irrationale Nischen im Denken. In einer schweren Krise entringt sich auch einem erklärten Atheisten schon mal ein Stoßgebet. Menschen, die nicht an Gott glauben, erzählen, nachdem sie Gefahren entronnen sind, plötzlich etwas von Schutzengeln. Nein, sagen andere, ich glaube nicht an ein vorherbestimmtes menschliches Schicksal – aber vielleicht gibt es doch so etwas wie das «Buch des Lebens», in dem verzeichnet ist, wann unsere Lebensuhr abläuft? Manche machen sich vielleicht lustig über die katholische Großmutter, die dem Heiligen Antonius Kerzen aufstellt, damit er ihr hilft, ihren verlorenen Ring wiederzufinden, doch sie registrieren es zugleich mit einem gewissen Unbehagen, wenn eine schwarze Katze von links nach rechts vor ihrem Auto her über die Straße läuft. Sie finden es unvorstellbar, an so etwas Absurdes wie die Unbefleckte Empfängnis zu glauben – halten eine Geistheilung durch das Telefon aber für nicht ausgeschlossen. Manche legen sich die Tarotkarten aus Überzeugung, andere nur zum Spaß – und fühlen sich trotzdem ein wenig beeinflußt von dem, was die Karten ihnen gesagt haben. Auch wer nur von Zufall und nie von Schicksal spricht, glaubt gelegentlich an «Vorzeichen», an ein seltsames Zusammentreffen von Zufällen, das eigentlich doch nicht ganz zufällig sein kann, oder an die Vorhersagekraft von Träumen. «Kein Wunder, daß das passieren mußte», sagen sie nach einem Unfall, «irgendwie lief schon an diesem Morgen alles verkehrt.»

Größer als je zuvor ist die Zahl der Menschen, die überhaupt nicht benennen können, was sie glauben – da, wo früher die religiösen Dogmen im Bewußtsein herrschten, ist nur noch Nebulöses, Widersprüchliches.

Im übrigen existiert auch heute noch, wie in der Antike, eine abergläubische Furcht, daß zu viel Glück mit um so mehr Unglück bezahlt werden müsse. Philipp II., König von Mazedonien (ca. 382–336), betete deswegen, als er sich auf dem Höhepunkt von Macht und Ruhm fühlte: «Oh Schicksal, gib mir zu so vielem und so großem Glück auch ein kleines Unglück!» Die freiwillige Annahme dieses kleinen Unglücks sollte ihn vor dem Absturz ins große Unglück schützen, vor dem Neid der Götter, die den Glücklichen gern vom hohen Roß schubsen. «Das Glück trägt seinen eigenen Sturz schon in sich selbst», sagt Seneca in «De brevitate vitae». Schillers Gedicht vom «Ring des Polykrates» bringt diesen Zusammenhang sehr eindringlich zum Ausdruck: Gerade weil ihm alles bisher so gut geraten ist, ahnt man, daß dem Polykrates furchtbares Unheil drohen muß.

Im Mittelalter symbolisierte man das alte Gesetz, daß auf Glück notwendig Unglück folgen müsse, durch das Bild des sich unaufhaltsam drehenden Schicksalsrades. Was jetzt oben ist, wird demnächst unten sein. Davon handelt auch eines der bekanntesten Lieder der «Carmina burana», «O fortuna!»: «Rex sedet in vertice / caveat ruinam / sed sub axe legimus / Hekubam reginam» – das Glücksrad dreht sich, der König, der jetzt auf dem Gipfel seines Ruhms ist, fürchtet schon seinen Untergang, und wir können bereits ablesen, daß an seiner Stelle bald die Königin Hekuba regieren wird, die jetzt noch am Fuß des Glücksrades rangiert.

Auch heute noch glauben viele Menschen, sie würden Unglück dadurch auf sich ziehen, daß sie ihr Glück zu laut bejubeln, und wenn ihnen etwas Negatives zustößt, meinen sie nicht selten, es sei eine «Strafe» (des Himmels, des Lebens, des Schicksals) dafür, daß es ihnen zu gut gegangen sei. «Man muß im Leben für alles bezahlen, am meisten für Glück», schreibt die DDR-Schriftstellerin Maxie Wander in ihr Tagebuch, als sie mit einem Tumor ins Krankenhaus eingeliefert wird, und: «Ich hab Pech gehabt, ich hab das Glück zu lange beansprucht».[12.]

Bei allem Durcheinander in unseren gegenwärtigen Vorstellungen über das Schicksal lassen sich doch einige allgemeine Tendenzen aufzeigen. So sind heute in unserem Kulturkreis nur sehr wenige Menschen der Meinung, das menschliche Leben sei bis ins kleinste Detail vorherbestimmt, so daß dem Individuum keine oder nur sehr geringe Entscheidungs- und Handlungsfreiheit bleibe – wie es etwa Georg Büchner noch im 19. Jahrhundert seinen Danton empfinden läßt: «Puppen sind wir, von unbekannten Gewalten am Draht gezogen; nichts, nichts wir selbst!» (aus: Dantons Tod, 1835). Wir glauben in der Mehrheit nicht daran, daß göttlicher Willen, kosmische Gesetze oder sonstige anonyme Schicksalsmächte unseren Weg genau vorgezeichnet haben. Im Gegenteil: «In deiner Brust sind deines Schicksals Sterne!» So heißt es in Schillers Wallenstein-Drama «Die Piccolomini», wo das neuzeitliche Denken und Handeln des selbstbewußten Individuums dem mittelalterlichen des zögernden Wallenstein gegenübersteht, der darauf wartet, daß die Sterne ihm ein Zeichen geben, wann die Zeit zum Handeln für ihn günstig sei.

Wir sehen uns heute als die Autoren unserer eigenen Biographie. Auch die neueren Strömungen esoterischen Denkens gehen nicht davon aus, daß wir den Einflüssen kosmischer Mächte passiv ausgesetzt sind – sondern sie postulieren eher einen umgekehrten Zusammenhang: daß wir mit unserem Wollen und Denken, kosmische Gesetze nutzend, auf uns selbst und unsere Umgebung einwirken können – eine neue Variante der Allmachtsideologie.

Das meiste, was um uns geschieht, erklären wir heute nach einem kausalen Denkmuster, in Ursache-Wirkungs-Kategorien: Wenn A, dann B. Wo A ist, wird B folgen. Wo B ist, muß A vorangegangen sein. A führt zu B. Indem ich A setze, bewirke ich B: das ist die Form des Denkens, die zum naturwissenschaftlich-technischen Weltbild gehört. Natürlich können A und B im einzelnen sehr komplex sein, und eine Menge intervenierender Variablen kann auf die Kausalkette einwirken. Aber im Prinzip kann man alle Faktoren genau herausarbeiten, einzeln benennen und in ihrer Wirksamkeit erfassen; sie verhalten sich nämlich gesetzmäßig und nicht willkürlich und sprunghaft mal so und mal so. Für fast alles, was wir um uns her und in uns selbst beobachten, glauben wir, Ursachen ausmachen zu können: Etwas, was geschieht, ist durch etwas anderes bewirkt oder herbeigeführt worden. Die Ursachen, die zwingend zu bestimmten Wirkungen führen, sind sehr oft menschlich gesetzt, fast immer menschlich zu beeinflussen – und auch da, wo sie nicht von uns manipulierbar sind, verhalten sie sich immer noch nach Gesetzen, die wir verstehen können. Unberechenbarkeiten und Sprünge, die wir nicht erklären können, blenden wir aus oder wir nennen sie «Zufall», meinen damit aber umgangssprachlich meist nicht, daß wir sie grundsätzlich nicht nach demselben Schema erfassen können, sondern nur, daß wir sie noch nicht genau untersucht haben.

In unserem Weltbild gibt es nur noch wenige Dinge, von denen wir glauben, daß sie sich ganz unbeeinflußt von Menschen vollziehen. Wir nehmen überall Subjekt und Objekt wahr, Verursacher und Ergebnisse ihrer Handlungen, Täter und Opfer. Bei fast allem, was geschieht, spielen für uns menschliche Verursacher eine entscheidende Rolle. Damit bleibt wenig Raum für das Schicksal, wie es zu Beginn dieses Kapitels definiert wurde: als etwas «von einer höheren Macht über jemand Verhängtes, *ohne sichtliches menschliches Zutun* sich Ereignendes, was das Leben entscheidend bestimmt».

Wir denken nicht: «Durch Gottes Ratschluß ist dieses Kind mit einer schweren Behinderung geboren worden», sondern wir fragen sofort: War ein Versagen des Arztes schuld daran? Hat ein Fehlverhalten der Mutter während der Schwangerschaft dazu geführt? Hat sie alle Möglichkeiten der vorgeburtlichen Diagnostik ausgeschöpft, die die Früherkennung eines genetischen Defektes ermöglichen? Denn dann hätte sie, wenn sie sich nicht in der Lage fühlte, ein behindertes Kind großzuziehen, die Schwangerschaft noch abbrechen können.

Wir sagen nicht: «Dieses Zugunglück war Schicksal.» Wir fragen sofort: Wer war schuld daran? Hat der Lokführer ein Signal übersehen? Wer war für die falsche Weichenstellung verantwortlich? Wem hätte bei einer Kontrolle die Materialermüdung der Reifen auffallen müssen?

Darin, daß wir für alles Geschehen Verursacher und Schuldige suchen, bekundet sich zum einen die Bereitschaft zur Übernahme von Verantwortung für unser Handeln – obwohl wir in Unglückfällen zunächst lieber einmal andere verantwortlich machen als uns selbst. Zugleich verrät die ständige Suche nach menschlicher Urheberschaft auch eine gewaltige Überschätzung menschlicher Einflußnahme. Wir sind davon überzeugt: Hätte der Arzt bei der Geburt besser aufgepaßt, hätte die Schwangere sich richtig verhalten, wäre das Kind gesund zur Welt gekommen. Wäre der Lokführer nicht übermüdet gewesen, der Programmierer kompetenter oder die Kontrolleure weniger schlampig – dann hätte es kein Zugunglück gegeben.

Hinter solcher Zuschreibung von Urheberschaft steht nicht nur die Vorstellung, daß *dieses eine* Ungück hätte vermieden werden können, sondern die Fiktion, *alle* Katastrophen und *alles* menschliche Leid seien grundsätzlich zu vermeiden, wenn sich alle richtig verhielten.

Diese Idee ist deswegen nicht besonders hilfreich, weil sich niemals alle «richtig» verhalten können, selbst wenn es nirgends an gutem Willen mangelte und selbst wenn Faktoren wie Müdigkeit, Unfähigkeit und Bequemlichkeit im menschlichen Leben eine geringere Rolle spielten, als sie es tun. Außerdem ist keineswegs immer so klar, welches Verhalten im einzelnen «richtig» gewesen wäre, wie es im nachhinein scheint. Vermutlich hilft die Tatsache, daß ein Schuldiger ausgemacht wird, weder der Mutter, die das behinderte Kind großziehen muß, noch den Opfern des Zugunglücks – es sei denn, von der Benennung der Verantwortlichen hinge ab, ob die Betroffenen finanzielle Hilfe erwarten können.

Unsere Vorfahren erlebten solche Schicksalsschläge viel stärker als von außen kommend, obwohl sie zum Teil sicher auch «hausgemacht» waren. Als Sodom und Gomorrha vernichtet wurden, war das eine Strafe Gottes für moralisches Fehlverhalten. Heute dagegen macht man Inkompetenz und Unachtsamkeit als Ursachen vieler Katastrophen aus. Vermutlich dürfte aber das eine ebenso schwer ganz aus der Welt zu schaffen sein wie das andere.

Das verweist auf eine andere allgemeine Tendenz: Was früher als von außen kommendes Schicksal empfunden wurde, wird heute oft psychologisiert und damit auch vermenschlicht. Ein Mensch wird heute nicht erfolgreich oder unglücklich, zum berühmten Zeitgenossen oder zum Alkoholiker oder Verbrecher, weil es sein Schicksal war oder weil es ihm die Feen an der Wiege gesungen haben oder weil es im Buch seines Lebens von Anbeginn an vorgezeichnet war, sondern weil seine Lebensumstände, sein Milieu, insbesondere seine Eltern, ihn dazu gemacht haben. In dieser Weltsicht ist das Individuum weniger das verantwortliche Subjekt seiner Biographie als wiederum abhängig: diesmal aber nicht von unpersönlichen Mächten, sondern von menschlichen Tätern, die genau benannt werden können. Mit ihrem Handeln haben sie Ursachen gesetzt, die sich zwingend auf das Leben des betreffenden Menschen ausgewirkt haben.

Im soziobiologischen Diskurs von Anlage- und Umwelttheorie, der im 20. Jahrhundert immer wieder neu auflebte, geht es in gewisser Weise auch um die Auseinandersetzung zwischen Schicksalsgläubigkeit und Machbarkeitswahn. Wer davon überzeugt ist, daß das meiste, fast alles, was unser Leben ausmacht, durch unsere Erbanlagen vorgegeben ist, sieht darin vorgegebenes unabänderliches

«Schicksal», diesmal nicht von Göttern, Sternen oder Geistwesen, sondern von der Natur über uns verhängt. In diesem Weltbild sind den Möglichkeiten des Individuums und dem Fortschritt der Gesellschaft weit engere Grenzen gesetzt als in dem der Milieutheoretiker. Wer den Einflüssen der Umwelt größere Auswirkungen auf das menschliche Leben zuschreibt als den Genen, der glaubt im allgemeinen auch an eine größere Machbarkeit und Manipulierbarkeit menschlichen Verhaltens. Der amerikanische Psychologe Watson, der Vater des Behaviorismus, soll gesagt haben: «Gebt mir ein beliebiges Baby, und ich mache euch daraus entweder den Präsidenten der USA oder einen Verbrecher» – so überzeugt war er von der Formbarkeit des menschlichen Charakters und Verhaltens wie des menschlichen Lebenslaufs. «Eltern erschaffen ihre Kinder sowohl psychisch wie physisch ... Wie die Eltern die Verstärkung einsetzen, ob Bestrafung oder Belohnung, ändert das Verhalten des Kindes und bestimmt seine künftigen Neigungen und Abneigungen».[13]

Sicher ist eine so extreme Position heute eher selten. Doch noch immer sind Psychologie, Psychotherapie und Pädagogik durchdrungen von der Vorstellung, man könne Menschen «machen», das heißt entscheidend formen und verändern.

Solche Ideen waren nicht nur in den 70er Jahren bei uns sehr verbreitet, als der soziale Fortschrittsoptimismus noch auf dem Höhepunkt war. Ein schwieriges Kind sei, so Alexander S. Neill, der mit seinem «Summerhill»-Experiment in den 60er Jahren einer der Begründer der antiautoritären Erziehung wurde, «fast immer durch falsche Behandlung im Elternhaus zu einem schwierigen Kind geworden.» «Eltern und Lehrer machen aus einem Kind entweder einen freien Menschen, der glücklich bei der Arbeit, glücklich als Freund und glücklich als Liebender ist, oder ein armseliges Bündel voller Konflikte, das mit sich und der Welt zerfallen ist».[14]

Diese Gedanken beherrschen auch in unserer Gegenwart das populäre psychologische Denken. In Psychotherapien werden viele Persönlichkeitsstörungen auf mangelnde Zuwendung oder Fehlverhalten der Eltern, insbesondere der Mütter zurückgeführt. Die westdeutsche autobiographische Literatur der 70er und 80er Jahre ist voll von Klagen und Anschuldigungen gegenüber der Elterngeneration, die ihren Kindern alles mögliche vorenthalten hat. Erziehungsratgeber vermitteln jungen Müttern das Gefühl, die Art ihres Umgangs mit ihrem Baby stelle die Weichen für seine Persönlichkeitsentwicklung, seinen Lebenserfolg und seine Lebenszufriedenheit.[15] Ein besonders absurdes Beispiel für die Überschätzung des Einflusses erzieherischer Maßnahmen auf die Persönlichkeitsentwicklung ist die These des westdeutschen Psychologen Pfeiffer (die 1998 und 1999 in der Presse viel Aufsehen erregte), der die erhöhte Gewaltbereitschaft ostdeutscher Jugendlicher auf die besonderen Umstände ihrer Hort-Erziehung in der ehemaligen DDR zurückführte: Insbesondere habe ihnen die kollektive Sauberkeitserziehung, das gemeinsame auf-dem-Töpfchen-Sitzen geschadet. Dabei wäre es ja wohl naheliegend, die Gewaltbereitschaft der Jugendlichen zunächst einmal mit dem offensichtlichsten Faktor, der Enttäuschung und Demütigung des Ostens durch den Westen, der ungewohnten Arbeitslosigkeit und dem damit verbundenen Wegfall von positiven Zukunftsperspektiven zu erklären.

«Hundert Jahre lang haben die verschiedenen Schulen der Psychologie Eltern Schuldgefühle eingeredet, wann immer ihre Kinder Probleme bekamen ...» Doch zum Glück, so Dieter E. Zimmer, seien Kinder weder leicht zu veredeln noch zu verderben, da ihre Identität zu einem nicht unerheblichen Teil schon bestehe, bevor der Prozeß der Erziehung einsetze.[16]

Natürlich ist die Art, wie man mit Kindern umgeht, nicht völlig gleichgültig für ihre Entwicklung. Doch die heute verbreitete extreme Überschätzung der Auswirkungen erzieherischen und insbesondere elterlichen Einflusses auf die Kinder ist nur eine weitere Facette der Machbarkeitsideologie. Unüberschaubar viele Einflüsse spielen bei der Entwicklung eines Menschen eine Rolle; Faktoren, die von innen und außen einwirken, die genetische Ausstattung, soziale und ökonomische Bedingungen, Ideologien und Moden, durch die Medien vermittelt, der Zeitgeist, Freunde und Spielkameraden, sonstige Kontaktpersonen, nicht zuletzt die Kinder selbst mit ihrem Temperament, ihrem Willen, ihrem Entscheiden und Handeln − ein extrem komplexes, sich selbst steuerndes Zusammenspiel, eine Wechselwirkung mit vielen Rückkoppelungen formt einen Lebenslauf.

Im übrigen ist inzwischen auch in der Anlage-Umwelt-Debatte der Machbarkeitswahn keineswegs mehr nur auf der Seite der Umwelttheoretiker: Seit die Erbinformationen einzelner Gene detailliert entschlüsselt und zum Teil manipuliert werden können, ist auch das genetische Programm kein unumstößliches «Schicksal» mehr, sondern kann in gewissen Bereichen nach menschlichen Wünschen beeinflußt werden.

Die meisten Menschen verwenden den Begriff «Schicksal» heute nur noch selten, und meist reservieren sie ihn für «Schicksalsschläge», für schreckliche Ereignisse, die entscheidenden Einfluß auf das Leben nehmen.

Wir wissen, daß es Schicksalsschläge gibt, die einschneidend in unser Leben eingreifen, unseren Handlungsspielraum entscheidend einengen können. Doch wir räumen solchen Ereignissen in unserer Vorstellung nur geringen Raum ein. Wir sind, anders als die Menschen früherer Zeiten, davon überzeugt, daß wir über unser Leben weitgehend selbst bestimmen, unseren Lebenserfolg selber herstellen können. Natürlich muß man sich ein bißchen anstrengen und es richtig anstellen. Aber die Welt gehört dem Tüchtigen. Wer weiß, was er will, und dafür etwas tut, kann seine Ziele erreichen. Wo ein Wille ist, ist auch ein Weg. Was einem Negatives zustößt, hat man sich selber eingebrockt. Wie man sich bettet, so liegt man.

Nicht ein unpersönliches Schicksal bestimmt über unser Leben − wir selber schmieden unser Glück. «Der eine» − nämlich der Tüchtige − «macht sich sein Schicksal selber», sagt ein deutsches Sprichwort, «der andere bekommt es fertig» – soll heißen: er muß nehmen, was da kommt, weil er es versäumt hat, sein Leben aktiv handelnd zu gestalten.

«Des Menschen größtes Verdienst bleibt wohl,
wenn er die Umstände so viel als möglich bestimmt
und sich so wenig wie möglich von ihnen bestimmen läßt.»
Goethe

«Erfolg oder Versagen – Sie haben die Wahl!»
Robert H. Schuller,

5. «Du kannst alles erreichen, was du willst!»
Die Ideologie von der Machbarkeit des Lebenserfolgs

Jedermann und jedefrau kann erfolgreich und glücklich werden, wenn er oder sie es wirklich will und richtig anstellt. Der Lebenserfolg der Idole unserer Zeit, der großen Unternehmer und Topmanager, der führenden Staatsmänner und der Einkommensmillionäre, der Spitzensportler, Popstars und Filmdivas scheint es zu beweisen: Glück ist der Begleiter des Tüchtigen. Von dieser Ideologie ist die westliche Welt der Gegenwart durchdrungen.

«Ich werde oft gebeten, den Erfolg von Microsoft zu erklären,» verkündet Bill Gates, Begründer des weltmarktbeherrschenden Konzerns und der reichste Mann der Welt in seinem Buch «Der Weg nach vorn».[1] «Was steckt für ein Geheimnis dahinter, daß aus einem Zwei-Mann-Unternehmen, das praktisch mit nichts angefangen hat, eine Firma mit 17000 Angestellten und einem Jahresumsatz von über acht Milliarden Dollar wurde? Das ist natürlich nicht einfach zu beantworten. Wir haben Glück gehabt, aber das wichtigste war wohl unsere ursprüngliche Vision».[2] «Es begann an dem Tag, als ich mit meinem Freund Paul Allen auf dem Harvard Square stand und wir eifrig die Beschreibung eines Selbstbau-Computers in der Zeitschrift *Popular Electronics* studierten»[3]. «Als Paul und ich 1975 die naive Entscheidung trafen, eine Firma zu gründen, handelten wir wie all die Figuren in den Filmen mit Judy Garland und Mickey Rooney, die mit dem Entschluß be-

ginnen: ‹Komm, laß uns in der Scheune ein Ding aufzie-
hen!›»[4] «Paul und ich schliefen nicht sonderlich viel, und
wir wußten nicht mehr, ob es Tag oder Nacht war. Oft bin
ich einfach am Schreibtisch oder auf dem Boden einge-
schlafen. Es gab Tage, an denen ich nichts aß und nieman-
den sah. Aber nach fünf Wochen war unser BASIC-Pro-
gramm fertig – und die erste Firma, die Software für Mi-
crocomputer schrieb, war geboren. Später nannten wir sie
‹Microsoft›»[5].

So oder so ähnlich stellen Menschen, die es im landläu-
figen Sinne zu etwas gebracht haben, ihr Leben nachträglich gern dar.

Der Glaube an das Ziel und der feste Wille zum Erfolg
leiteten schon den Gewächshausfabrikanten aus Sachsen,
der um die Wende vom 19. auf das 20. Jahrhundert aus dem
Nichts heraus ein großes Unternehmen startete. Der Mann
hatte zuvor als angestellter Ingenieur gearbeitet und beschlossen, sich mit 1 500 Mark selbständig zu machen. «Der
Entschluß war getroffen, aber das Geld fehlte noch, und
woher nehmen blieb zunächst noch ein unlösbares Rätsel.
In gleicher Weise war die Lokalfrage noch ungelöst», erzählt er in seiner Autobiographie. ««In der Schwere der
Aufgabe zeigt sich der Mann», das sollte auch mir das Ge-
leitwort auf allen meinen Wegen und bei allen Unternehmungen sein und bleiben». Er inseriert und es findet sich
eine Scheune, die als erste Werkhalle dienen kann. Die
Finanzierungsfrage erweist sich als schwieriger. «Wer sollte
mir wohl auf mein zu gründendes Unternehmen hin etwas
borgen? Ich war ja noch ein unbeschriebenes Blatt, ein
armer Kerl, der sich glücklich zum Techniker emporgear-
beitet hatte und mit aller Gewalt sich selbständig machen
wollte … Ich wollte, ich mußte selbständig werden, ich
brauchte dazu Geld, das Lokal war schon gemietet … ‹Wer
Großes will, muß Unmögliches wollen›.» Wieder inseriert
er: «Ein tüchtiger Fachmann in einer Spezialbranche sucht
sich selbständig zu machen und möchte dazu einen Geld-
mann mit einigen Tausend Mark als tüchtigen Teilhaber
aufnehmen». Es melden sich auf diese Anzeige hin auch
zwielichtige und unbrauchbare Kandidaten, aber schließ-

lich findet sich ein seriöser Kaufmann, der, nachdem er Erkundigungen eingezogen hat, mit 3000 Mark als Teilhaber einsteigt. Die Firma wird 1895 eröffnet und entwickelt sich zu einem großen Erfolg. «‹Mein ist die Welt!› muß sich jeder Geschäftsmann sagen, wenn er Großes erreichen will. Wie man nicht Mann wird am Schürzenband der Mutter, so wird man auch nicht vorwärtskommen können, wenn man tausend ‹Wenn und Aber› vor sich sieht und nicht den entschlossenen Willen zur Tat aufbringt ...»[6]

Nicht immer ist der Weg zum Lebenserfolg gradlinig, manchmal gibt es auch Umwege. Aber Ehrgeiz, Tüchtigkeit und erfinderischer Geist brechen sich überall Bahn.

Dies zeigt die Biographie von Beate Uhse, eine der erfolgreichsten Unternehmerinnen der deutschen Nachkriegsgeschichte. Die ostpreußische Gutsbesitzerstochter träumte als junges Mädchen nur vom Fliegen. Sie machte ihre Fliegerausbildung als einzige Frau unter sechzig Schülern und erwarb bereits mit achtzehn Jahren den Flugschein. Sie heiratete ihren Fluglehrer, flog als 19jährige Stunteinsätze in Ufa-Filmen und im Zweiten Weltkrieg, im Range eines Luftwaffen-Hauptmanns, Maschinen, die Munition transportierten. Ihr Mann, ebenfalls bei der Luftwaffe, kam 1944 ums Leben; Beate Uhse kaperte im April 1945 ein Flugzeug und floh mit ihrem zweijährigen Sohn, dem Kindermädchen und zwei Kriegsverwundeten aus dem umkämpften Berlin nach Nordfriesland. Ihre Karriere als Unternehmerin begann, als sie, eine von vielen Flüchtlingsfrauen, für 28 Mark Monatsmiete bei Bauern in der Nähe von Flensburg lebte und ihren Lebensunterhalt durch Mithilfe in der Landwirtschaft verdiente. Sie war 27 Jahre alt und befürchtete, in ihrer zweiten Ehe gleich wieder schwanger zu werden; bei den bedrängten räumlichen und finanziellen Lebensumständen war das keine erfreuliche Vorstellung. Durch Zufall fand sie in einer Bibliothek ein Schweizerisches Ehelehrbuch, in dem die Verhütung nach Knaus-Ogino erklärt wurde. «Diese Erklärung hektographierte Beate Uhse und verkaufte sie für zwei Reichsmark pro Exemplar: ‹Die natürliche Geburtenregelung nach Knaus›. Das Heftchen schlug ein wie eine Bombe und bildete damit den Grundstock für jenes deutsche Sex-Imperium, das den Namen Beate Uhse in aller Welt bekannt gemacht hat ...»[7]

Das Sex-Versandhaus war gewiß nicht Beate Uhses Lebenstraum. Doch sie verbrachte ihr Leben nicht damit, verlorengegangenen Möglichkeiten hinterherzutrauern, sondern sie besaß Unternehmergeist und die Fähigkeit, etwas Neues aus den Gegebenheiten des Augenblicks zu bauen.

«Erfolg kennt keine Grenzen», so der Titel eines populären Ratgebers. Jeder Mensch kann fast alles erreichen, was er will, wenn er nur ein paar einfache Regeln befolgt. Der Weg zum Erfolg ist der Weg zum Glück. Der Autor ist Robert H. Schuller, ein amerikanischer Pfarrer, der seit den 70er Jahren über zwanzig Lebenshilfe-Bestseller schrieb und mit einer eigenen Fernsehsendung hohe Einschaltquoten erzielte.

Schuller erzählt uns eine Erfolgsgeschichte nach der anderen: «David Leestma, ein Mitglied unserer Gemeinde, erklärte schon als kleiner Junge: ‹Wenn ich groß bin, werde ich Astronaut› ... David legte das Examen an der Marineakademie als Jahrgangsbester ab und machte sich daran, seinen Kindheitstraum zu verwirklichen. Er wurde tatsächlich Astronaut und spazierte durch den Weltraum!»[8] «Wayman Presley hatte 20 Jahre lang Post in Makanda, einer kleinen Provinzstadt in Illinois, ausgetragen. Als er in den Ruhestand ging, besaß er 1 100 Dollar Erspartes und eine kleine Rente. Heute, mit 82, ist er Millionär ...»[9] «Wir alle können von John und Greg Rice lernen. Sie sind Zwillinge, Millionäre, berühmt und erfolgreich. Sie führen ein erfülltes Leben. Das ist fast schon ein Wunder, wenn man bedenkt, daß sie nur knapp einen Meter groß sind und nicht nur dieses offenkundige Handicap zu überwinden hatten ...»[10] «Henry Viscardi ... wurde 1912 als Sohn von Immigranten in Chicago geboren – ohne Beine ... Er gehört heute zu den weltweit bekannten und anerkannten Pädagogen und Rehabilitationsexperten ...»[11]

Hier begegnet uns der amerikanische Traum in Reinkultur. Alle, auch die Kinder armer Eltern, die Immigranten, die Schwarzen, selbst die Behinderten, haben die Chance, ganz nach oben zu kommen: wenn sie ein Ziel haben. Wenn sie den Erfolg wirklich wollen. Wenn sie bereit sind, dafür zäh und unaufhörlich zu arbeiten.

In den Buchhandlungen stehen Legionen solcher Ratgeber, die in Riesenauflagen die simpelsten Rezepte zur Erlangung von Lebenserfolg und Glück verkaufen. Nirgendwo wird deutlicher, wie sehr unsere Zeit von der Ideologie des Erfolgs beherrscht wird. Nicht immer sind die vorgestellten Lebenswege ganz so spektakulär, nicht immer die Protagonisten ganz so reich und berühmt. Aber jeder Mensch hat die Möglichkeit, etwas aus sich und seinem Leben zu machen, seine persönlichen Ziele zu erreichen. Zuerst vielleicht den begehrten Job, den Mittelklassewagen, die großzügige Mietwohnung, die Spanien-Reise, anschließend dann den Verkaufsleiterposten, den Wagen der gehobenen Klasse, das Eigenheim und den Urlaub in der Karibik.

Erfolgreiche Menschen «... befolgen den Satz: Jeder ist seines Glückes Schmied. Sie wissen, daß Glück und Unglück eine Eigenleistung sind», heißt es in einem typischen Ratgeber.[12] Die Anweisungen zum Erfolg, die in dieser Literatur gegeben werden, ähneln einander mit nur geringen Akzentunterschieden:

1. Man muß ein Ziel haben (eine «Vision», einen «Traum», wie es in der Ratgeberliteratur am liebsten pathetisch genannt wird, auch oder gerade dann, wenn es sich um außerordentlich prosaische Ziele handelt). «Darum ist es für jeden Menschen so wichtig, möglichst früh seinen Traum, sein Ziel zu finden. Nur der zwingende Wunsch, dieses Ziel zu erreichen, entfacht auch in Ihnen die Antriebskraft, die Sie zum Handeln veranlaßt.»[13]

2. Man muß den Erfolg wirklich wollen. «Erfolgreiche Menschen haben Ziele und glauben auch daran.»[14]

3. Harte Arbeit, unermüdlicher Einsatz sind vonnöten. «Viele Leute behaupten, Greg und ich hätten großes Glück gehabt. Wir buchstabieren Glück auf unsere Weise, nämlich A-r-b-e-i-t.»[15]

4. Der entscheidende Schlüssel zum Erfolg aber ist das

«positive Denken». «Programmieren Sie sich auf Erfolg.»[16] »Denken Sie sich erfolgreich, dann handeln Sie erfolgreich, dann hält man Sie für erfolgreich. Sie werden erfolgreiche Menschen anziehen.»[17]

Der Schlüsselsatz für den Erfolgreichen lautet: «Ich schaffe es!» Wer ganz fest davon überzeugt ist, sein Ziel zu erreichen, wer nur positive innere Bilder vom Gelingen zuläßt und jeden Gedanken an ein Mißlingen aus seiner Vorstellung bannt, wer sich autosuggestiv immer wieder versichert, daß er die nötigen Kräfte und Fähigkeiten besitzt, der setzt eine positive Aufwärtsspirale von Erfolgen in Gang, die wiederum in verbessertem Selbstbewußtsein und berechtigten Erfolgserwartungen münden. Umgekehrt lösen Skrupel ein schlechtes Selbstwertgefühl und negative Handlungsergebnisse aus, die wiederum eine Negativspirale in Gang setzen.

Das sind die Prinzipien des «positiven Denkens», eines heute in der populären Psychologie und im Alltagsdenken vieler Menschen verbreiteten Konzepts. Es wurde erstmals in den 50er Jahren von dem amerikanischen Pfarrer Norman Vincent Peale («The power of positive thinking», 1952) ausdrücklich formuliert[18] und ist in Deutschland seit den 80er Jahren vor allem durch die Bücher von Joseph Murphy[19] bekannt geworden. «Du bist der Kapitän auf der Brücke, und du gibst die Befehle in Form von Gedanken, Gefühlen, Meinungen, Annahmen, Stimmungen und geistigen Färbungen. Richte dein Auge nach vorn auf den Mast. Du kommst dahin, wo deine Vision ist.»[20] Man kann mit seinen Gedanken, wenn sie nur stark und eindeutig genug sind, nicht nur sich selbst, sondern auch die Umwelt verändern, d. h. gewünschte Ereignisse herbeiführen.

In den Erfolgsratgebern geht es meist um materielle Probleme. Jemand ist bei der Beförderung übergangen worden und bekommt den Führungsposten dann doch. Die Umsatzbilanz ist eingebrochen, steigt aber kraft des positiven Denkens wieder. Jemand ist arbeitslos und findet, weil er positiv denkt, den Traumjob.

Manchmal handelt es sich auch um immaterielle Wünsche, die sich mit Hilfe des positiven Denkens erfüllen.

Einem lebensgefährlich erkrankten Mann gelingt es, sich durch die Kraft seiner positiven Gedanken zu heilen. Eine Frau, die Männer nie lange halten konnte, bewegt einen vermögenden und attraktiven Mann zur Ehe. Man kann mit Hilfe des positiven Denkens nicht nur Übergewicht abbauen, sondern auch den «Traumpartner» fürs Leben finden.[21]

Auffällig ist, daß die meisten Erfolgsprediger keinen Wert darauf legen, zwischen verschiedenen Arten von Problemen oder Zielen zu unterscheiden. Alles steht wie gleichwertig nebeneinander und wird weder auf seinen objektiven Wert noch auf seinen Sinn im Leben des betreffenden Menschen hinterfragt. Joseph Murphy berichtet von einer kalifornischen Lehrerin, die sich mehr als alles einen bestimmten Pelzmantel wünschte; er war aber so teuer, daß sie ein Jahresgehalt dafür hätte aufwenden müssen. Statt auf diesen Wunsch zu verzichten, stellte sich die Frau, getreu den Prinzipien des positiven Denkens, immer wieder vor, sie besäße den Pelz schon. Wenig später erhielt sie einen Heiratsantrag von einem reichen Mann, der ihr den Mantel prompt zum Geschenk machte. «Wer aber ausharrt bis ans Ende, der wird gerettet werden (Matthäus 10, 22)», kommentiert Murphy.[22] Ob es sich um eitle kleine Wünsche oder große immaterielle Ziele handelt – alle scheinen die gleiche Berechtigung zu haben, auf alle wird das gleiche Erfolgsrezept angewandt.

Der Bestsellerautor und Fernsehpfarrer Robert H. Schuller führt immer wieder gern sein eigenes Leben als Beispiel an:

«– Ich hatte einen Traum, den Traum, eine wundervolle Kirche zu bauen. Heute steht die Crystal Cathedral.

– Ich hatte einen Traum, den Traum im Fernsehen zu predigen. Heute sehen Millionen Zuschauer die Sendung ‹Hour of Power› (‹Stunde der seelischen Stärkung›) . . .

– Ich hatte den Traum, ein erfolgreicher Autor zu werden. Ich bin stolz, daß vier meiner Bücher auf den Bestsellerlisten . . . zu finden sind.

– Ich hatte den Traum, eine glückliche Ehe zu führen und gesunde, lebenstüchtige Kinder zu haben. Meine Frau und ich sind heute 37 Jahre verheiratet. Wir lieben einander mehr als gestern und weniger als morgen. Unsere fünf Kinder haben allesamt Erfolg ...

– Heute habe ich einen neuen Traum – den Traum, die Crystal Cathedral zu vollenden und einen siebzig Meter hohen gläsernen Turm zu errichten, der im Sonnenlicht flimmert ... Ich weiß, daß er eines Tages stehen wird.»[23]

Eine Kirche zu bauen – das könnte man als ein selbstloses Werk zum höchsten Ruhme Gottes ansehen. Ein Bestsellerautor zu werden, eine eigene Fernsehsendung zu machen – das sind Ziele persönlichen Ehrgeizes, hinter denen der Wunsch nach Geld und Ruhm steckt. Eine glückliche Ehe zu führen, gesunde, lebenstüchtige Kinder zu haben – das sind eher immaterielle Ziele, an die man sicher nicht mit demselben rationalen Kalkül herangehen kann.

In diesem Weltbild erscheint der menschliche Gestaltungsspielraum unendlich groß; der mögliche Einfluß äußerer, nicht persönlich kontrollierbarer Ereignisse wird nicht wahrgenommen, minimiert oder geleugnet. Alles ist machbar. Von der Notwendigkeit einer realistischen Selbsteinschätzung der eigenen Fähigkeiten und von der Anpassung der Wünsche an die objektiven Gegebenheiten ist nicht die Rede. Das Lebenskonzept des positiven Denkens verleitet auf gefährliche Weise zum Größenwahn.

Dabei wissen die meisten Menschen recht gut, daß sie weder alles erreichen können, was sie anstreben, noch alles haben können, was sie wollen. Sie wissen, daß nicht alle Probleme ihres Lebens im Sinne eines stetigen Aufwärts und Mehr zu lösen sind. Der große äußere Erfolg gelingt sowieso nur wenigen, die meisten werden in ihrem Leben weder besonders reich noch mächtig oder berühmt sein. Ihre größte Chance zur Lebenszufriedenheit läge darin, sich ein angemessenes Bild von ihren persönlichen Fähigkeiten und Möglichkeiten zu machen und sich ihre eigene Nische in der Welt zu suchen, wo man sie als das schätzt, was sie sind. Statt dessen wird ihnen eingeredet, sie sollten immer mehr wollen und es hinge nur von der Kraft ihres Wünschens ab, ob sie «ganz nach oben» kommen!

«Nichts ist unmöglich!» gehört zu den Maximen des Erfolgspredigers Robert H. Schuller. «Unmöglich? Das Wort ist nicht in meinem Vokabular enthalten, denn es ist gefährlich! . . . Das Wort hat die alles zerstörende Kraft einer emotionalen thermonuklearen Bombe . . .»[24] Man soll immer weiter und immer mehr wollen! Als Ideal wird der Mensch dargestellt, der «keine Grenzen kennt», keine inneren, keine äußeren. Denn die «Menschen ohne Grenzen» sind erfolgreich, «da sie sich nicht durch ihre negativen Einstellungen einengen». «Ich bin neugierig darauf, wo meine persönlichen Grenzen liegen. Und soll ich Ihnen etwas sagen: Ich kann sie nicht entdecken. Mit jedem Fortschritt und jeder Überwindung eines Hindernisses werde ich stärker.»[25] In den Erfolgsratgebern wird ein Hang zur Maßlosigkeit kultiviert. Damit ist nicht selten das Scheitern vorprogrammiert.

Nirgendwo ist die Rede davon, man solle zunächst seine Wünsche auf ihren Wert befragen, man solle sich in der Weisheit der Bescheidung üben oder die Freiheit der Bedürfnislosigkeit erkennen. In der abendländischen Tradition hat es philosophische und religiöse Ansätze gegeben, die diese Haltung für erstrebenswert hielten: die Schulen der Kyniker und der Stoa in der Antike, einige christliche Strömungen im Mittelalter. Aber der Machbarkeitswahn und der Erfolgsmythos der protestantischen Ethik verachtet jede Form der Selbstbescheidung und forciert die rastlose Ausrichtung auf äußerlich sichtbare Ziele, die Konzentration auf das «Haben» statt auf das «Sein», wie Erich Fromm es ausgedrückt hat.[26]

Das von der Ideologie des Erfolgs geprägte Lebensmodell ist gezeichnet von äußerer Hektik und innerer Ruhelosigkeit. Denn Siegertypen leben immer auf höchster Energiestufe, sie stehen ständig unter Strom, sie brauchen den positiven Streß. «Streß ist der stärkste Wachstumsimpuls für unser Leben!» «Raus aus der Komfortzone, wo man sich bequem eingerichtet hat! Ansprüche erhöhen!» «Da begeistern Sie Menschen, da sieht man das innere Feuer in Ihren Augen, da werden Sie fürs andere Geschlecht interessant!» So verkündeten Motivationstrainer und Erfolgsprediger auf dem «2. großen Erfolgsforum» im Oktober 1999 in Köln vor zwölftausend TeilnehmerInnen, die Tageskarten zwischen 170 und 1000 DM erworben hatten, um zu erfahren, wie man reich und erfolgreich, fit und dynamisch, wach und glücklich wird.[27]

Bei all dieser inneren Unrast droht immer die Gefahr des Burnout. Besonders gefährlich erscheint die Lebensphase unmittelbar nachdem man einen großen Erfolgstraum verwirklicht hat. «Der Träumer zögert. Er möchte sich ausruhen, aber er darf nicht verweilen ... denn wer rastet, rostet», so erklärt uns Pfarrer Schuller.[28] Wie ein von inneren Dämonen Gejagter muß der Erfolgreiche weiter wollen, eine neue Vision, ein neues Ziel finden, bloß nicht stehenbleiben, ins Grübeln kommen. Alles geht in Aktivität und Bewegung um ihrer selbst willen unter; alles Denken ist zielgerichtet, problemlösungsorientiert, auf den «Erfolgstraum» ausgerichtet, der zum einzigen Lebensinhalt wird. Der schon Erfolgreiche muß immer noch mehr von dem wollen, von dem er schon reichlich hat, oder etwas ganz anderes Neues wollen, nur um in Bewegung zu bleiben und ja nicht die Frage nach dem großen Warum aufkommen zu lassen: Warum renne ich eigentlich unaufhörlich wie ein Hamster im Laufrad? Wem laufe ich hinterher, vor was laufe ich davon?

Wenn man vorübergehend innehielte, könnte einen nämlich, trotz größter äußerer Erfolge, dann doch der Überdruß ereilen. So erging es Harold Hart, einem reichen alten Börsenmakler aus der Wall Street. «Harold Hart verkörperte die typische Erfolgsgeschichte des armen Jungen aus dem Slum, der es geschafft hat. Sein Vermögen wurde auf fünfzig Millionen Dollar geschätzt», berichtet Robert J. Ringer. «Als ich ihn zum ersten Mal traf, war er schon über siebzig Jahre alt ... (er) saß, in einen seidenen Hausmantel gehüllt, in seinem Lieblingssessel, umgeben von einer Dienerschar, die auf seinen leisesten Wink wartete.» Der Berichterstatter ist ein junger Mann von zwanzig Jahren, der den Millionär aufgesucht hat, um ihn zu einer Investition zu bewegen. Er bekommt zwar kein Geld, dafür aber einen kurzen Einblick in die Gedanken des alten

Mannes. «Da schuftet man sich ein Leben lang zuschanden, läßt keinen Trick aus, und wenn man Glück hat, erreicht man eines Tages den Gipfel. Ich hab's schon vor vielen Jahren geschafft, und soll ich Ihnen mal was verraten? Es ist alles Mist. ... Es bedeutet gar nichts ... Hier sitze ich, alt, krank und mürbe von all den Jahren des Gerangels. Ich weiß, daß meine Uhr abläuft, und frage mich immer wieder: Und was nun, du Genie?».[29]

Viel größer als die Zahl der Erfolgreichen ist die Zahl derjenigen Menschen, die ihr Leben lang Träume hegen, große oder auch kleinere Lebensträume, und es doch nie zu etwas bringen.

Als einen solchen Träumer schildert der Schriftsteller Karl Heinrich Waggerl seinen Vater: «Der Vater war ein unverdrossener Mann, immer tätig, immer heiter, und doch reichte es nie für etwas Eigenes, wir waren gleichsam nur zur Miete in der Welt. Ach, mein Vater, wenn er heimkehrte und müde saß, mit seinem schweren Atem, wenn er mir die Hand in den Nacken legte, wie er es gerne tat, seine rauhe und ruhige Hand – er starb mir ja viel zu früh! ... Ständig hatte er zu kämpfen, in alles schickte er sich, wenn sich nur ein Groschen mehr daran verdienen ließ; er war Zimmermann oder Knappe im Bergwerk, war Postbote und Bergführer, dieser besinnliche Mensch, der doch die Ruhe so liebte. Aber bei aller Unrast hatte er zeitlebens nur ein Ziel: ein Gütchen zu erstehen, ein kleines Anwesen irgendwo im Gebirge. Und oft in einer guten Stunde konnte er uns wunderbar beschreiben, wie alles sein würde, das Haus mit dem Brunnen und dem Holunder daneben, wir aßen doch alle so gern süßes Holunderkoch! Und hinten der Stall für die Geißen, den er selber zimmern wollte ... Und Obstbäume natürlich, die im Herbst bis ins Gras herunter voll von Äpfeln hingen, und Blumen von jeder Art, auch Kraut und Rüben und ein Schwein, das von den Rüben langsam fett würde, und endlich einen Hund, so einen großen zottigen Kerl, der das Ganze bewachte. – Wir wußten alle sehr genau Bescheid auf unserem Gütchen und gingen munter aus und ein, wir Kinder, und oft, wenn ich etwas besonders Köstliches erhandelt hatte, einen Türknopf aus Nickel oder eine bunte Gartenkugel, dann legte ich das Ding in meine Truhe und sparte es für das Haus unterm Holunder».[30] Der Traum vom eigenen kleinen Anwesen, den Waggerls Vater sein ganzes arbeits- und entbehrungsreiches Leben lang träumte, erfüllte sich nie.

Unzählige Menschen haben in ihrem Leben teils bescheidene, teils hochfliegende Pläne, was sie einmal machen wollen, was sie sein wollen, ohne daß solche Träume auch nur annähernd in Erfüllung gehen. Die Zahl der vergeblich geträumten Träume macht, allem positiven Denken zum Trotz, eben doch den größten Anteil am menschlichen Leben aus. Gerade sogenannte «Spinner» haben die meisten und die grandiosesten Zukunftspläne. Wer die Existenz eines Lebenstraums und die Intensität, mit der dessen Verwirklichung angestrebt wird, als wichtigste Bedingung des Erfolgs ansieht, der vernachlässigt die weitaus größere Bedeutung einer realistischen Einschätzung der eigenen Möglichkeiten – und stellt sich blind für die äußeren Umstände, die entscheidend auf den Lebensverlauf einwirken.

Immer wieder betonen die Ratgeber mit den Erfolgsrezepten außer der Bedeutung des Lebensziels auch die Rolle der Arbeit. Man bekommt den Erfolg nicht geschenkt, heißt es, man muß dafür hart arbeiten.

Bill Gates hat diesen unermüdlichen Arbeitseinsatz ebenso gezeigt wie der sächsische Gewächshausfabrikant zu Beginn des 20. Jahrhunderts. Den meisten Erfolgsmenschen ist ihr Vermögen nicht in den Schoß gefallen. Wir wissen, daß Wirtschaftsbosse und führende Politiker nicht selten Sechzehnstunden-Arbeitstage haben. Spitzensportler müssen unermüdlich trainieren und Models immerhin die Disziplin zum Hungern aufbringen – das ist auch eine Art von Arbeit.

Aber natürlich gilt auch hier der Umkehrschluß nicht. Es gab und gibt so viele Menschen, die sich ihr Leben lang abrackern und doch niemals auf einen grünen Zweig kommen. Karl Heinrich Waggerls Vater war ein solcher Mann. Die Biographien der Armen aller Zeiten erzählen endlos von Arbeit, von schwerer, von monotoner, von vergeblicher, fruchtloser und zuletzt verzweifelter Arbeit. Das gilt nicht nur für die arme Landbevölkerung vergangener Jahrhunderte oder für die Heimarbeiter- und Industriearbeiterschichten in der Frühphase der Industrialisierung, nicht nur für die verarmten Mittelschichten in der Zeit wirtschaftlicher Depression der 20er Jahre oder die Flüchtlinge und Ausgebombten in der Zeit nach dem Zweiten Weltkrieg.

Es gilt auch heute noch in den meisten Ländern außerhalb der westlichen Welt. «Tellerwäscher werden nicht zu Millionären», lautet eine Kapitelüberschrift in einem Buch, das sich mit «Schattenwirtschaft» in der Dritten Welt befaßt. Hier werden die Lebenswege und die beruflichen «Karrieren» von Menschen dargestellt, die äußerst hart arbeiten und froh sein können, wenn es zum bloßen Überleben reicht.

Millionen Wasser-, Zeitungs- und Zigarettenverkäufer, Autofensterwäscher, kleine Imbißproduzenten, die auf den Straßen kochen, fliegende Händler und viele andere Dienstleistende arbeiten in den großen Städten der Dritten Welt; ihre Arbeitstage sind so lang wie die unserer Top-Manager und Spitzenpolitiker und darüber hinaus sehr viel anstrengender. «Ihre Arbeitsleistungen strafen das dümmste aller Vorurteile Lügen: das der Faulheit und Passivität der Armen.»[31] Viele von ihnen sind nicht nur äußerst fleißig und tüchtig, sondern auch findig; sie besitzen das, was bei uns als Unternehmergeist gerühmt wird, und doch werden sie mit ihrem Arbeitseinsatz bestenfalls ihr tägliches Brot verdienen und manchmal nicht einmal das.

Marietta Gomez zum Beispiel kam aus dem Südwesten der Dominikanischen Republik in die Hauptstadt Santo Domingo, nachdem ein Hurrikan ihr Heimatdorf und die gesamte Ernte vernichtet hatte; sie entdeckte eine «Marktlücke» im Plastiktütengeschäft. Das heißt, sie zieht in den reichen Vierteln der Stadt von Haus zu Haus und fischt gebrauchte Plastiktüten aus den Mülleimern. Die sortiert sie dann nach Größe und Farbe, wäscht und reinigt sie und verkauft sie im Hunderterpack für wenige Pesos an Supermärkte.[32] Auch Jose Latorre, ein Landarbeiter, für den es in den schrumpfenden Zuckerrohrplantagen nicht mehr genügend Arbeit gibt, beweist sowohl Fleiß als auch unternehmerische Phantasie; er sammelt alte Flaschen, reinigt sie und verkauft sie an die Geschäfte zurück. Es reicht gerade für ihn und seine Familie; er hat sich sogar mit anderen Flaschensammlern, die sein Beispiel nachahmten, die Reviere aufgeteilt; sie planen gemeinsam die Anschaffung eines Wagens, der ihr Leergut zu den Supermärkten transportiert. Aber sie alle müssen in naher Zukunft den Ruin durch die Zunahme der Dosengetränke fürchten. Manuel, ein achtjähriger Schuhputzer in Manila, sucht sich gelegentlich Essensreste aus den Mülltonnen; er klaut schon mal Lebensmittel, wenn er nichts findet und großen Hunger hat; es gibt eben nicht mehr so viele Schuhe zu putzen. Dabei träumt er von einem kleinen Laden, in dem er eines Tages Schuhe verkaufen will. Er wird ihn mit großer Wahrscheinlichkeit niemals besitzen.[33]

Aber bei uns? wird mancher einwenden. Heute, bei uns, kann doch jeder und jede, wenn sie nur arbeiten wollen, es auch zu etwas bringen, sich zumindest ein sorgenfreies Leben schaffen!

Doch was ist mit Otto aus dem Ruhrgebiet, der heute in einer Obdachlosen-Notunterkunft in Berlin lebt? Er hat dreißig Jahre lang gearbeitet, sogar eine beachtliche Karriere gemacht: «Otto hat sich von unten hochgearbeitet. Vom Malocher zum Politiker. Vom abgebrochenen Maurerlehrling zu einem, der das Betriebsverfassungsgesetz auswendig konnte. Vertrauensmann, Betriebsrat, Parteilaufbahn, Stadtrat. Eine Ruhrgebietskarriere aus dem Bilderbuch des Wirtschaftswunders. Ein Beweis dafür, daß jeder es schaffen kann. Jeder ist seines Glückes Schmied, Meister seines eigenen Schicksals.»[34] Sein Leben war ein Erfolg, bis das Zweigwerk der BASF in Castrop-Rauxel, bei dem Otto seit 30 Jahren arbeitete, die Produktion einstellte und er mit 1200 anderen Mitarbeitern entlassen wurde. Er bemühte sich um eine neue Arbeit, aber das war mit 48 Jahren und seiner Vergangenheit als engagierter Betriebsrat aussichtslos. Otto konnte die Raten für die Eigentumswohnung nicht mehr zahlen, der Schuldenberg wuchs, die Wohnung wurde zwangsversteigert; er begann zu trinken, wurde schwer krank. Eine Abwärtsspirale kam in Gang, die auf der Straße, im Obdachlosenheim endete.

Das Leben von Otto steht als ein Beispiel für die zahlreichen Biographien von Arbeitslosen, deren Erwerbsleben ohne ihr eigenes Dazutun durch Firmenpleiten jäh beendet wurde. Nicht immer findet sich mit gutem Willen etwas anderes, auch wenn die Betroffenen arbeitswillig sind. Es gibt strukturschwache Gebiete, und der Strukturwandel der ostdeutschen Wirtschaft hat Hunderttausenden den Arbeitsplatz gekostet. Gewiß, bei uns verhungert man nicht wie in der Dritten Welt. Es gibt, auch wenn man ganz unten ist, noch immer das soziale Netz, das dieses Äußerste verhindert. Doch viele Menschen, die einen sozialen Absturz wie Otto erleben, zerstören sich über kurz oder lang selbst, weil sie nicht verstehen, warum so etwas, trotz gutem Willen und harter Arbeit, mit ihrem Leben geschehen ist.

«Du kannst alles erreichen, was du nur willst!» behaupten dagegen die Ratgeber zum Lebenserfolg. Wenn du nur eine Vision und den Willen zum Erfolg hast. Wenn du bereit bist, dafür zu arbeiten. Und wenn du positiv denken lernst. Denken Sie sich erfolgreich, dann handeln Sie erfolgreich, und Sie werden erfolgreich sein, predigen sie ungerührt.

Der Machbarkeitswahn des positiven Denkens geht von zwei Grundannahmen aus, die beide in sich höchst fragwürdig sind:

Die erste Annahme besteht darin, daß man das «Unterbewußte» rational «programmieren» kann, indem man «nur positive Gedanken zuläßt». – Das ist zugleich naiv und eine Überschätzung der Rationalität. Das Unbewußte läßt sich durch noch so viele Wiederholungen positiver Leitsätze nicht beeindrucken. Es ist ja gerade der Teil der Psyche, der sich der willkürlichen Steuerung entzieht. Ängste und Befürchtungen tauchen aus Tiefen auf, in die die rationalen Vorhaltungen nicht vordringen; sie entstammen alten Erfahrungsschichten, die sich kaum von einem am Spiegel befestigten Zettel beeinflussen lassen, auf dem der Satz steht: «Ich werde den Job bekommen!» Viel wahrscheinlicher ist, daß unser Mißerfolgserlebnis um so größer sein wird, je verbissener wir uns bemüht haben, die positive Autosuggestion aufrechtzuerhalten, auch wenn die Erfolge ausbleiben.

Natürlich lassen sich genügend Beispiele etwa von Lebensgeschichten großer Künstler oder Erfinder heranziehen, denen nach Jahrzehnten einer Randseiterexistenz, während sie als Spinner verschrien kümmerlich dahin existierten, dennoch der große Durchbruch gelang. Doch was diese Menschen trotz fehlender äußerer Anerkennung weiter an den eigenen Traum glauben ließ, ist sicher nicht die von außen aufgestülpte Autosuggestion «Und ich schaffe es doch!», sondern eine Besessenheit, die aus eben jenen Tiefen des Unbewußten aufsteigt, die sich der Manipulation durch wohlgemeinte Sprüche entziehen. Aus diesen Tiefen kommen auch die Ängste, denen man ebensowenig mit rationaler Steuerung beikommt.

Die zweite, noch fragwürdigere Annahme des «positiven Denkens» besteht darin, daß unsere bewußten und unbewußten Wünsche die Kraft haben, unsere äußere Umwelt zu verändern.

«Alles, was Ihnen bis zum heutigen Tag widerfahren ist, ist das Produkt Ihrer Denkweise.»[35]

«Gedanken sind gestalterische Kräfte. Ihr Inhalt wird in unserem Leben zur Wirklichkeit. Die Richtung unserer Gedanken bestimmt den Ablauf unseres Lebens.»[36]

Gilt das auch, wenn ich meinen Job verliere, weil die Firma, bei der ich beschäftigt bin, bankrott macht? Gilt es für Unfälle? Für Naturkatastrophen wie Erdbeben und Überschwemmungen? Bewirkt etwa meine Furcht vor Einbrechern, daß tatsächlich jemand bei mir einbricht? Kann ich umgekehrt durch meine Sorglosigkeit Diebe fernhalten? Bekomme ich Krebs, weil ich Angst habe, Krebs zu bekommen?

Der Gedanke, daß alles, was man denkt, sich als Wirklichkeit in der Umwelt manifestiert, und daß umgekehrt alles, was auf mich einwirkt, von mir selber hervorgerufen ist, taucht in der psychologisch-esoterischen Literatur der Gegenwart immer wieder auf, mit unterschiedlichem

Nachdruck formuliert. Er wird von seinen AnhängerInnen als das «Gesetz der Resonanz» bezeichnet und soll uns im nächsten Kapitel beschäftigen.

«Was jemand von sich selber denkt,
das bestimmt oder vielmehr zeigt an,
was sein Schicksal ist.»
Henry David Thoreau

«Denn was ich fürchte, das kommt über mich,
wovor ich schaudere, das trifft mich».
Hiob 3, 25

6. «Alles, was dir geschieht, hast du selber bewirkt!» Die Allmachtsphantasien im Denken des New Age

Wer glaubt, daß jeder gutwillige und tüchtige Mensch es im Leben zu etwas bringen kann, mißt dem Schicksal nur wenig Bedeutung bei. In diesem Weltbild triumphiert das eigene Handeln über die von außen gesetzten Bedingungen. Noch einen Schritt weiter gehen diejenigen, die glauben, daß es überhaupt kein von außen kommendes, sondern nur ein vom Individuum selbst gemachtes Schicksal gibt. Diese Vorstellung ist, in unterschiedlichen Spielarten, heute in psychologisch-esoterischen Kreisen verbreitet.

Interessanterweise berufen sich die Allmachtsphantasien des Individuums zunächst noch auf Gott: «Da Gott alles kann, kann ich auch alles, wenn Gott auf meiner Seite ist. Gott ist allmächtig, deswegen kann mir nichts Schreckliches zustoßen, wenn er es nicht will. Also wird mir alles gelingen und nichts Schreckliches geschehen, wenn ich an Gott glaube und zu ihm bete.» Das ist der ursprüngliche Gedankengang bei den Begründern des Positiven Denkens, Norman Vincent Peale und Joseph Murphy. Peale war Sohn eines evangelischen Pfarrers und selber Seelsorger, und auch Murphy war Theologe. In beider Veröffentlichungen ist viel von Gott die Rede; in ihren Erfolgsgeschichten spielen Bibel-Zitate wie die folgenden eine entscheidende Rolle:

«Ich vermag alles durch den, der mich stark macht.» (Philipper 4, 13).

«Alles ist möglich dem, der glaubt.» (Markus 9, 23)
«Ist Gott für uns, wer mag wider uns sein?»
(Römer 8, 31)
«Wahrlich, ich sage euch: Wer zu diesem Berg sagt: Hebe dich empor und wirf dich ins Meer! und in seinem Herzen nicht zweifelt, sondern glaubt, daß geschieht, was er sagt, dem wird es zuteil werden. Darum sage ich euch: Alles, was ihr bittet in eurem Gebet, glaubet nur, daß ihr's empfangen werdet, so wird's euch werden.» (Markus 11, 22–24)

Die erfolgreichen Menschen, von denen Peale und Murphy berichten, beginnen ihren Tag mit solchen Bibelsprüchen, sie führen sie in der Brieftasche mit sich herum, haben sie zu Haus am Badezimmerspiegel und im Auto am Armaturenbrett kleben. Wenn sie Vertreter sind, memorieren sie das entscheidende Bibelzitat vor jedem Verkaufsgespräch, und als leitende Manager ziehen sie, mit ihrem persönlichen Bibelspruch bewaffnet, wie Kreuzritter in ihre Vorstandssitzungen. So gelingt es ihnen, mit Gottes Hilfe, je nachdem, die Firma vor dem Zusammenbruch zu bewahren, den Umsatz zu verdoppeln, die Konkurrenz zu schlucken, ihr Vermögen zu mehren, eine schwere Krankheit zu besiegen usw.

«Gläubiges Beten erzeugt Kräfte, durch die positive Ergebnisse erzielt werden», erklärt uns Norman Vincent Peale[1]. «Mit Gottes Hilfe und mit unserem eigenen Beitrag gelingt es, die gläubig erschauten Ziele unseres Strebens zu verwirklichen».[2] «Unsere Gebete müssen unsere Zweifel, Ängste und Schwächen tief durchdringen und sie auflösen wie die strahlende Sonne den feuchten Nebel».[3] Das klingt tief gläubig und sehr christlich. Allerdings handelt es sich um einen recht kindlichen Gottesbegriff und eine bereits sehr säkularisierte Form des Christentums. Gott ist hier nur noch ein instrumentalisierter Erfolgsfetisch, ein Feigenblatt, das den individuellen Machbarkeitswahn notdürftig kaschiert.

«Die Bibel sagt dir, daß du jedes Problem lösen, jede Schwierigkeit überwinden kannst ...», erklärt Joseph Murphy.[4] «Du kannst jede Situation durch wissenschaftliches Gebet in ihr Gegenteil verkehren».[5] Während bei

Norman Vincent Peale die Kraft des Glaubens an Gott noch die entscheidende Rolle spielt, ist es bei Murphy schon wichtiger, die Regeln der positiven Selbstprogrammierung zu befolgen – nicht irgendein Gebet bringt den Erfolg, sondern nur eines, das auf die «Wissenschaft» des positiven Denkens gegründet ist.

Es ist auffällig, wie viele der Bestseller schreibenden amerikanischen Erfolgsprediger Pfarrer sind oder einem kirchlichen Hintergrund entstammen. Offenbar ist gerade dort aus der christlichen Religion eine weltliche Erfolgsreligion hervorgegangen, die den Größenwahn des Individuums nährt.

Gott verschmilzt mit dem Ich, das allmächtig wird und mit seinem Denken und Wollen seine Umgebung entscheidend beeinflussen oder gar erschaffen kann. Das ist die «Selbstvergottung des Ich», auf die die Entwicklung des abendländischen Denkens seit Beginn der Neuzeit zugesteuert ist und die, so Horst-Eberhard Richter, schon in der Philosophie Nietzsches einen Höhepunkt gefunden hat. «Gott ist tot, es lebe der Übermensch!» Der Übermensch kennt kein Gesetz außer sich selbst; er läßt sich nicht von äußeren Umständen bestimmen, sondern er bestimmt sein Leben nach seinem Wollen. «Ich bin Zarathustra, der Gottlose; ich koche mir noch jeden Zufall in meinem Topf. Und erst, wenn er da gar gekocht ist, heiße ich ihn willkommen als meine Speise».[6] «Nichts *geschieht* ihm mehr. Was er macht, macht er aus sich selbst».[7]

Bei uns herrschen heute im psychologisch-esoterischen Denken des New Age Ansätze vor, in denen es keinen persönlichen Gott mehr gibt, nur noch ein diffuses Wirken geistiger Mächte. In der Lebenshilfeliteratur vermischt sich der Glaube an die Kraft des positiven Denkens mit der Renaissance eines neuen esoterischen Schicksalsbegriffs. Die Illusion der Allmacht schimmert in unterschiedlicher Ausprägung überall durch.

«Wir sind freie göttliche Wesen», heißt es bei Peter Kummer, einem bekannten deutschen Lebenshilfe-Autor (laut Klappentext «der Lebenshilfe-Autor schlechthin», mit über 150 Fernsehauftritten und mehreren Bestsellern).

«Wir Menschen sind hier, um unserem eigenen göttlichen Wesen vollen Ausdruck zu verleihen und dadurch ein besseres, gesünderes und glücklicheres Leben zu führen».[8] «Ist es nicht sehr tröstlich zu wissen, daß wir weder den Sternen noch irgendwelchen Göttern oder Dämonen ausgeliefert sind, sondern lediglich unseren eigenen Gedanken, mit denen wir ab sofort unser Leben und die damit verbundenen Umstände ganz entscheidend beeinflussen und verändern können?»[9]

«Warum finden Sie sich mit Ihrem Schicksal ab? Sie haben es in Ihrer Hand, besser gesagt in Ihrer Macht, das ‹Schicksal›, in das Sie sich ‹geschickt› haben, zu ändern — zu jeder Zeit und in jedem Alter».[10]

Statt von Gott ist nun viel vom «Gesetz der Resonanz» die Rede. Es besagt, so Peter Kummer, «... daß wir niemals mit Dingen oder Ereignissen in Berührung kommen, die wir nicht selbst mit unseren eigenen Gedanken bewirkt haben».[11] «Alles, was Ihnen bis zum heutigen Tag widerfahren ist, ist das Produkt Ihrer Denkweise».[12]

Den Menschen stößt immer nur das zu, was sie in ihrem tiefsten Inneren gewollt — oder gefürchtet — haben, so behaupten die Gurus dieser Weltanschauung. Was man fürchtet, will man auf eine verquere Art auch, jedenfalls gibt man ihm durch die Angst Wirklichkeit. Manchmal dauert es lange, bis sich unsere Wünsche im Materiellen manifestieren, weil ja auch so viele unschlüssige und unklare Gedanken von uns ins Universum hinausgeschickt werden. Aber langfristig «... erschaffen (wir) ... alles, sobald wir nur genügend Gefühl und Intensität in unseren ursprünglichen Wunsch hineinlegen». «Egal, ob wir uns etwas Gutes oder etwas Schlechtes vorstellen, wir bekommen beides, sowohl das Gute als auch das Schlechte — je nachdem. Wir sind immer die Empfänger von dem, was wir denken und somit im großem ‹Kaufhaus des Lebens› für uns bestellen».[13]

Wir verfügen über die Macht, unser Leben durch positive Gedanken in die gewünschten Bahnen zu lenken und alle leidvollen Erfahrungen von uns fernzuhalten. Durch unsere Ängste, Sorgen und Befürchtungen aber ziehen wir Unglück auf uns. Wir müssen also konsequent vermeiden,

Negatives zu denken oder zu antizipieren und uns stattdessen fest darauf konzentrieren, an das zu denken, von dem wir wünschen, daß es eintreten möge. Es gibt im menschlichen Leben keinen Zufall – es sei denn, man meinte damit, daß einem Menschen «zufällt», was er selbst bewirkt hat. Man bekommt immer nur das «vom Universum zurückgesendet», was man selbst «in das Universum hinausgeschickt hat».

«Resonanz» ist ursprünglich ein Begriff aus der Physik, der das «durch Schallwellen gleicher Schwingungszahl angeregte Mitschwingen oder Mittönen eines anderen Körpers oder schwingungsfähigen Systems (Duden)» bezeichnet. Umgangssprachlich benutzen wir das Wort «Resonanz» im Sinne von Widerhall, Anklang, Wirkung. Aus der Wortherkunft wird ersichtlich, daß eigentlich keine Kausalbeziehung gemeint ist, sondern das korrespondierende Schwingen zwischen zwei ähnlich strukturierten Klangkörpern. Das Gesetz der Resonanz geht davon aus, daß mir nur das zustoßen kann, was mir entspricht, weil in mir etwas schon auf das äußere Ereignis hin angelegt ist. Es geschieht mir, weil es eine Affinität zwischen einem inneren Geschehen und dem äußeren Geschehen gibt. Ich bin düster und depressiv, deswegen geschieht mir Düsteres; ich ziehe das Unglück durch meine Angst vor dem Unglück an. Es könnte sozusagen nicht bei mir landen, wenn in mir der Empfang nicht schon vorbereitet wäre.

Viele der AutorInnen, die von diesem «neuen Bewußtsein» geprägt sind, verstehen unter dem «Gesetz der Resonanz» allerdings nur einfache Ursache-Wirkungs-Verknüpfungen, die nunmehr Zusammenhänge herstellen, die nicht in unser rationales Weltbild passen. «Wenn ich persönlich Wut und Ressentiment aussende, so bekomme ich Haß und Zerstörung zurück, egal, ob jemand die Antenne an meinem Auto abbricht, bei Nacht in mein Haus einsteigt und meine Antiquitäten klaut oder ob ich mir ein Bein breche, Lungenkrebs bekomme oder mit einer Atombombe in die Luft gesprengt werde».[14] Weil ich «Wut und Ressentiment» «gesendet» habe, wird bei mir gestohlen, breche ich mir das Bein.

Manchmal ist davon die Rede, daß man durch ganz bestimmte Gedanken, die auf konkrete Ereignisse ausgerichtet sind, genau diese Ereignisse hervorruft oder verhindert. Beispielsweise wünscht sich jemand mit aller Macht, eines Tages im eigenen Haus zu wohnen – und tatsächlich wird er auch Hausbesitzer. Oder, in der negativen Variante: Jemand muß eine wichtige Reise antreten, hat aber beständig Angst, es könne etwas dazwischenkommen. Tatsächlich wird er zwei Tage vor dem Abreisetermin so krank, daß er nicht fahren kann.

Manchmal ist, wenn das «Gesetz der Resonanz» beschworen wird, ein diffuser und allgemeiner Verursachungszusammenhang gemeint. Positive Gedanken und Gefühle sind in die Welt gesetzte positive Energien, die in Form von irgendwelchen erfreulichen Ereignissen auf mein Leben zurückwirken. Wenn ich heiter bin, in mir ruhe und freundlich mit anderen Menschen umgehe, werden mir in der Folge gute Erlebnisse zuteil: Vielleicht sagt jemand etwas Anerkennendes über mich, ich bestehe eine Prüfung, verloren geglaubte alte Freunde melden sich wieder. Wenn ich dagegen mit mir über Kreuz bin, mißmutig, aggressiv und anderen gegenüber Neid, Eifersucht und Wut empfinde, dann schicke ich negative Energien in die Welt, die in Form von unerfreulichen Ereignissen auf mich zurückschlagen: Vielleicht wird bei mir eingebrochen, ich bekomme eine Erkältung, mein Chef erklärt sich unzufrieden mit meiner Arbeitsleistung.

«Wie man in den Wald ruft, so schallt es zurück», heißt ein bekanntes Sprichwort. Allerdings bezieht sich diese Erfahrung nur auf einen direkten, unmittelbaren Zusammenhang: Mein Verhalten löst häufig (übrigens keineswegs immer) ein korrespondierendes Verhalten bei anderen aus. So ist es zum Beispiel unmittelbar einsichtig, wenn ein einnehmendes Verhalten meinerseits beim Vorstellungsgespräch dazu führt, daß ein Vermieter mir und nicht anderen Bewerbern seine Wohnung überläßt. Aber warum sollte die Tatsache, daß ich einer alten Frau über die Straße helfe, dazu führen, daß ich ein Preisausschreiben gewinne?

Wer so etwas glaubt, ist überzeugt davon, daß wir in

einem sinnvoll geordneten Universum leben, in dem alles mit allem zusammenhängt und nach dem gleichen Gesetz funktioniert, ein Universum, das auf eine allgemeine Gerechtigkeit hin angelegt ist. «Jeder und jede bekommt, was er oder sie verdient.»

Das kann man glauben oder auch nicht – die Erfahrung lehrt uns allerdings, daß es im Leben manchmal, keineswegs aber immer, gerecht zugeht. Die christliche Religion hat ja gerade deshalb die Idee einer Belohnung im Jenseits in den Mittelpunkt gestellt, weil es im Diesseits so oft an sichtbarer Gerechtigkeit mangelt. Andere Religionen entwickelten die Vorstellung von der Wiedergeburt, damit die Bilanz, die für ein Erdenleben so oft nicht stimmig scheint, wenigstens über mehrere Leben hinweg erklärlich ist.

Niemand wird leugnen, daß es in unserem Leben kausale Beziehungen zwischen unserem *Verhalten* und *bestimmten* Folgen gibt.

«Ich habe jahrelang vierzig Zigaretten täglich geraucht – eines Tages wird bei mir Lungenkrebs diagnostiziert» – das ist ein solcher Wenn-dann-Zusammenhang. Ich habe Lungenkrebs bekommen, *weil* ich so viel geraucht habe. Doch selbst für diesen einsichtigen und nachweisbaren Zusammenhang besteht nur eine hohe Wahrscheinlichkeit, d. h., er muß keineswegs zwingend eintreten. Manche rauchen viel und erkranken nicht an Lungenkrebs; andere bekommen Lungenkrebs, obwohl sie nie geraucht haben.

Doch das «Gesetz der Resonanz» behauptet einen kausalen Zusammenhang nicht nur zwischen meinem Verhalten, sondern zwischen meinen *Gefühlen und Gedanken* und dem späteren Ereignis. «Ich hatte jahrelang Angst vor Krebs – und eines Tages wird tatsächlich Krebs bei mir diagnostiziert.» Ich habe Krebs bekommen, *weil ich mich davor fürchtete.* Viele Menschen, bei denen Krebs festgestellt wird, mögen vorher Angst gehabt haben, aber es ist völlig absurd anzunehmen, daß ein ursächlicher Zusammenhang besteht.

Allerdings gibt es Fälle, in denen Ängste das Verhalten eines Menschen so beeinflussen können, daß er mit diesem Verhalten bei anderen die gefürchtete Reaktion auslöst: «Ich habe Angst, das Examen nicht zu bestehen. Aufgrund meiner Nervosität, die sich dem Prüfer mitteilt, vermutet er bei mir eine unzureichende Vorbereitung und bohrt so lange, bis er die Wissenslücken entdeckt hat. Ich falle tatsächlich durch.» – Dieser Mechanismus wird in der Sozialpsychologie «self fulfilling prophecy» genannt – sich selbst erfüllende Prophezeiung. Er beruht auf der einleuchtenden Tatsache, daß unsere Gefühle unser Verhalten einfärben und dadurch Folgen auslösen – aber er kann nur da wirksam werden, wo ein Geschehen auch wirklich von unserem Verhalten abhängig ist.

«Ich ging abends allein durch das Slumviertel einer südamerikanischen Großstadt – ich wurde das Opfer eines Raubüberfalls.» – Hier erhöht wiederum ein bestimmtes *Verhalten* die Wahrscheinlichkeit, daß in der Folge ein bestimmtes Ereignis eintritt. Und wie ist es mit den *Gefühlen?* «Ich habe keine Angst vor Gewalt. Ich gehe öfter nachts allein nach Hause, ohne daß mir je etwas Unangenehmes zugestoßen ist», sagt eine Frau. Eine andere erzählt: «Ich hatte immer schreckliche Angst davor, daß mir etwas angetan wird, und habe kritische Situationen deswegen stets gemieden. Neulich bin ich am hellichten Nachmittag im Park vergewaltigt worden.» Ist das Zufall, oder gibt es einen verursachenden Zusammenhang zwischen den Gefühlen der beiden Frauen und dem, was ihnen geschehen ist?

Beides ist möglich. Es kann zufällig sein, daß der unerschrockenen Frau bisher nichts geschehen ist und daß die ängstliche Frau Gewalt erfährt. Doch auch in diesem Zusammenhang können die Gefühle der beiden sich auf ihr Verhalten so auswirken, daß andere davon Signale empfangen. Im einen Falle mag die Frau sich so bewegen, daß potentielle Vergewaltiger den Eindruck bekommen: «Die ist stark. Die wird sich kräftig wehren. Das könnte schwierig werden.» Im anderen Falle denken sie: «So ängstlich und geduckt, wie die dahinhuscht, ist sie eine leichte Beute.» – In der Sozialpsychologie spricht man von «Opfertheorie». Die Opfertheorie ist eine spezielle Variante der «sich selbst erfüllenden Prophezeiung»: Demnach wird ein Opfer von Gewalt nicht willkürlich oder zufällig vom Täter ausgewählt, sondern aufgrund von körpersprachlichen

Signalen, die es dem Täter sendet. Die Körpersprache verrät die Angst. Insofern liegt hier also ein klassisches Beispiel dafür vor, daß Menschen durch ihre negativen Gefühle negative Ereignisse auf sich ziehen können.

Doch das esoterische «Gesetz der Resonanz» meint ausdrücklich nicht nur solche Fälle, sondern es postuliert auch da einen (kausalen) Zusammenhang, wo überhaupt nicht ersichtlich ist, wie meine Gefühle oder mein von diesen Gefühlen beeinflußtes Verhalten ein bestimmtes, für mich negatives Ereignis hätten herbeiführen können. Solche Schein-Zusammenhänge sind etwa: «Ich habe Angst vor Krebs – und ich bekomme Krebs.» «Ich habe Angst vor Einbrechern – und tatsächlich wird bei mir eingebrochen.» «Ich bin aggressiv gegenüber meiner Lebensgefährtin – und am nächsten Tag bricht ein Unbekannter meine Autoantenne ab.»

Hinter dem Glauben an solche Verursachungszusammenhänge steht ein naives magisches Denken. Wir können getrost davon ausgehen, daß es mindestens ebenso viele Menschen gibt, die keine Angst vor Krebs haben und dennoch daran erkranken, und daß die Autoantenne des aggressiven Mannes auch dann abgebrochen worden wäre, wenn er sich am Vortag liebevoller gegenüber seiner Partnerin verhalten hätte (es sei denn, sie selber wäre die unbekannte Täterin). Manche Menschen fürchten sich ihr Leben lang ständig vor irgend etwas, das niemals eintritt. Andere gehen frohgemut und zuversichtlich ihres Wegs, und es stößt ihnen trotzdem ganz plötzlich etwas Schreckliches zu. Nicht umsonst sprechen wir in diesem Zusammenhang vom «Blitz aus heiterem Himmel».

Natürlich gibt es Grenzfälle, bei denen es schwer ist, Zufall, Schicksal oder den eigenen Anteil am Geschehen voneinander zu trennen. «Ich lebte immer in der Angst, mein Glück mit meinem Mann würde nicht andauern. Tatsächlich hat er sich jetzt in eine andere Frau verliebt.» Es kann sein, daß dieses Ereignis vollkommen unabhängig von den Ängsten der Frau eintrat; der Mann hätte sich vielleicht so oder so in die andere Frau verliebt, auch dann, wenn die Ehefrau sich sorglos glücklich gefühlt hätte. Es kann aber auch sein, daß ihre Angst zu einem eifersüchtig klammernden Verhalten dem Mann gegenüber führte, so daß er sich in eine andere verliebte, um sich aus der Umklammerung zu befreien: Dann hat sie das Unglück, das sie fürchtete, in der Tat selbst mit herbeigeführt.

Wie aber wäre es, wenn die Geschichte der Frau lautete: «Ich hatte immer Angst, mein Glück mit meinem Mann würde nicht andauern. Tatsächlich starb er schon nach wenigen Ehejahren bei einem Verkehrsunfall»? Wäre es nicht absurd zu behaupten, die Frau habe das Ende ihres Glückes, den Tod ihres Mannes, durch ihre Angst selber bewirkt? Die Betroffene wird ein solches Geschehen vielleicht als Schicksalsschlag erleben, den sie auf geheimnisvolle Weise vorausgeahnt hat – obwohl er genau so hätte eintreten können, wenn sie sich in der kurzen Zeit ihrer Ehe sicher gefühlt hätte.

«Es geschieht nichts, was du nicht, direkt oder indirekt, selber bewirkt hast» – das ist dagegen die Überzeugung vieler Menschen, die von esoterischen Strömungen beeinflußt sind. Die meisten sehen das «Gesetz der Resonanz» vor allem da am Werk, wo ein persönliches Mißgeschick einen einzelnen trifft, wie etwa ein Unfall, ein gestohlenes Fahrrad, der Verlust des Jobs. Etwas, was ich gedacht und gefühlt habe, hat diese Unglücksfälle ausgelöst. Andere behaupten, daß auch kollektives Unglück nur dadurch zustande kommt, daß die Menschen negative Energien aussenden. «Klimaveränderung, Kriege, Überschwemmungen, Terroranschläge, Erdbeben, Tornados, Hurricanes, Schnee im Juni, Hitze im November sind nichts anderes als die Wirkung von uns allen im Laufe der Jahre gesetzten Ursachen».[15]

Dieses Weltbild läßt keine außerhalb des Menschen und von ihm unabhängig existierende Wirklichkeit gelten. Zwar kann man durchaus die Ansicht vertreten, daß die moderne Technologie die natürliche Umwelt so negativ beeinflußt, daß manche der Naturkatastrophen, die wir heute erleben, in gewisser Weise auch «selbstgemacht» sind. Doch diese Form des Einflusses ist im erwähnten Zitat gar nicht gemeint; hinter dieser Behauptung steckt der Glaube, daß die negative menschliche Gedanken- und Gefühlsenergie, das «negative Karma» für alles Übel in der Welt verantwortlich sei. Dabei hat es extreme Klimaveränderungen, Erdbeben, Lawinen, Stürme, all das, was wir aus bloß menschlicher Perspektive «Natur*katastrophe*» nennen, das aber in Wirklichkeit nur eines unter anderen «normalen» Naturgeschehen ist, schon lange gegeben, bevor Menschen die Erde bevölkerten. Das Universum funktioniert seit Jahrhunderttausenden nach seinen eigenen Gesetzmäßigkeiten, die wir möglicherweise nicht einmal ganz zu begreifen imstande sind, und es ist schon eine sehr spektakuläre Form von Größenwahn zu glauben, es orientiere sich ausgerechnet an unseren Gedanken und Gefühlen, den bewußten oder den unbewußten.

Hier findet sich die Machbarkeitsideologie, der die Naturwissenschaften auf technischer Ebene Vorschub geleistet haben, auf mentaler Ebene wieder. Man kann natürlich in dieser Variante esoterischen Denkens auch den Rückfall in eine primitive magische Gedankenwelt sehen – obwohl man in den Kulturen, die glaubten, Naturgeschehen unter gewissen Umständen magisch beeinflussen zu können (der Regenzauber bewirkt Regen, und wenn der Häuptling die grüne Jacke anzieht, dann wird es Frühling), immer auch eine große Einsicht in die eigene Abhängigkeit von der Natur besaß und nie die Illusion hegte, man könne sein Schicksal selber «machen».

Das, was viele esoterisch beeinflußte Menschen unter dem «Gesetz der Resonanz» verstehen, zeugt vor allem von einer grandiosen Überschätzung des individuellen Einflusses auf das eigene Leben, des menschlichen Einflusses auf seine gesamte Umwelt. Hier wird das im naturwissenschaftlich-technischen Denken vorherrschende Kausalitätsprinzip einfach auf beliebige zeitlich beieinanderliegende Ereignisse übertragen. «Weil ich Angst vor Krebs hatte, habe ich Krebs bekommen.» Der Machbarkeitswahn wird da besonders deutlich, wo die Kraft des positiven Denkens betont wird: «Wenn ich Gedanken über Krankheit in meinem Leben keinen Platz einräume, wenn ich keine Angst habe, krank zu werden – dann werde ich auch nicht krank!» So schleichen sich unter dem Deckmäntelchen eines «neuen Bewußtseins» nur die alten Machbarkeitsphantasien, das alte Kontrollbedürfnis wieder ein, die das europäische Denken seit Beginn der Neuzeit bestimmen. Da, wo der Machbarkeitsanspruch der Naturwissenschaft an seine Grenzen kommt, die Wissenschaft Medizin mich nicht gesund machen kann, da mache ich es selbst und heile mich durch die Kraft der richtigen Gedanken. Dieses neue Bewußtsein ist zwar antiaufklärerisch, weil irrational, aber in seiner Betonung der Machbarkeit ist es doch nur typisch für die Allmachtsphantasien der Moderne.

Nun gibt es heute aber auch ein Verständnis des «Gesetzes der Resonanz», das weniger den Aspekt der Manipulierbarkeit des eigenen Lebens betont (wenn ich dies tue, geschieht jenes; wenn ich dies unterlasse, geschieht etwas anderes). Statt dessen steht hier der Gedanke im Mittelpunkt, daß das, was uns geschieht, zwingend geschehen muß, weil es zu uns in unserer gegenwärtigen Befindlichkeit paßt; es fällt uns zu, weil es zu uns gehört. Dieses Weltbild räumt dem Schicksal zunächst mehr Macht ein als dem handelnden Individuum, aber es geht dabei um ein mit dem Individuum eng verquicktes Schicksal.

«Man kann immer nur mit den Ideen, Menschen und Situationen in Berührung kommen, für die wir eine Eigenresonanz oder eine Affinität mitbringen,» sagt Thorwald Dethlefsen.[16] «Gerät jemand in einen Streit oder eine Schlägerei, so geschieht das niemals zufällig, sondern immer nur aufgrund der eigenen Affinität zu einem solchen Erlebnis.» So hat vielleicht nicht die Tatsache, daß irgendwo eine Schlägerei entsteht, mit mir zu tun, wohl aber die Tatsache, daß ich in sie verwickelt werde. «Wird jemand auf der Straße angefahren, so ändert auch die rein rechtliche und funktionale Schuld des anderen nichts an der Tatsache, daß der Angefahrene für dieses Erlebnis reif war, sonst hätte dieses Ereignis nicht in seinen Erfahrungsbereich treten können.»[17] Ich habe das Geschehen vielleicht nicht funktional bewirkt – aber es stößt mir nur zu, weil ich es aufgrund meiner inneren Befindlichkeit einlade. Ich muß alles, was mir geschieht, als mein Schicksal begreifen, weil es zu mir gehört. Erst wenn ich das tue, habe ich eine Möglichkeit, mein Leben zu bestehen, Karma abzutragen, mich seelisch weiterzuentwickeln, so daß ich in meinem nächsten Leben auf einer höheren Entwicklungsstufe anfangen kann.

Es gibt also ein Schicksal, dem wir unterworfen sind. Dieses Schicksal ist aber nicht willkürlich und unberechenbar, sondern es macht Sinn, denn es konfrontiert den Menschen immer mit den Situationen, Problemen, Prinzipien, die er bisher noch nicht zur Kenntnis nehmen wollte, mit denen er sich noch nicht genug auseinandergesetzt hat, die er noch nicht «verstanden», das heißt in sein Wesen integriert hat. Wir werden krank oder das Opfer von Unfällen, weil wir nicht bereit waren, bestimmte Dinge auf anderem Wege zu lernen; also zwingt das Schicksal uns, sie durch solche gewaltsamen Einbrüche zu lernen. Weigern wir uns, das zu erkennen, kämpfen wir also gegen die Krankheit, gegen unser Schicksal an, dann werden sich solche Negativerlebnisse wiederholen und verschärfen.

Unser Schicksal hat, nach dieser Auffassung, einen geheimen Lehrplan, den wir aber durchaus erkennen können, indem wir «hinschauen». «Bei allem, was dem Menschen widerfährt, sollte er sich sofort fragen: ‹Warum geschieht gerade mir gerade jetzt gerade dies?›.»[18] Wenn wir die Botschaften unseres Schicksals entschlüsseln und freiwillig das zu lernen bereit sind, was sie uns lehren wollen, werden wir schreckliche Erfahrungen derselben Kategorie nicht mehr machen müssen. Allerdings wird die «Gerechtigkeit der Schicksalsmacht» erst dann sichtbar, wenn man nicht nur ein Menschenleben isoliert betrachtet, sondern die Kette aller Inkarnationen zusammen, in denen der Mensch sein Karma abtragen muß. «Das Gesetz des Karma fordert vom Menschen die Übernahme der vollen Verantwortung für sein Schicksal ...»[19], doch: «Wer sich freiwillig unter das Gesetz stellt, wird eins mit dem Gesetz, wird selbst zum Gesetz – und es gibt nichts mehr über ihm, was ihn hindern könnte.»[20]

Auch hier kommt immer wieder der Gedanke durch, daß man seinem Schicksal nicht passiv ausgeliefert ist, sondern Schicksalsschläge vermeiden oder unterlaufen kann, wenn man sich «richtig» verhält. Das schildert uns Thorwald Dethlefsen am Beispiel eines Mannes, der in seine Beratungspraxis kam. Für diesen Klienten wurde eine «Saturnkonstellation» berechnet, das bedeutet, daß ihm Verluste, Einschränkungen, Unfälle, Krankheiten usw. bevorstanden. Es würde nun nichts nützen, erklärt Dethlefsen, den Mann vor solchem Geschehen zu warnen, wie das manche Astrologen sicherlich täten. Denn dann würde er nur Angst bekommen und sich völlig gelähmt fühlen. Wenn er erreichen will, daß die negativen Ereignisse nicht eintreten, dann muß er schon vorwegnehmend freiwillig das Verhalten und die seelische Gestimmtheit an den Tag legen, die die bevorstehenden Schicksalsschläge ihm abverlangen würden.

Die Ratschläge an den Klienten lauten also, daß er in der nächsten Zeit weniger expansiv leben, Parties und Geselligkeiten meiden soll. Er sollte schwarze Kleidung tragen und viel auf Friedhöfen spazierengehen, er sollte sich möglichst einen einsamen kargen Raum einrichten, in dem die Wände ganz weiß oder ganz schwarz gestrichen sind, als einzigen Schmuck die dreizehnte Tarotkarte an der Wand, die den Tod darstellt. Auf dem Arbeitstisch sollte er sich einen Totenschädel oder eine Sanduhr zur Betrachtung aufstellen; er sollte in diesem Raum möglichst oft meditieren, im tibetanischen Totenbuch lesen oder in den entsprechenden Stellen der Bibel. Weiterhin sollte er eine Zeitlang üppige Kost vermeiden, am besten fasten, nur klassische ernste Musik hören, Tee aus Zinnkraut trinken, Blei oder Kalk in homöopathischen Dosen zu sich nehmen. – Alle diese düsteren Empfehlungen – Reduktion auf das Notwendigste, Struktur, Blei, Kalk, Zinnkraut, die Farbe Schwarz, der Friedhof und die verschiedenen Todessymbole – stammen aus der «senkrechten Analogiekette des Saturnprinzips».

Wenn nun der Klient sich auf diese Weise freiwillig mit den früher gemiedenen Aspekten des Todes und des Verlustes befaßt, wird ihn kein Unglück ereilen. Befolgt er aber diese Empfehlungen nicht, weil er der Meinung ist, Einschränkungen und Einsamkeit seien nichts für ihn, dann wird die Saturnkonstellation sich bald als sehr böse für ihn erweisen. Sie holt sich dann das, was sie von ihm wollte, mit Gewalt. «So befördert beispielsweise ein Verkehrsunfall unseren Klienten ins Krankenhaus. Hier muß er nun auf so vieles verzichten, auf Parties, Gesellschaften, üppiges Essen, alle Vergnügungen ... Sein Krankenzimmer ist auf das Notwendigste beschränkt ... Alle paar Tage erlebt er, wie Tote durch die Gänge gefahren werden, und er selbst beschäftigt sich mit dem Gedanken, daß er bei seinem Unfall selbst sehr nahe mit dem Tod in Berührung kam ...»[21]

Der Endeffekt, so Thorwald Dethlefsen, ist der gleiche. Schicksal bedeutet, daß das «Lernziel ... determiniert (ist)».[22] Man kann allerdings immer noch wählen, ob man freiwillig lernen will oder erst durch Schicksalsschläge dazu gezwungen werden muß.

Bei dieser Auffassung vom Schicksal steht weniger die individuelle Macht im Vordergrund, sein Leben nach Wunsch zu gestalten (weil ich mich so und so verhalte, so und so denke, geschieht das und das), sondern ein nachträglicher Determinismus: Die Tatsache, daß mir etwas Bestimmtes geschieht, beweist nachträglich, daß es für mich nötig war, daß ich dafür «reif» war. Diese Mechanismen sind nicht identisch, sie wirken aber ähnlich in ihrer Zuschreibung von Schuld und Verantwortung an die Betroffenen.

Sagt jemand: «Ich habe mir das Bein gebrochen und konnte deswegen nicht reisen», so verleitet das nun zu der Schlußfolgerung: «In Wirklichkeit wolltest du die angeblich so wichtige Reise wohl gar nicht antreten!»

«Man kann nicht arbeitslos, krank oder mittellos werden, wenn man es nicht unbewußt will,» erklärt Peter Kummer.[23] Wer also arbeitslos ist, muß in irgendeiner Weise dafür verantwortlich sein. Daß die Firma Bankrott machte, daß der Betroffene als älterer Arbeitnehmer kaum neue Chancen hat – all das zählt nicht.

«Eine Frau schrieb mir, daß ihre Tochter als unschuldige Passantin bei einer Schießerei in den Straßen New Yorks von einem Geschoß getroffen worden war, was die Amputation zweier Finger erforderlich machte. Sie wollte wissen, was die Ursache war … Was nun die Tochter dieser Frau betrifft, wir kennen den Inhalt ihres Bewußtseins nicht. Sollte sie voller Haß- und Grollgefühle, voller Feindseligkeit und Selbstverurteilung sein, dann hat sie sich solch einen Zustand selbst zugezogen.»[24]

«Ein Kind, das beispielsweise Aids erbt, hat nicht etwa Pech gehabt und sich versehentlich zwei Fixer als Eltern ausgesucht, sondern diese Erfahrung, wie beispielsweise auch die, vielleicht gar nicht lebendig geboren zu werden oder mit sechs Jahren an Krebs zu sterben, war Teil seiner Weiterentwicklung und durchaus beabsichtigt.»[25]

«Man kann nicht versehentlich ermordet werden, nicht versehentlich reich werden. Beides kann sich nur dann manifestieren, wenn man dazu reif ist und die entsprechende Affinität besitzt.»[26]

Manche mögen aus der Sinnhaftigkeit, die damit auch den schrecklichsten Lebensereignissen beigemessen wird, Trost und Bewältigungsstrategien ableiten. Aber der Determinismus solcher Zuschreibungen ist sehr gefährlich, denn er fördert die Gefühllosigkeit gegenüber dem Schicksal der anderen. Es geschieht ihnen ja nur, was geschehen soll. Sie «verdienen» ihr Schicksal, denn sie tragen eine «Schuld» an allem, was ihnen zustößt. Sie haben es sich unbewußt genau so ausgesucht. Sie müssen eben bei bestimmten Aufgaben des Schicksals «nachsitzen», weil sie vorher nicht freiwillig zu lernen bereit waren. Sie sind nun mal reif für ihr Unglück. Sie tragen mit ihrem Elend nur ihr Karma ab.

Manchmal kann diese Überzeugung sehr zynisch wirken. Wer Opfer von Trauma und Gewalt wird, hat eine innere Affinität dafür. Wer als Bürgerkriegsflüchtling seine Heimat verlassen muß, Familienangehörige verliert und alles Hab und Gut zurückläßt, hat sich das unbewußt selbst ausgesucht. Alle, die beim Zugunglück von Eschede starben, waren reif für ihren Tod – sonst wären sie gar nicht in den Unglückszug gestiegen. Die Insassen der Konzentrationslager trugen nur ihr Karma ab; wahrscheinlich hatten sie sich in ihren früheren Leben nicht genügend mit den Aspekten Verlust und Verzicht auseinandergesetzt.

Solche Extrembeispiele machen deutlich, wie problematisch es ist, an einen Determinismus dieser Art zu glauben.

Dabei gäbe es noch eine andere, reife und humanere Einstellung zum Schicksal, die weder einer hilflos-passiven Lebenshaltung Vorschub leistet noch die eigenen Einflußmöglichkeiten überschätzt:

Vieles, was uns im Leben zustößt, ist zufällig in dem Sinne, daß wir es weder bewirkt haben noch beeinflussen können. Zwar haben wir eine gewisse Macht, unser Leben zu gestalten; dieser Macht sind aber innere und äußere Grenzen gesetzt. Für manche Menschen, in manchen historischen Situationen sind diese Grenzen enger, für andere sind sie weiter; der individuelle Gestaltungsspielraum, den wir haben, ist auch in unterschiedlichen Lebenssituationen sehr verschieden.

Was uns im Leben geschieht, hängt zum Teil mit uns selbst zusammen, ist in vielem das Ergebnis unseres Verhaltens, das heißt unserer bewußten Einstellungen, aber auch unserer unbewußten Gedanken und Gefühle, die sich auf unser Verhalten auswirken – und durch unser Verhalten wiederum auf unsere Umwelt. Doch es stoßen uns eben auch solche Ereignisse zu, die wir weder willkürlich herbeigeführt noch auf geheimnisvolle Weise angezogen haben. Sie sind Zufall, sie geschehen einfach, und dennoch können sie sehr einschneidende Bedeutung haben. Sie werden erst dadurch für uns zum Schicksal, daß sie uns zugestoßen sind. Wir können sie in unser Leben integrieren, indem wir ihnen nachträglich eine Bedeutung geben, das heißt, indem wir versuchen, das Beste aus ihnen zu machen. Sie sind uns nicht deshalb zugestoßen, weil es vorab einen geheimen Lehrplan im Schicksal gibt – sondern wir machen umgekehrt solche Geschehnisse sinnhaft, weil wir von nun an mit ihnen leben müssen.

Zweiter Teil

DIE MACHT DES SCHICKSALS

«Zerstörerische Kräfte
sind Bestandteil der Schöpfung.
Wir sind in das Schöpfungsdrama hineingeworfen
und leben in ständiger Gefahr.
Wir können das Trauma nicht ausschalten.
Es gibt keine Sicherheit auf Erden.»
Michiaki und Hildegard Horie

7. Zerstörerische Kräfte in der Natur und der Technik

Auch heute, auch im Zentrum der hochindustrialisierten Welt, birgt das Leben noch Schrecken genug – und in unserem tiefsten Inneren wissen wir das. Wir verdrängen es nur die meiste Zeit und leben so, als könnte uns nichts geschehen, als ließen sich Unglück, Mißgeschick und Leid vermeiden, wenn man nur alles richtig anstellt und gut aufpaßt.

Auf der einen Seite gibt es die gewachsene, die gewaltige wissenschaftliche, technische und wirtschaftliche Potenz der Menschheit, die unsere Interventionsmöglichkeiten vervielfacht und die Grenzen des Machbaren weit ausgedehnt hat – auf der anderen Seite bleibt die Hilflosigkeit im individuellen Einzelfall durchaus weiter bestehen.

Wir mögen im Weltraum spazieren gehen und lebenswichtige Organe verpflanzen können; früher tödlich verlaufende Krankheiten mögen ausgerottet und in vitro gezeugte Babys keine Seltenheit mehr sein, wir mögen riesige Stauseen, Brücken und Tunnel bauen und weltweit elektronische Kommunikationsnetze spannen – unser individuelles Schicksal haben wir deswegen noch lange nicht in der Hand.

Was nützt den Anwohnern der Flüsse das umfangreiche Wissen über Landschaftsgestaltung und die zunehmende Präzision der Wettervorhersage, wenn ihre Häuser jedes Jahr wieder vom Flußhochwasser überschwemmt werden? Was nützt der Frau, die trotz langjähriger medizinischer

Behandlung nicht schwanger wird, die spektakuläre Nachricht, dank der Fortschritte der Reproduktionsmedizin habe eine fast 60jährige Frau noch ein Kind geboren? Was nützen ihr die Fortschritte der Hygiene und der große Rückgang der Säuglingssterblichkeit, wenn gerade ihr Kind am plötzlichen Kindstod stirbt? Was nützen dem Mann, dessen Frau nach einem Verkehrsunfall nicht mehr aus dem Koma erwacht, die großen Fortschritte der Apparatemedizin? Was nützen einem Arbeitslosen das allgemeine Wirtschaftswachstum, der steigende Wohlstand für alle und die angeblichen Segnungen der Globalisierung? Was nützen uns all die Erkenntnisse der Psychologie und Psychoanalyse, wenn unser Partner Alkoholiker wird, unser Kind Drogen nimmt oder sonstwie auf die schiefe Bahn gerät? Was nützen mir die Geschwindigkeit der Fortbewegung, der Komfort des Alltagsleben, die vielen Möglichkeiten der Freizeitgestaltung, wenn ich nicht glücklich bin, wenn ich mich einsam und ungeliebt fühle, wenn mir mein Leben sinnlos erscheint?

Die technischen, wirtschaftlichen und sozialen Erfolge der Menschheit spielen sich auf einer anderen Ebene ab als unser individuelles Leben – doch sie sind im allgemeinen Bewußtsein immerhin so präsent, daß sie die Erwartungshaltung und die Ansprüche ins Maßlose gesteigert haben. Die Verheißungen der Moderne lagen in dem Versprechen, die Natur zu bemeistern und dadurch die existentielle Sicherheit zu erhöhen, Wohlstand für alle zu schaffen und damit die Grundlagen von Glück und Zufriedenheit herzustellen – «das größte Glück der größten Zahl». Aber die Sicherheit, die wir ersehnen, kann durch technischen Fortschritt nicht hergestellt werden, und das Glück, das wir meinen, kommt nicht durch materiellen Wohlstand zustande. Im Gegenteil: das naturwissenschaftliche Weltbild hat das mittelalterlich-ganzheitliche System der religiösen Sinngebung zerstört, das den Menschen früher in ihrem – objektiv vielleicht größeren – Elend und Leid eine Stütze war.

Nun stehen wir also da, ohne eine allgemein akzeptierte tragende Ideologie der Sinnstiftung, wie verwöhnte Kinder, mit unmäßig überhöhten Erwartungen an unser Leben, oft genug mißvergnügt und gelangweilt an diesem und jenem herumnörgelnd, solange es uns relativ gut geht, unfähig, unser Glück da zu sehen und zu suchen, wo es überall in uns und um uns herum existiert, beleidigt, wenn unsere Wünsche nicht in Erfüllung gehen – und tief getroffen, wenn uns plötzlich Katastrophen zustoßen.

Solange wir auf dem Erfolgstrip sind und manches von dem verwirklichen können, was wir uns wünschen, wird die Angst vor Schicksalsschlägen verdrängt. Der moderne Mensch, der Glückssucher, ist meist so intensiv mit seinen Entwürfen von sich selbst und seiner Zukunft beschäftigt, so ausgefüllt von Gedanken an all das, was ihm seiner Meinung nach noch zusteht, daß der Einbruch des Schrecklichen ihn nicht selten wie aus einem Hinterhalt trifft. Er hatte ganz einfach vergessen, daß solche Unwägbarkeiten des Lebens noch existieren. Natürlich gibt es Unglücksfälle – Katastrophen, Krankheiten–, aber eigentlich haben sie doch nichts mit mir zu tun! Sie stoßen anderen zu. Sie ereignen sich in anderen Teilen der Welt. Sie finden später im Leben statt, wenn man alt ist. Sie passieren denen, die riskant leben oder gravierende Fehler machen. Aber doch nicht mir, nicht hier, nicht gerade jetzt!

Im Mittelalter und in der frühen Neuzeit hatten die Menschen nicht unseren Erwartungshorizont von Glück. Die Schrecken der menschlichen Existenz waren ihnen viel gewärtiger; sie waren überall präsent. «Itzt lacht das Glück, bald donnern die Beschwerden», dichtete Andreas Gryphius im 17. Jahrhundert.

Albrecht Dürer hat die großen Katastrophen, die die Menschen früher immer wieder an die Macht des Schicksals erinnerten, in seinen «apokalyptischen Reitern» dargestellt: Hunger, Seuchen, Kriege, Naturkatastrophen tangierten das Leben der Menschen viel stärker als heute. Extreme Witterung, Dürreperioden, Frost, Insektenplagen, endloser Regen, Überschwemmungen, schwere Stürme vernichteten die Ernte und führten zu Hungersnot und Teuerung.

Große Feuersbrünste, manchmal nur durch kleine Unachtsamkeiten entstanden, kommen in der Chronik fast jeder Stadt vor. Sie konnten ganze Stadtteile vernichten und Menschen alles Hab und Gut rauben, sie an den Bettelstab bringen. «Anno 1593 gieng den 16. Septembris zu Franckfurt / in einem Hauß / der Kühornen Hof genant, / in der Bockenheimer Gassen ein schädlichs Fewr zu nacht umd 12 uhr / in einem Stall auff / das wärt bis gegen Tag / in welchem 11 Gutschenpferdt verbrunnen / unnd vast der gantze viereckicht Platz / darauff viel enger Häuser mit Stroh / Holtz unnd Hew wol ausgefüllt gestanden / biß auf drey Eckhäuser verzehret worden / doch ist in dieser grossen Brunst / auß Gottes fürsehung / nicht mehr dann zwey Mannsbilder darauff gangen».[1] Bei einem großen Feuer in Basel im Jahre 1414, der «am Montag nach Ulrichstag zwischen fünf und sechs Uhr nachmittags zwischen den Barfüßern und dem Spital» ausbrach, verbrannten mehr als 250 Häuser «bis nach St. Alban hinaus und die Gassen hinauf auf die Burg, auch nach St. Alban vor das Kloster», dabei «verdarben auch elf Menschen».[2] Die Stadt Hamburg wurde im Jahre 845 von Wikingern völlig niedergebrannt, danach wiederaufgebaut und bis zum Ende des 12. Jahrhunderts noch weitere acht Male durch Feuer vernichtet.

Kriege zerstörten und entvölkerten Städte, Dörfer und Landstriche. Familien stürzten ins Elend, wenn Männer und Söhne zu Söldnern wurden und ihre Arbeitskraft fehlte. Am Ende des Dreißigjährigen Krieges war die Bevölkerung Deutschlands um zwei Drittel dezimiert.

Bei Hungersnöten, die durch Kriege und Belagerungen, aber auch durch immer wiederkehrende Mißernten ausgelöst wurden, aßen die Menschen zuletzt in ihrer Verzweiflung nicht nur Katzen und Hunde, sondern auch Gras und Wurzeln aller Art, was sie oft nicht überlebten; aus dem Dreißigjährigen Krieg werden sogar Fälle von Kannibalismus berichtet.

Die Pest und andere Seuchen, Infektionskrankheiten, rafften vor allem Kinder und geschwächte Menschen dahin. Im 17. Jahrhundert starb die ganze Familie des Pfarrers Gotslebius aus Dillenburg an der Pest. Nachdem seine acht Kinder und seine Frau innerhalb kurzer Zeit erkrankt und gestorben waren, notierte der Pfarrer: «Der 17. October 1635, Abends, 5 Uhr, ist mein noch übriges einziges herzliebes Töchterlein, Marie Magdalene, so sich den vorigen Tag eben in der Stunde, in welcher mein Sohn Johann Philipp verschieden, gelegt und schwach worden, sanft und selig verschieden. Gott, der getreu ist, und die Seinigen nicht will lassen versucht werden über ihr Vermögen, sondern der Versuchung also ein Ende machen, daß sie dieselbe sollen ertragen können, wolle dieser seiner Verheißung nach auch väterlich an mir handeln, mich trösten und stärken, mir Geduld und auch fröhliche Überwindung verleihen, um meines lieben Herrn und Heilands Jesu Christi willen.» Das ist ein fast übermenschlicher Versuch, angesichts dieses Schicksals Gottergebenheit und Glauben zu wahren. Wir wissen nicht, ob es dem Pfarrer Gotslebius gelungen ist. Wenige Tage nach diesem Eintrag starb er selbst.[3]

Auch ohne Seuchen und Kriege war der Tod ein ständiger Begleiter. Bis ins 18. Jahrhundert hinein war die Sterblichkeit so groß, daß fast niemand erwachsen wurde, ohne den Tod mehrerer Geschwister und oft auch eines Elternteils erlebt zu haben. In der «Hauschronik der Familie Holl» notiert der Familienvater Ende des 16. Jahrhunderts zwischen 1596 und 1606 die Geburt von acht Kindern, von denen nur zwei das Säuglingsalter überleben; zwei Jahre später stirbt auch die Mutter dieser Kinder – keine ganz ungewöhnliche Geschichte in dieser Zeit.[4]

Das stärkere Bewußtsein, existentiell ungesichert zu sein, hinderte die Menschen früherer Zeiten allerdings nicht daran, intensiv zu leben, auch ausgelassene Feste zu feiern. Vielleicht konnten sie, gerade weil sie es nicht für den garantierten Normalzustand hielten, satt, gesund und im Frieden zu leben, manche alltäglichen Freuden besser genießen als wir heute. Vielleicht waren sie deswegen glücksfähiger als wir.

Heute haben Naturkatastrophen bei uns in Mitteleuropa viel von ihren früheren Schrecken verloren. In China starben 1998 Tausende bei den großen Überschwemmungen, und Hunderttausende wurden obdachlos. Die periodisch stattfindenden «Jahrhunderthochwasser» des Rheins und seiner Nebenflüsse dagegen unterspülen nur Keller, schädigen Mobiliar und Bausubstanz und bereiten den Betroffenen allerlei Unbequemlichkeiten und Verdruß, vielleicht auch Vermögenseinbußen, gegen die sie sich aber versichern können. Das Erdbeben in der Türkei im August 1999, mit seinen mehreren zehntausend Toten und Hunderttausenden von Obdachlosen bedeutete eine scharfe Zäsur in zahllosen Leben − bei den kleineren Erdbeben im Oberrheingraben fallen schlimmstenfalls Vasen von den Regalen. Der Hurrikan Mitch tötete Ende Oktober in Honduras knapp sechstausend Menschen, und achttausend gelten seitdem als vermißt; die Orkane Lothar und Martin, die als «Jahrhundertsturm» an Weihnachten 1999 über Frankreich und den Südwesten Deutschlands rasten, kosteten etwa hundert Menschen das Leben.

Naturkatastrophen größeren Ausmaßes sind bei uns zu seltenen und spektakulären Ereignissen geworden. Wann immer so etwas geschieht, erhebt sich öffentlich sofort die Frage nach der menschlichen Mitverantwortung.

«Der Berg verschlingt ein ganzes Dorf − Erdrutsch im Bregenzer Wald», titelte die Badische Zeitung im September 1999.[5] «Zahlreiche Existenzen stehen auf dem Spiel, Menschen müssen mit ansehen, wie ihr Lebenswerk vor ihren Augen zerstört wird.» In dem österreichischen Dorf Sibratsgfäll in der Nähe des Bodensees gefährdet ein ins Rutschen geratener Berg nach und nach einen ganzen Ortsteil. Auf eineinhalb Kilometern Breite hatte vier Wochen zuvor ein unterirdischer Erdrutsch eingesetzt; manche Häuser werden täglich fünf, andere über zehn Zentimeter in Richtung Tal geschoben. Erst bröckelt der Putz, es entstehen Risse in den Wänden, dann brechen die Seitenmauern heraus, und die Häuser fallen in sich zusammen. Die Straße ist eingesunken wie nach einem Erdbeben. Vor 270 Jahren hatte es in diesem Ort schon einmal einen solchen Erdrutsch gegeben; damals wurden siebzehn Anwesen zerstört. «Dabei hatte Sibratsgfäll die verheerenden Bebauungsfehler anderer österreichischer Tourismusgebiete vermieden», lautet ein typischer Kommentar − soll heißen:

Obwohl die Menschen sich nach bestem Wissen richtig verhalten haben, geschieht ihnen dieses Unglück.

Im Winter 1998/99 erschütterten mehrere schwere Lawinenunglücke und Edrutsche in den Alpen die europäische Öffentlichkeit. «Das ist eben die Macht der Natur – Lawinen hat es immer gegeben», sagen die einen. «Die Zunahme solcher großen Lawinenunfälle hängt mit den brutalen Eingriffen des Menschen in die Berglandschaft zusammen», sagen die anderen, «es ist die Quittung für die gedankenlose Ausbeutung der Natur, für Rodungen in großem Stil, für den Bau von immer mehr Skipisten und Straßen.»

Beide Argumente haben eine gewisse Plausibilität. In der Tat hat es immer Erosion, Lawinen und Erdverschiebungen gegeben; sie gehören zum normalen Naturgeschehen in den Bergen. Es gab sie, genau wie Erdbeben und Überschwemmungen, schon lange bevor Menschen die Erde bevölkerten. Allerdings haben die zunehmenden Eingriffe in die Alpenlandschaft, die dem Tourismus zuliebe stattfanden, das Risiko verschärft. Doch der allergrößte und folgenschwerste menschliche Eingriff besteht in der Überbevölkerung, in der zu dichten Besiedlung der Berge. Heute wohnen Menschen in Gegenden, die noch vor einem Jahrhundert, vielleicht zu Recht, als nicht bewohnbar galten. Weil es inzwischen leichter ist, solche Gebiete für die Bebauung zu erschließen, hat die Bevölkerungsdichte immer mehr zugenommen. 1870 lebten etwa 7 Millionen Menschen im Alpenraum, heute sind es mehr als doppelt so viele. Eine Lawine, die früher irgendwo völlig unbeachtet zu Tal gegangen wäre, wird heute zwangsläufig mit viel größerer Wahrscheinlichkeit Siedlungen, Straßen, Skipisten oder Menschen treffen als vor hundert Jahren.

In den hochindustrialisierten Ländern ist die Abhängigkeit von der Natur geringer geworden, dafür wuchs die Abhängigkeit von der Gesellschaft, von ihren Krisen einerseits und den von ihr geschaffenen Sicherungssystemen andererseits. Was früher die Mißernte war, ist heute die Wirtschaftskrise; der Mißernte folgten Teuerung und Hungersnot; unsere Wirtschaftskrisen sind begleitet von Inflation oder Depression und von Arbeitslosigkeit. Wälzten sich früher die Scharen der Bettler durch das Land, so wächst bei uns das Heer der Sozialhilfeempfänger – nur daß die im allgemeinen nicht vom Hungertod bedroht sind wie die Armen früherer Zeiten.

In den hochindustrialisierten Ländern bedrohen uns häufiger von Menschen verursachte Unfälle als echte Naturkatastrophen: Schiffsuntergänge, Flugzeugabstürze, Zugunfälle, Massenkarambolagen auf der Autobahn, in Bergtunneln, Einsturz von Bergwerksgruben, Ölpest auf den Meeren, Industrieunfälle, die Luft, Gewässer oder Erdboden vergiften. Größere Unglücksfälle dieser Art machen Schlagzeilen in der Presse, eine Zeitlang wird über sie aktuell berichtet, ihre Namen werden zu festen Formeln, die eine Weile jeder kennt und die dann allmählich in Vergessenheit geraten: der Untergang der Titanic oder des Fährschiffes Estonia, der Atomunfall von Tschernobyl, die vergiftete Landschaft von Seveso, das Seilbahnunglück von Cavalese, der ICE-Unfall von Eschede, der Öltanker Erika. Solche Katastrophen sind der Preis für die ehrgeizigen großen technischen Projekte der Menschen.

Nach jedem Unglück dieser Art findet sogleich eine öffentliche Diskussion darüber statt, wer dafür verantwortlich war, ob und wie es sich hätte vermeiden lassen können. «Der Radbruch war kein Schicksal», lautet eine Zeitungsschlagzeile, die die Untersuchungsergebnisse der Sonderkommission zum ICE-Unglück von Eschede zusammenfaßt. «Katastrophen sind selten von schicksalhafter Unausweichlichkeit, auch nicht die, die vor einem Jahr über die Passagiere des ICE Wilhelm Conrad Röntgen hereinbrach», heißt es weiter.[6] Statt dessen werden Schlampereien bei der Wartung und Konstruktionsfehler für das Unglück verantwortlich gemacht. «Eschede ... ist eine von Menschen gemachte Katastrophe».

Hier wird das von Menschen verursachte Unglück deutlich von der schicksalhaften Katastrophe unterschieden. Erinnern wir uns an die Definition von «Schicksal» als einem einschneidenden Ereignis, das «von einer höheren Macht über jemand verhängt wird», das sich «ohne sichtliches menschliches Zutun» ereignet (S. 55). Im Sinne dieser Definition war das ICE-Unglück kein Schicksal, denn menschliches Tun bzw. folgenschwere Unterlassungen haben dazu beigetragen. Es hätte sich vermeiden lassen können.

Allerdings hat diese Unterscheidung nur auf der allgemeinen Ebene der Verantwortlichkeit eine Bedeutung. Die das Unglück vielleicht hätten verhindern können, sind nicht identisch mit denen, die ihm ausgeliefert waren. Die Tatsache, daß sich der Unfall eventuell hätte vermeiden lassen können, bleibt für die Reisenden dieses Zuges ohne Bedeutung – für sie war das Ereignis unausweichlich, also Schicksal. Es gab nichts, das sie vor dem Besteigen des Zuges hätte warnen können, daß sie «auf einer rollenden Zeitbombe fuhren» (Badische Zeitung) – anders als etwa Skifahrer oder Wanderer im Hochgebirge, die, wenn sie Anzeichen eines drohenden Unwetters wahrnehmen, sich immerhin entscheiden können, ob sie sich dem Risiko eines Unglücks aussetzen wollen oder nicht.

Für die Angehörigen einer Putzkolonne des VEB Kraftverkehr in Mühlhausen in der ehemaligen DDR wurde der Reaktorunfall von Tschernobyl zum Schicksal. Die aus sieben Männern bestehende Putzkolonne wurde im Mai 1986 von der Kombinatsleitung beauftragt, eine Reihe von Lastwagen aus Kiew, Krakau und Minsk zu waschen, die nach dem Unglück von Tschernobyl an der deutsch-deutschen Grenze wegen zu hoher Strahlenwerte zurückgewiesen worden waren. In Gummistiefeln, mit Wasserschlauch und Schrubber mußten die Männer die Planen, Frontscheiben und Kühlergrille der Laster immer wieder abwaschen, bis der Geigerzähler, den man ihnen zur Verfügung gestellt hatte, nicht mehr knisterte. Der Kombinatsleiter hatte sich an höherer Stelle eigens noch mal versichert, daß die Arbeit ungefährlich sei. «Guckt euch mal die Leute im Uranbergbau an. Die laufen auch noch herum», hieß es. Die Warnungen im Westfernsehen hielt man für typische Hysterie und Panikmache. Die Waschaktion dauerte gut vier Wochen. Drei Jahre später starb der erste Mann aus der Kolonne an Lungenkrebs, was niemand mit den verstrahlten Lastwagen in Verbindung brachte. Menschen sterben nun einmal an Krebs. Fünf Monate später starb der zweite. Auch das hielt man für Zufall. Innerhalb von sechs Jahren nach dem Reaktorunfall erkrankten dann alle Männer der Putzkolonne bis auf einen an Krebs. Keiner von ihnen brachte seine Krankheit mit der Waschaktion in Zusammenhang, denn inzwischen war der VEB Kraftverkehr aufgelöst und sie hatten sich aus den Augen verloren. Erst der Kombinatsleiter, der die Waschaktion täglich kontrolliert hatte, bekam einen Verdacht, als bei ihm das Zusammentreffen zweier Krebsarten diagnostiziert wurde, die nur extrem selten als Primärtumore gemeinsam auftreten. Nun wurde der Zusammenhang zwischen erhöhter Strahlendosis und Erkrankung von einem Sozialgericht bestätigt; die Krankheit wurde als berufsbedingt anerkannt. Der Mann war allerdings über diese Prozedur bereits verstorben.[7] Bei wem liegt die Verantwortung für diese Vorfälle? Bei den Verantwortlichen von Tschernobyl? Bei den Vorgesetzten, die die Waschaktion ohne Strahlenschutzkleidung gedankenlos anordneten? Bei den Betroffenen selbst, die ihren Auftrag arglos ausführten, ohne zu ahnen, wie gefährdet sie waren?

Natürlich ist es sinnvoll, eine Diskussion über die Verantwortung zu führen. Nur so kann man aus Mißgeschick und Unglück lernen, nur so kann man versuchen, künftig Fehler zu vermeiden und die Zahl der Unglücksfälle niedrig zu halten. Manchmal aber scheint in solchen Auseinandersetzungen die Vorstellung mitzuschwingen, nicht nur ein bestimmter Unfall oder eine bestimmte Art von Unfällen könne sich vermeiden lassen, sondern es könne generell gelingen, jedes Risiko zu kontrollieren und auszuschalten. Wenn Katastrophen von Menschen verursacht werden, dann können sie auch von Menschen verhindert werden – das ist der Gedanke dahinter. Doch in dieser Überzeugung kommt wieder die vertraute Allmachtsphantasie zum Ausdruck: Da wir so vieles bewirken können, da wir Gefahren und Risiken mit hoher Treffsicherheit berechnen können, müßten wir auch alles kontrollieren können. Doch dies ist eben nicht der Fall. Im Gegenteil: je größer die menschlichen Einwirkungsmöglichkeiten, desto komplexer wird das gesamte Geschehen durch immer mehr interagierende Faktoren – und desto schwieriger werden der Überblick, die Vorhersage und die Kontrolle.

Gerade wegen ihrer wachsenden technischen Potenz sind die Menschen auch immer größeren Risiken ausgesetzt, den Risiken ihrer selbstgemachten Katastrophen. Technischer Fortschritt besteht darin, immer mehr hochleistungsfähige Technologien einzuführen, deren Sicherheitsrisiko durchaus immer weiter gesenkt werden kann, mit dem Ergebnis, daß sich nur relativ selten Unglücksfälle ereignen. Bei Postkutschen und Pferdefuhrwerken gab es viel häufiger Unfälle als bei den Hochgeschwindigkeitszügen von heute. Andererseits sind aber die Auswirkungen von Unfällen, wenn sie einmal stattfinden, oft viel gravierender als die der häufigeren, kleineren Unfälle früherer Zeiten, als noch weniger effiziente Techniken verwendet wurden.

Ein weiteres Problem ist die Tatsache, daß die Personen, die die Entscheidungen über die Verwendung von Technologien und damit auch über die Risiken treffen, nicht mit denjenigen identisch sind, die von den potentiellen Gefahren am meisten betroffen werden. Auch deswegen ist es wichtig, eine gesellschaftliche Diskussion darüber zu führen, wieweit es sinnvoll ist, sich immer mehr auf Technologien zu stützen, bei denen die Wahrscheinlichkeit eines GAU – wie etwa in der Atomindustrie – zwar rechnerisch winzig ist, bei denen dieser GAU andererseits aber, wenn er einmal eintreten sollte, unvorstellbar weitreichende und schreckliche Folgen für eine sehr große Zahl von Menschen und sogar für kommende Generationen haben wird.

Große Katastrophen ereignen sich bei uns relativ selten, und wir haben Versicherungssysteme entwickelt, die uns zumindest materiell gegen fast alle Eventualitäten des Lebens abzusichern versprechen. Doch natürlich lassen sich Unfälle und Katastrophen ebensowenig vollständig aus der Welt schaffen wie menschliches Leid überhaupt. Auch wenn theoretisch alles immer gut gehen müßte, wenn alle immer alles richtig machten – Sicherheit bleibt eine Illusion. Meistens weiß man erst im nachhinein – oder glaubt es auch nur zu wissen –, was im einzelnen hätte anders gemacht werden sollen, damit ein Unglück nicht hätte geschehen können. Faktoren wie Unfähigkeit, Dummheit, Bequemlichkeit, Schlamperei oder einfach nur Müdigkeit gehören zur menschlichen Natur. Sie werden sich nie ganz aus der Welt schaffen lassen.

Das heißt nicht, man soll Unfälle jeder Art in Kauf nehmen, achselzuckend «Kismet» sagen und sich mit dem Gedanken abfinden «was früher die Naturkatastrophen waren, sind heute eben die von den Menschen bewirkten technischen Unfälle». Natürlich müssen wir alles daransetzen, achtsam und verantwortlich zu handeln – aber das bedeutet unter anderem auch, die größenwahnsinnige Annahme aufzugeben, daß wir jedes Risiko kontrollieren können. Ein Schwerpunkt verantwortlichen Handelns muß deswegen darin bestehen, die Reichweite der Auswirkungen von möglichen Unfällen möglichst gering zu halten, da man die Unfälle selbst niemals wird vollständig verhindern können.

Auch der Krieg, der zu den ältesten Geißeln der Menschheit zählt, ist ein vom Menschen gemachtes Schicksal. In Mitteleuropa mochte es im letzten halben Jahrhundert so scheinen, als habe er als geläufiges Instrument zur Durchsetzung von Interessen endgültig ausgedient. Krieg und Bürgerkrieg, Völkermord und ethnische Massaker schienen eine Barbarei der Vergangenheit, die nur in weniger zivilisierten und weitentfernten Teilen der Welt noch nicht geächtet waren. Hiroshima und Nagasaki, Vietnam schienen lange zurückzuliegen, die KZs und der Archipel Gulag noch länger; der Libanon und Ruanda, Somalia, die Tamilen, Nord- und Südkorea, Ost-Timor sind, von Europa aus gesehen, weit weg, und Irland, Bosnien und das Kosovo liegen ganz am Rande des zivilisierten Europa.

Doch ein halbes Jahrhundert ist, historisch gesehen, kein wirklich langer Zeitraum; diese Zeitspanne bedeutet nichts weiter, als daß eine Generation – und das auch nur vielleicht (darüber werden erst die nächsten dreißig Jahre entscheiden) – Glück gehabt hat. Vermutlich ist auch bei uns der

Firnis der Zivilisation viel dünner, als wir gerne glauben, vielleicht blättert er auch hier schnell ab, wenn es wieder zu drastischen wirtschaftlichen Einbrüchen und heftigeren gesellschaftlichen Krisen kommt.

Sicher hat es immer Kriege gegeben, aber jeder einzelne von ihnen ist, anders als Naturkatastrophen, kein zwingendes Ereignis. Krieg kann fast immer durch andere Mittel der Politik überflüssig gemacht werden. Sollte keines dieser Mittel mehr greifen, so zeigt das nur, daß die Politik bereits im Vorfeld versagt hat. Sobald Gewalt als legitimes Mittel der Konfliktlösung akzeptiert wird, steigt die Wahrscheinlichkeit von gewalttätigen Auseinandersetzungen. Auch hier ist es wichtig, alle Kräfte darauf zu konzentrieren, Kriege zu vermeiden, sie nicht als notwendiges Übel von vornherein zu akzeptieren, sondern jede alternative Möglichkeit auszuloten.

Doch wenn kollektive Gewalt, Krieg und Bürgerkrieg einmal entfesselt sind, dann werden sie für die Betroffenen Schicksal. Die Opfer dieses Schicksals sind manchmal gar nicht, oft nur indirekt oder ganz vermittelt am Ausbruch der Gewalt beteiligt; sie sind selten identisch mit denjenigen, die die Entscheidung hatten, Gewalt zu ergreifen oder Gewalt zu vermeiden. Trotzdem wird ihr Leben in der Folge der Ereignisse einschneidend von Schießereien und Bomben, Vertreibung, Vergewaltigung, Tod und Flüchtlingsschicksal bestimmt.

Wir wissen aus den Erzählungen der Generation, die den Zweiten Welkrieg erlebte, daß in Deutschland kein Lebenslauf von diesem Geschehen unbeeinflußt blieb. Keine Familie, in der nicht Männer, Söhne, Brüder fielen, niemand, der nicht Verwandte und Freunde in den Bombennächten verloren hatte; viele Hunderttausende, die ihre Wohnung und all ihren Besitz verloren, die heimatlos wurden und sich eine neue Existenz aufbauen mußten, die Gewalt aller Art erlebten, als Täter und als Opfer, die mit den Folgen von physischen und seelischen Verwundungen bei sich selbst und nahen Angehörigen fertigwerden mußten, ein Prozeß, der für mehrere Generationen prägend werden konnte.

Das Schicksal von Klara Steiner, Jahrgang 1906, ist allgemein und typisch für diese Generation. Sie stammte aus einem Dorf in der Mark Brandenburg, ging als junges Mädchen nach Berlin und heiratete 1929 einen Kraftfahrer. In Zweijahresabständen wurden zwei Söhne und eine Tochter geboren. Bei Kriegsausbruch 1939 wird Herr Steiner eingezogen. Klara Steiner macht Heimarbeit, um sich und die drei Kinder zu ernähren. 1943 nehmen die Bombenangriffe auf Berlin zu. «Also, ich bin buchstäblich auf Raten ausgebombt. Zuerst traf es mein Schlafzimmer und dann das Wohnzimmer. Vom Schlafzimer erst mal die eine Wand weg, beim nächsten Angriff die andere Wand weg. Und dann fing das Wohnzimmer an, so sachte zu kippen, die Küche und das Klo blieben uns erhalten».[8] Sie gibt den jüngeren Sohn zur Kinderlandverschickung, die kleine Tochter zu Verwandten aufs Land und behält nur den älteren Sohn bei sich in Berlin. Mit ihm erlebt sie, wie das ganze Haus in Flammen aufgeht. Ohne etwas anderes als die Kleider auf dem Leib schlagen sie sich durch zu den Verwandten aufs Land, bei denen die Tochter lebt. Die Fahrt – 128 km – dauert zweieinhalb Tage, unterwegs wird der Zug immer wieder beschossen. Eine Zeitlang leben sie bei den Verwandten in einem Mansardenzimmer. Der Alltag gestaltet sich schwierig in der Enge; sie dürfen den Herd nur zu bestimmten Zeiten benutzen. Klara Steiner näht und flickt für Nachbarn, um die Miete für die Mansarde zusammenzubekommen. Als eines Tages der Gemeindediener sie warnt, es sei geplant, am nächsten Tag alle Jungen ab dem 12. Lebensjahr zu einem letzten Aufgebot zu rekrutieren, verschwindet sie mit beiden Kindern bei Nacht und Nebel und kehrt zurück nach Berlin. Die letzten Kriegswochen wohnen sie überwiegend im Luftschutzkeller. Als die Russen die Stadt besetzen, ist Frau Steiner eine der ersten, die mitgenommen und in einem Keller vergewaltigt wird; sie wird dann wie viele andere Frauen zur Zwangsarbeit herangezogen, zum Trümmer aufräumen und Steineklopfen. Der ältere Sohn ist eine wichtige Stütze, er hilft beim Organisieren von Lebensnotwendigem, er macht Schwarzmarktgeschäfte. Ihr Mann bleibt vermißt; sein letzter Brief trug das Datum Februar 1945; nach Jahren läßt sie ihn für tot erklären, um eine kleine Witwenrente zu bekommen. Der zwölfjährige Sohn, von dem sie seit Ende 1944 nichts mehr aus der Kinderlandverschickung gehört hatte, kehrt Mitte 1945 ausgehungert und verlumpt zurück, schwer erziehbar, mit Anzeichen von Verwahrlosung. Sie wird Straßenbahnfahrerin, später Verkäuferin. Nach und nach normalisiert sich das Leben, die Kinder werden finanziell unabhängig, verlassen das Haus. Ab Mitte der 50er Jahre geht es ihr «wohlstandsmäßig besser»; sie bekommt eine Stube mit Küche in Neukölln und kann sich die Wohnung Stück für Stück wieder einrichten.[9]

Was für uns heute abenteuerlich und extrem klingt, ist eine ganz gewöhnliche Kriegs- und Nachkriegsbiographie. Klara Steiners Leben hätte ganz anders ausgesehen, wenn sie nur ein paar Jahrzehnte später geboren worden wäre. Für sie ging es nicht mehr darum, Lebensziele zu verwirklichen, sondern um Anpassung an harte vorgegebene Bedingungen, um schnelle Entscheidungen, die das eigene Überleben und das der Kinder sichern sollten, um ein rasches Abwägen zwischen größerem und geringerem Übel. Nicht nur in Deutschland, auch in den europäischen Nachbarländern und in anderen Teilen der Welt wurden und werden unzählige Leben in ähnlicher Weise vom Krieg beeinflußt.

Der in den USA lebende Japaner Michiaki Horie schildert, wie er als kleiner Junge mit seinen Eltern die Bombardierung von Hiroshima erlebte: «Es war am 6. August 1945, 8.15 Uhr. Wir wohnten in Hiroshima, Japan. Ich war ein Kind, noch nicht fünf Jahre alt. ... Wir saßen alle am Frühstückstisch, Mutter, Vater, mein Bruder, meine Schwester und ich. Mein einziger Kummer an jenem Morgen bestand darin, daß der Reisbrei nicht schmeckte. Plötzlich wurde ich von einem grell violetten Licht geblendet. Gleich darauf folgte eine ohrenbetäubende Detonation, und ich wurde von einem fallenden Hausbalken zu Boden gerissen. Es gelang meinen Eltern, mich zu befreien. Sie packten mich und wir rannten – irgendwohin. ... Über der Stadt hing eine schwarze Wolke. Es herrschte Totenstille. Ich erinnere mich noch heute an diese unheimliche Stille ... Dann wälzte sich ein Heer zerfetzter, entstellter Menschen über die Trümmer, wie Gespenster. Einige stolperten und blieben liegen. Gesichter konnte man nicht mehr erkennen. ... Wir rannten weiter, Richtung Berge. Weg von der Stadt. Uns war der Tod auf den Fersen. Dann konnten wir nicht mehr. Noch immer sprach niemand ein Wort. Das Entsetzen hatte die Menschen stumm werden lassen ...»[10]

Die Familie überlebt, sie bauen eine neue Existenz auf, sie versuchen, das Erlebte zu vergessen. Zweihunderttausend Menschen haben damals sofort den Tod gefunden; viele Hunderttausende sterben in den Folgejahren an Verstrahlungen. Zehn Jahre später erlebt Michiaki Horie einen ersten Flashback, eine plötzliche Rückkehr der Bilder des Grauens, als er an der Stelle vorbeikommt, wo die Bank stand, in der sein Vater vor dem Bombenabwurf arbeitete. Nur zwei Steinstufen waren übriggeblieben. Auf denen war der Kollege des Vaters gestorben, der diesen am 6. August vertreten hatte. «Ich schluchzte die ganze Nacht hindurch ... Ich fühlte mich schuldig, weil ich lebte. Ich fühlte mich auch schuldig, weil mein Vater bei uns war. Eigentlich hätte er an dem Tag im Stadtzentrum Dienst gehabt.»[11]

Obwohl er einfach nur vergessen will, beeinflußt das traumatische Erlebnis sein ganzes weiteres Leben. «Die Bombe war wie eine Zäsur, wie ein Zeiteinschnitt: das Leben vor der Bombe – das Leben danach.»[12] «Das Leben war plötzlich zerbrechlich geworden. Wir ahnten, daß wir es nicht festhalten, aber auch nicht nach unserem Willen formen konnten.»[13] Er sucht Sinn und Halt in der Religion, er wird Christ: «Ich hatte zu früh gelernt, wie zerbrechlich das menschliche Leben ist und daß alles, was Generationen aufgebaut haben, innerhalb von Sekunden ausgelöscht werden kann. Diese frühe Erkenntnis hat in mir eine Sehnsucht geweckt nach einem bleibenden Wert.»[14] Er sucht menschliche Geborgenheit, heiratet und wünscht sich Kinder. Wieder kehrt die panische Angst zurück, seine Kinder könnten strahlengeschädigt sein – aber zum Glück kommen sie gesund zur Welt. Als er fünfzig Jahre nach dem Bombenabwurf von einer Zeitungsreporterin interviewt wird, erlebt er die traumatischen Ereignisse noch einmal in voller Schärfe. – Seine Prägung durch Hiroshima führt dazu, daß er die Hilfe für Traumaopfer zu seinem Beruf macht.

Das ist nur eine von Hunderttausenden von Biographien, die durch den Abwurf der Bombe von Hiroshima geprägt wurden.

Was die Deutschen während der Nazizeit den Juden angetan haben, wurde zum kollektiven Schicksal, dem Millionen Menschen zum Opfer fielen, das ganze Familien ausrottete und die Entkommenen für ihr weiteres Leben zeichnete. Selbst die, die rechtzeitig emigrierten oder sonst irgendwie überlebten, mußten mit einer schweren Traumatisierung fertigwerden. Sie waren nicht nur mit dem gewöhnlichen Flüchtlingsschicksal konfrontiert, das als solches schon hart genug ist – im neuen Lande eine neue Existenz aufbauen, meist mit sehr beschränkten Mitteln –, sondern sie trugen auch an dem Schuldgefühl, überlebt zu haben. Bei den Überlebenden der KZs wirkten sich solche Traumatisierungen zum Teil bis in die übernächste Generation aus.

In großen Teilen der Welt bestimmen immer noch und immer wieder Krieg und Bürgerkrieg das Schicksal zahlloser Menschen. Sie erleben den Tod von Familienangehörigen, Gewalt, Folter, Vergewaltigung, Verschleppung, Vertreibung und Flucht. Auch wenn, wie heute in Bosnien oder im Kosovo, der aktuelle Krisenherd erst einmal erstickt und äußerlich nach einer scheinbar nur kurzen Zeitspanne wieder Normalität eingetreten ist, bleibt das Leben der Menschen auf Jahre und Jahrzehnte, manchmal für Generationen, bestimmt durch das Schreckliche, das sich ereignet hat. Auch wenn die Oberfläche der Dinge wieder repariert ist und äußerlich fast alles normal erscheint, sind Kinder, Frauen und Männer durch die verschiedenen Formen der Gewalt, die sie erlebt haben, traumatisiert und entwickeln psychische Syndrome, die weitreichende Auswirkungen für ihr Zusammenleben haben. Auch wenn durch den

Einsatz internationaler Hilfsorganisationen das unmittelbare Überleben gesichert ist, die Infrastruktur solcher Länder ist auf Jahre zerstört oder schwer geschädigt, die Menschen haben kaum berufliche Perspektiven, Hoffnungslosigkeit macht sich breit und legt den Keim für neue gesellschaftliche Krisen.

Nur bei uns, nur in den hochindustrialisierten Ländern der westlichen Welt, gibt es für die Menschen heute eine relativ große existentielle Sicherheit. Mit dem Grad der Sicherheit ist hier allerdings auch die Illusion der Unverletzlichkeit gewachsen. Die Erinnerung an den letzten Krieg ist allmählich zur Geschichte geworden; größere Unfälle und Katastrophe sind selten, und gegen die kleineren versuchen wir uns rundum zu versichern.

Wir haben Lebensversicherungen, Krankenversicherungen, Unfallversicherungen, Haftpflichtversicherungen, Hausratsversicherungen; wir versichern uns gegen Sturmschäden, Überschwemmungen, Einbruch und Diebstahl, gegen Berufsunfähigkeit und gegen unliebsame Überraschungen auf Reisen. Wir haben eine «Versicherungsmentalität» entwickelt – das heißt, wir hoffen und glauben, daß die Störfälle und Schrecken, gegen die wir uns versichern, eigentlich gar nicht eintreten dürften – schlimmstenfalls, wenn es wider alle Erwartung doch geschieht, muß uns eben jemand dafür materiell entschädigen. Entweder ist irgend jemand schuld, und er oder sie bzw. die jeweiligen Versicherungsgesellschaften müssen zahlen. Bleibt die Ursache des Unglücks allgemein, abstrakt, ungreifbar, dann wollen wir erst recht materiell entschädigt werden.

Das regelmäßige Einzahlen von Versicherungsbeiträgen scheint eine Art von Abwehrzauber zu sein, an den auch und gerade die modernen, aufgeklärten Menschen glauben, ganz ähnlich der Phantasie, es würde nicht regnen, so lange ich einen Regenschirm bei mir trage. Dieser Glauben, vorbeugend getan zu haben, was man nur tun kann, mag vorübergehend und oberflächlich beruhigen. Trotzdem bleibt die Angst vor den Einbrüchen des Schicksals unterschwellig auch in unserer Zeit weiter bestehen.

Sie wird wachgehalten und genährt durch Katastrophenfilme, ein Lieblingsgenre von Kino und Fernsehen mit hohen Einschaltquoten. Das typische Strickmuster solcher Filme zeigt meistens zu Beginn trügerische Idylle: Menschen, Familien, Nachbarschaften in einem friedlich-freundlichen Alltag. Dann bricht unverhofft der Schrecken herein in Gestalt von Wirbelstürmen, Erdbeben, Atomexplosionen, Invasion von Ufos und Außerirdischen, Killerhaien und Riesenkraken, mutierten Insekten, dem Labor entsprungenen Monstern oder gefährlichen Viren. Manchmal kommt das Grauenhafte von außen, von gewaltigen Naturkräften, die sich der Domestizierung durch den Menschen entziehen; manchmal entsteht es in Situationen, in denen die Menschen die Kontrolle über ihre technischen Unternehmungen verloren haben. Dann geht es um das Debakel des Zauberlehrlings, in dem sich destruktive Kräfte verselbständigen, die von Menschen selbst entfesselt wurden.

Aber fast immer haben solche Filme ein Happy End: Hunderte, Tausende kommen um, doch die Helden überleben, und es gelingt ihnen, die endgültige Katastrophe vom Rest der Menschheit abzuwenden. Dieses Erzählmuster dient der Angstabwehr, denn das Filmpublikum kann sich mit den Helden identifizieren. Es gibt sie noch, die Schrecken der menschlichen Existenz, verkünden die Filme als Botschaft; sie schlummern tief unter der so perfekten, immer heiteren, scheinbar sicheren Oberfläche unseres saturierten Alltags; es gibt sie noch, und sie können jederzeit wieder aufbrechen – aber wir werden dann schon mit ihnen fertig, wir werden sie in unserer Grandiosität meistern und die Monster wieder in Ketten legen.

Das sind Beschwichtigungen von offenbar tiefsitzenden Ängsten, die mit gewachsenem Wohlstand und zunehmender Sicherheit nicht etwa geringer, sondern im Gegenteil eher größer geworden sind.

Die Menschheit als ganze ist gewiß potenter geworden in ihrem Verhältnis zur Natur und erfolgreicher in der Sicherung der allgemeinen Existenzgrundlagen. Und doch regieren, außerhalb der wenigen privilegierten Inseln des Wohlstands, aller Fortschrittseuphorie zum Trotz, die großen Geißeln der Menschheit wie eh und je: Der Hunger ist nicht besiegt; die Seuchen kehren zurück, Kriege und ethnische Massaker zerstören Menschenleben, Landschaften, Kulturen. Anders als unsere Vorfahren können wir uns nicht mehr hinter dem Glauben verstecken, diese Katastrophen seien von außen über uns verhängt, von Gott oder einem unpersönlichen Schicksal. Wir wissen zuviel über unsere Mitverantwortung bei ihrer Entstehung. Doch auch wenn ein Großteil dessen, was Menschen an Schrecklichem erleben, von Menschen gemacht oder zumindest mitbewirkt wird, kann ein einzelnes Individuum solche Geschicke heute ebensowenig beeinflussen wie in früheren Zeiten. Kriege, Industrieunfälle und Wirtschaftskrisen sind von Menschen gemacht, aber kein einzelner Mensch kann sie herbeiführen oder abwenden.

Diese Ohnmacht ist um so kränkender, weil wir alle Zusammenhänge zu durchschauen meinen, weil wir fast alles über die Motive und Auswirkungen unseres Handelns zu wissen glauben und weil wir von unserer Handlungsmacht überzeugt sind. Trotzdem können wir fast nichts von dem Geschehen beeinflussen, das den äußeren Spielraum vorgibt, innerhalb dessen wir unser Leben selbst gestalten. Dieser Gestaltungsspielraum ist die meiste Zeit der Geschichte für die meisten Menschen nicht sehr groß gewesen – nur uns, die wir auf den temporären privilegierten Inseln des Wohlstands und des Friedens leben, erscheint er häufig unbegrenzt.

«Gesundheit und Verstand
sind die zwei größten Gaben des Lebens.»
Menander

«Gesundheit wird uns nicht vom Arzt geschenkt;
wir müssen sie in erster Linie
durch eigenes Bemühen selbst verdienen.»
Erich Rauch

8. Gesundheit – Geschenk oder Verdienst?

In dem Maße, wie das Leben der Menschen weniger von Naturkatastrophen bedroht ist, gewinnen individuelle Schicksalsschläge, vor allem Unfälle und Krankheiten, besonders an Gewicht.

Zu allen Zeiten hat man die Gesundheit als ein hohes Gut empfunden. Gesundheit, das sagten sich vor allem die Armen, ist wichtiger als Reichtum und Macht. «Besser gesunde Beine als goldene Krücken», «Lieber ein gesunder Bauer als ein kranker Kaiser», hieß es. Den Kranken erscheint die Gesundheit als Inbegriff des Glücks, und von vielen wird sie zumindest als wichtige Voraussetzung für ein glückliches Leben angesehen. «Überhaupt aber beruhen neun Zehntel unseres Glückes allein auf der Gesundheit», behauptet Arthur Schopenhauer in seinen «Aphorismen». In der Definition der Weltgesundheitsorganisation (WHO) aus dem Jahre 1947 klingt an, wie nah die Vorstellungen von «Gesundheit» und «Glück» beieinanderliegen: «Gesundheit ist ein Zustand vollständigen physischen, geistigen und sozialen Wohlbefindens und nicht nur die Abwesenheit von Krankheit und Schwäche.»

Wo es um Krankheit und Gesundheit geht, erleben die Menschen noch etwas von ihrem existentiellen Ausgeliefertsein in einer sonst relativ sicher scheinenden Welt. Weil Gesundheit nicht selbstverständlich ist, vor allem im fortgeschrittenen Alter, steht sie heute bei uns auf der allgemeinen Wunschliste ganz obenan; zum neuen Jahr, zu jedem Geburtstag wünschen wir uns gegenseitig «Vor allem Gesundheit!» In früheren Zeiten erbat man von Gott für sich und seine Lieben vielleicht noch dringlicher das tägliche Brot und Sicherheit im Alltag, den Schutz vor Krieg, Unwettern und Mißernten. Diese Lebensrisiken brauchen wir kaum mehr zu fürchten, und deswegen ist in unseren Breiten die Sorge um die Gesundheit so gewichtig geworden.

Das christliche Mittelalter deutete Gesundheit und Krankheit vor religiösem Hintergrund. In dieser Sicht maß sich Lebensqualität «... am Verhältnis des Menschen zur Schöpfung und seinem Schöpfer, zur Natur und Kultur und ihrem geglückten Verhältnis» und nicht, wie heute, «an der Dauer des Lebens oder an der Genuß-, Liebes- und Arbeitsfähigkeit». Gesundheit wurde weniger als «Freisein von Krankheit denn als Fähigkeit verstanden, Schmerz und Leid auszuhalten, ihnen einen geistigen, einen religiösen Sinn zu geben».[1]

Vor dem Hintergrund des christlichen Glaubens akzeptierte man Krankheit als Schicksal. Diese Einstellung kommt immer noch in altmodischen Formulierungen zum Ausdruck wie «Krankheiten werden über uns verhängt» oder «wir sind mit ihnen geschlagen». Kranksein war kein vermeidbares Unglück, als das wir es heute gern betrachten, sondern es gehörte, wie andere Formen von Leid, die man annehmen mußte, selbstverständlich zum menschlichen Leben. «Wir Menschen, wir alle, von Mühsal beladen, von Nöten geplagt, von Drangsal verfolgt, wir finden uns wieder in der Situation des leidenden Hiob. Wir tragen – mit dem Apostel Paulus – unsere Krankheit im Fleische, tragen zeitlebens mit uns diesen Stachel des Todes», erklärte ein Klosterarzt im frühen Mittelalter.[2]

Manchmal wurde das Kranksein sogar zu einem der Seele besonders zuträglichen Zustand stilisiert, weil es dazu verhelfen konnte, sich auf das Wesentliche zu konzentrieren. So hat zum Beispiel die Äbtissin Hildegard von Bingen ihre schwächliche körperliche Konstitution und ihre zahlreichen Krankheiten erlebt; sie spürte, daß diese sie zum «Gefäß Gottes» machten, daß sie die Voraussetzung für ihre Visionen und theologischen Erkenntnisse waren. Noch im

17. Jahrhundert erklärte Blaise Pascal: «Die Krankheit ist der natürliche Zustand des Christen, weil man dann so ist, wie man immer sein sollte, das heißt im Leiden, im Übel, aller Güter und Sinnesfreuden ledig, frei von allen Leidenschaften, ohne Ehrgeiz, ohne Habsucht und in ständiger Erwartung des Todes»[3].

Als Ursache von Krankheiten wurden im christlichen Mittelalter je nachdem eine individuelle Schuld des Kranken, die Erbsünde oder eine Prüfung durch Gott angenommen – das waren, bis auf die individuelle Schuld, die man zu vermeiden suchen konnte, durchaus schicksalhafte Gegebenheiten.

Der «arme Heinrich» in Hartmann von Aues (1165–1210) gleichnamiger Erzählung ist ein tugendhafter Ritter, «ein Diamant beständiger Treue, eine Krone der Zucht», der keine besondere Schuld auf sich geladen hat und doch «auf Gottes Gebot von der Höhe seines Ansehens in ein erniedrigendes Leiden» fällt. Er erkrankt an Aussatz, wird den Menschen um sich her widerwärtig, mit zerfressenem Gesicht und faulenden Gliedern, übelriechend. Seine einzige Sünde war ein zu weltliches Leben, ein Mangel an Demut, war die Selbstverständlichkeit, mit der er vordem sein Glück und seine Gesundheit genoß. Der Aussatz wird dem armen Heinrich zum Teil als Sühne für diese Schuld, zum Teil aber auch – wie im Fall Hiob – als eine Prüfung Gottes geschickt.

Auch heute noch haben manche Menschen das Gefühl, ihre Krankheiten seien die Strafe für eine individuelle moralische Schuld. Doch dies kommt sehr viel seltener vor als früher. Im allgemeinen glauben wir nur noch an eine «Schuld» im Sinne einer selbst bewirkten medizinischen Verursachung; wir sind zum Beispiel «selbst schuld», daß wir Lungenkrebs bekommen, wenn wir viel geraucht haben.

Heute sind es nicht mehr Aussatz, Pest und Cholera, die uns bedrohen, sondern vor allem die sogenannten Zivilisationskrankheiten wie etwa die Herz-Kreislauferkrankungen (Herzinfarkt, Schlaganfall) und der Krebs. Die moderne Medizin, die auf den Naturwissenschaften fußt, hat einen Sieg über viele früher lebensbedrohliche Krankheiten gebracht; viele Seuchen und Infektionskrankheiten sind weitgehend eingedämmt; man muß nicht mehr an einer Lungenentzündung oder am Kindbettfieber sterben; auch die enorme Säuglingssterblichkeit vergangener Jahrhunderte ist auf ein Minimum zurückgegangen.

Das vorherrschende Verständnis von Gesundheit und Krankheit ist seit Beginn der Neuzeit mechanistisch. Der Organismus, der Körper, ist eine Maschine, Störungen, die sich als Krankheiten äußern, sind Defekte dieses Mechanismus, die repariert werden können, wenn man weiß, was sie verursacht hat. Die moderne Schulmedizin denkt in Wenn-dann-Beziehungen; sie schließt von Symptomen auf Ursachen und greift in die vermuteten Kausalzusammenhänge ein. Irgendwann stirbt der Organismus an «Materialermüdung», aber wenn er gut gewartet wird, fallen Defekte und Störungen so früh auf, daß man sie unter Kontrolle bekommen kann. Auf diesem Hintergrund ist die Medizin ungeheuer erfolgreich gewesen.

Die großen Erfolge der modernen Medizin wirken sich vor allem statistisch aus, indem sie die durchschnittliche Lebensdauer verlängern und das Sterberisiko bei zahlreichen Krankheiten verringern oder herausschieben. Auch Schmerzen können heute viel wirksamer gedämpft werden als früher. Gleichzeitig hat der medizinische Fortschritt aber auch Erwartungen und Ansprüche bei den Menschen geweckt, die nahezu unersättlich, jedenfalls im einzelnen gar nicht zu befriedigen sind. Die Erfolge der Medizin auf diesem oder jenem Gebiet mögen noch so groß sein – sie können nicht jedes Symptom beseitigen oder lindern und schon gar nicht jede Krankheit heilen. Sie ändern nichts an der Tatsache, daß Menschen sterben. Unsere hohe Anspruchshaltung täuscht uns nur häufiger und länger über unsere existentielle Anfälligkeit und unsere Sterblichkeit hinweg, mit der uns eigentlich jede ernstere Erkrankung konfrontiert.

In der heutigen Schulmedizin werden die Ursachen von Krankheiten rein funktional gesehen, d. h. sie werden auf das mangelhafte Funktionieren bestimmter Organe oder physiologischer Prozesse zurückgeführt. Dies wiederum ist meist multikausal bedingt: Es kann mit angeborenen oder erworbenen Schwächen dieser Organe zusammenhängen; es kann auf physiologische, psychologische oder umweltbedingte Einflüsse zurückzuführen sein.

Im heutigen Alltagsverständnis existieren verschiedene Theorien nebeneinander, mit denen man sich erklärt, warum ein Mensch krank wird. Je nach weltanschaulicher Orientierung und nach Art der Krankheit glauben die Menschen an unterschiedliche Ursachen. Manchmal wird eine ererbte Disposition verantwortlich gemacht (so häufig bei Geisteskrankheiten), manchmal Umwelteinflüsse, neuerdings aber zunehmend eine falsche Lebensweise, eine falsche Enährung, zu wenig Bewegung und ungelöste psychische Probleme. Es entspricht der Ideologie unserer Zeit, in diesem Zusammenhang den Einfluß genetischer Faktoren geringer zu schätzen als den von Umwelt und Lebensweise – das eine scheint (noch) einigermaßen unveränderlich; das andere glaubt man (zumindest begrenzt) manipulieren zu können. Der Glaube an die Vererbung als Ursache von Krankheit verträgt sich nicht mit der Illusion der Machbarkeit. Populär sind heute all jene Ursachenerklärungen von Krankheiten, die dem Individuum einen großen Spielraum der Einflußnahme zuweisen – und so die Illusion aufrechterhalten, daß ich mein Schicksal selber machen kann.

«Auch wenn in einem großen Prozentsatz genetische Faktoren für die Entstehung von Krankheiten eine Rolle spielen, läßt sich heute wohl eher selten von Krankheit als Schicksal sprechen. Relativ häufig sind Umweltfaktoren und individuelle Verhaltensweisen für das Auftreten von Erkrankungen ebenso wichtig», lautet ein typischer Kommentar.[4]

Jedenfalls hat in den letzten Jahrzehnten die Zahl der Menschen zugenommen, die glauben, daß viele, wenn nicht gar alle Krankheiten aufgrund einer falschen Lebensweise, eines «ungesundes Leben» entstehen. Ungesundes Leben meint eine «falsche Ernährung», außerdem «zu wenig Sport und Bewegung». Auch psychologische und esoterische Erklärungen für die Entstehung von Krankheiten erfreuen sich einer großen Beliebtheit. Wer an die psychogene Entstehung von Krankheiten glaubt, geht davon aus, daß sie das Ergebnis ungelöster psychischer Konflikte sind. Man bekommt Krebs, weil man eine «Krebspersönlichkeit» hat, man erleidet einen Herzinfarkt, weil man ein Workaholic ist, man erkrankt an Rheuma, weil man seine Aggressionen unterdrückt hat. Verwandt mit den psychologischen Alltagstheorien über die Entstehung von Krankheiten sind die zunehmend beliebten esoterischen Ansätze, die davon ausgehen, daß ein Mensch, solange er im Einklang mit sich selbst und den Gesetzen des Universums lebt, «gesund» und «heil» ist. Krank wird demnach nur, wer nicht mit sich im Einklang ist.

Fast alle populären Erklärungsansätze teilen die Vorstellung von der «guten» Gesundheit und der «häßlichen» Krankheit. Gesundheit gilt als Idealzustand, für den man etwas tun kann, Krankheit dagegen als eine unschöne Abweichung, die mit ein bißchen gutem Willen und Anstrengung vermieden werden kann. Wer «richtig» lebt, lautet die implizite Botschaft all dieser populären Theorien, muß niemals krank werden. Fast überall stoßen wir auf die teils explizit gemachte, teils versteckte Annahme: Wenn ich mich richtig ernähre, wenn ich genügend Sport treibe, wenn ich mich um eine ausgeglichene Psyche bemühe, kann ich mir meine Gesundheit erhalten oder sie wiedergewinnen. Wenn ich «richtig» lebe, dann kann ich sogar den Alterungsprozeß aufhalten, das heißt bis ins hohe Alter gesund, jugendlich und leistungsfähig bleiben und das Sterben lange hinausschieben.

Wenn richtige Ernährung mir Gesundheit garantiert, muß ich mich nur richtig ernähren. Wenn die Ausgeglichenheit meiner Psyche über meine Gesundheit entscheidet, muß ich eben an meiner Psyche arbeiten. Das mag schwieriger sein, als sich vollwertig zu ernähren, aber es läßt mir immerhin noch eine gewisse Kontrolle über mein Leben. Anders sähe es aus, wenn die Krankheit erblich bedingt wäre oder unerbittlich von außen über alle herfiele wie die großen Seuchen der Vergangenheit. Dann wäre sie nämlich «schicksalhaft» vorgegeben; ich müßte sie einfach hinnehmen. – Das paßt nicht in unser Weltbild, das vom Machbarkeitswahn bestimmt ist.

Wir glauben heute tiefinnerlich an unser Recht auf Gesundheit wie an unser Recht auf Glück – vor allem dann, wenn wir tendenziell gesund leben und somit alles «richtig machen». Manche verkünden es stolz wie eine persönliche Leistung, wenn sie über längere Zeit nicht krank waren. Erkrankt jemand in der Umgebung, erleidet er oder sie zum Beispiel einen Herzinfarkt oder einen Schlaganfall, ist die erste Frage: Was hat der Betreffende falsch gemacht? Für uns selber akzeptieren wir vielleicht noch die jährlich wiederkehrende Erkältung. Erkranken wir aber ernsthaft, empfinden wir eine große Irritation.

Stärker als je zuvor wird heute betont, daß Gesundheit Verdienst und Leistung ist. «Gesundheit ist machbar» – so der programmatische Titel einer Broschüre und der Tenor unzähliger Ratgeber auf dem boomenden Markt der populären Gesundheitsliteratur. Es ist offenbar schwer für den modernen Menschen, den Gedanken zu ertragen, daß das kostbare Gut Gesundheit, die vermutete Grundlage seines Glücks, immer noch in einem hohen Grad dem Schicksal ausgeliefert bleibt. Nachdem so viele andere Unwägbarkeiten des menschlichen Lebens eingedämmt und kontrolliert werden konnten, wollen wir auch in diesem für uns so wichtigen Bereich das Gefühl, das Steuer selber in der Hand zu halten.

Ist es denn aber so falsch anzunehmen, daß wir durch eine gesunde Lebensführung zumindest gute Voraussetzungen für unsere Gesundheit schaffen können? Natürlich bleibt da immer ein nicht kontrollierbarer Rest – aber wir können doch eine Menge Schritte in die richtige Richtung tun, wir können Risiken senken und Widerstandskräfte stärken. Schließlich empfahlen schon unsere Vorfahren die goldene Lebensregel: «Arbeit, Mäßigkeit und Ruh / schließt dem Arzt die Türe zu.»

Dieser Ratschlag zielte in erster Linie auf einen tugendhaften Lebenswandel: Wer ein Gott wohlgefälliges Leben führte, nämlich seiner Arbeit ordentlich nachging, sich exzessiver Genüsse wie der Völlerei, der Sauferei und natürlich auch der Hurerei enthielt, wer den angemessenen Wechsel zwischen Arbeit und Ruhe pflegte, der hatte gute Aussichten, mit Gesundheit belohnt zu werden. Übersetzen wir «Mäßigkeit» in «gesunde Ernährung» und «Arbeit» in «sportliche Betätigung», dann sind wir bei den zentralen Empfehlungen der Gesundheitsratgeber von heute.

Gesund ist, wer gesund ißt, lautet die verbreitete Überzeugung. Gesunde Ernährung steht heute an oberster Stelle bei den Ratschlägen für ein gesundes Leben. Wo aber früher nur zur allgemeinen «Mäßigkeit» beim Essen geraten wurde («Mäßiger Mund / hält den Leib gesund»), finden wir uns heute, wenn wir gewillt sind, uns gesund zu ernähren, mit ganzen Bibliotheken zum Thema konfrontiert, mit sehr detaillierten Ratschlägen und einander zum Teil widersprechenden Theorien.

Es lohnt sich, die verschiedenen Ernährungslehren einmal genauer anzusehen, denn es gibt kaum einen Bereich unseres Alltagslebens, wo die Menschen sich so um Einblick und Kontrolle bemühen. Solide Empfehlungen, Pseudowissenschaft und ein naives magisches Denken wetteifern in vielen Gesundheitsratgebern, die alle vom Glauben durchdrungen sind, man könne den Zustand der Gesundheit durch richtige Ernährung selber herstellen.

Einig sind sich die verschiedenen Ernährungslehren nur darin, daß sich die Menschen in den hochindustrialisierten Ländern falsch ernähren und daß diese falsche Ernährung die Hauptursache der sogenannten Zivilisationskrankheiten ist. Wir werden krank, weil wir zu viel, zu fett, zu schwer essen, zuviel tierisches Eiweiß und zuwenig Ballaststoffe zu uns nehmen, weil die modernen industriellen Fertigungsverfahren unsere Nahrung denaturiert haben.

Vom «Selbstmord mit Messer und Gabel» wird gesprochen,[5] von der «ungeheuren Verleugnung, mit der die Masse der Menschen unbesorgt zu sich nimmt, was ihr gerade vorgesetzt wird». «Zur Zeit halte ich diese unbekümmerte Einstellung für hochgradig selbstzerstörerisch. Wir bagatellisieren, daß wir uns mit dieser Form unserer täglichen Mahlzeiten selbst zugrunde richten».[6] «Unsere

Nahrung – unser Schicksal» ist der Titel eines populär-medizinischen Bestsellers von Dr. Max Otto Bruker, der als «Vollwertpapst» gilt: «Meine Erfahrung als Arzt hat mich gelehrt, daß die Ernährungsschädigung der unsichtbarste, aber gefährlichste unter allen Feinden der Menschheit ist. Deshalb verlangt mein ärztliches Gewissen von mir, daß ich diesen Feind bis zum letzten Atemzug bekämpfe».[7]

«Mehr als fünfzig Prozent aller Krankheiten sind ernährungsbedingt», behaupten Karl Pflugbeil und Irmgard Niestroj.[8] Für manche andere liegt dieser Anteil sogar noch höher. Max Otto Bruker unterscheidet zwischen «ernährungsbedingten», «lebensbedingten» und «umweltbedingten» Krankheiten. «Lebensbedingt» bedeutet, daß sie mit psychischen Problemen des Patienten oder mit Störungen zusammenhängen, die sich aus seinem Beziehungssystem ergeben; «umweltbedingte» Krankheiten kommen durch Verstrahlungen, Abgase, vergiftete Flüsse, schädliche chemische Einflüsse am Arbeitsplatz u. ä. zustande.

«Wer topfit sein will und auch bis ins Alter hinein leistungsfähig, muß seine Ernährung richtig zusammenstellen», erklärt eine Broschüre der Deutschen Gesellschaft für Ernährung[9]. Aber was genau ist «richtig»? Wenn sie sich auch in der Kritik am bestehenden Ernährungsstil weitgehend einig sind, so orten die verschiedenen Ernährungslehren den Hauptfeind der Gesundheit doch an unterschiedlichen Stellen und empfehlen deswegen auch ganz verschiedene Ernährungsprogramme.

Die Anhänger der Vollwertkost reduzieren den Genuß von Fleisch und tierischem Fett und essen dafür mehr Fisch; sie vermeiden konserviertes Obst und Gemüse (mit Ausnahme von Tiefkühlkost), sie empfehlen eine schonende Zubereitung (Kochen al dente, um Vitamine und andere wertvolle Elemente nicht zu zerstören) und einen erhöhten Roh- und Frischkostverzehr (idealerweise etwa 30 % der gesamten Nahrung). Einige Schulen, die der Vollwertrichtung zuzurechnen sind, halten das Müsli oder den Frischkornbrei für die wichtigste Säule der gesunden Ernährung (Bircher-Brenner, Bruker).

Vegetarierer vermeiden Fleisch ganz und decken ihren Fettbedarf mit pflanzlichen Fetten. Strengere Richtungen verbannen auch Fisch von der Speisekarte und erklären sämtliche tierischen Produkte wie Eier und Milch für tabu. Während es Schulen gibt, für die die (naturbelassene, nicht pasteurisierte) Milch ein ganz besonders wertvoller Nahrungsbestandteil ist, gibt es andere, die sie als besonders gefährlich einstufen (und sich dabei auf die Milchunverträglichkeit ganzer Völker berufen).

Noch radikaler als die Vegetarier ist die Schule der reinen Frischköstler, die keinerlei zubereitete oder angemachte Lebensmittel zu sich nehmen. Sie leben ausschließlich von rohem Gemüse, frischem Obst und Nüssen. Das Kochen ist für die AnhängerInnen dieser Richtung bereits eine extreme Denaturierung der Nahrung. Hunderttausende von Jahren habe sich der Mensch von Frischkost ernährt; das Feuer und der Kochtopf seien historisch verhältnismäßig junge Erfindungen. Menschen seien von ihrer genetischen Ausstattung her nicht auf gekochtes Essen eingestellt, und deswegen würde ihnen die so zubereitete Nahrung auch schaden. Helmut Wandmaker behauptet in seinem Buch «Du willst gesund sein? Vergiß den Kochtopf!»:[10] «Der Kochtopf ist die Mutter des Krebses» und: «Du hast dir selbst jede Krankheit angegessen».

Die Unterschiede zwischen den verschiedenen Ernährungsideologien laufen nicht nur auf eine größere oder geringere Selektivität bei Auswahl der Nahrungsmittel hinaus, sondern es gibt auch direkte Widersprüche: was für die einen das Non plus ultra ist, wird von den anderen als ungesund gegeißelt. So stellt die Schule von Dr. F. X. Mayr trockene Dinkelsemmeln ins Zentrum der gesunden Ernährung (stundenlang unermüdlich gekaut und kräftig eingespeichelt) und kritisiert zugleich den übermäßigen Rohkostgenuß als Irrlehre. Auf keinen Fall dürfe abends noch Obst und frisches Gemüse verzehrt werden, weil das zu üblen Gärungen und zur Alkoholentwicklung im Magen-Darm-Trakt führe; überhaupt sei Gemüse am gesündesten in der Form von Brühe zu genießen – ein direkter Widerspruch zur Vollwert- und Frischkostlehre.

Immer wieder wird ein neuer Tee, ein neues Heilkraut, ein besonders gesundes Nahrungsmittel, ein neues natürliches Wundermittel entdeckt und empfohlen, von dem man gar nicht genug zu sich nehmen könne. Mal gilt der grüne Tee als vorbeugend gegen jede Krankheit; dann kommt der Pu-errh-Tee in Mode, mal ist Ginseng der Schlager, mal Kombucha, mal gilt der Knoblauch, mal der Apfelessig und mal der Ingwer als das Non plus ultra.

Alle Ernährungslehren belegen die Richtigkeit ihres Konzepts mit zahlreichen Fallbeispielen und Verweisen auf mehr oder minder «wissenschaftliche» Studien. Die Ergebnisse sind aber für den vergleichenden Betrachter durchaus verwirrend.

So beschreibt Max Gerson, ein amerikanischer Arzt, in seinem Buch «Eine Krebstherapie» fünfzig Heilungen von Krebs, die durch eine Umstellung der Ernährung auf möglichst viel Frischkost zustande gekommen seien. «Das Wichtigste ist, so viel rohe Nahrung wie möglich zu essen».[11]

Der Medizinprofessor Karl Pirlet dagegen führt das Beispiel zahlreicher PatientInnen an, die sich vollwertig ernährt hatten und danach sehr krank geworden waren. Erst durch das Absetzen der Vollwertkost habe er ihre Gesundheit wiederherstellen können.[12]

Manche AutorInnen halten sämtliche Lehren über gesunde Ernährung überhaupt für Humbug. Viele der angeblich gesicherten Wirkungszusammenhänge zwischen bestimmten Ernährungsbestandteilen und ihren medizinischen Folgen seien keineswegs gesichert, jedenfalls selten so simpel, wie sie von der jeweiligen Ernährungsschule propagiert und von vielen Gutgläubigen befolgt würden. Über vieles wisse man immer noch viel zu wenig. «Unsere gesicherten Erkenntnisse von heute sind die großen Irrtümer von morgen».[13] Deswegen seien Empfehlungen wie «mehr von diesem», «weniger von jenem», vor allem aber das Einnehmen irgendwelcher hochdosierter Zusatzpräparate so problematisch. «Das, was landläufig als gesunde Ernährung propagiert wird, sieht nach eingehender Überprüfung nicht mehr so aus».[14] Viele gesunde Menschen, so

Pollmer u. a., mögen und vertragen Vollwertkost nicht, manche (Kranke) spüren zwar kurzfristig eine Besserung ihres Gesamtzustandes, wenn sie sich darauf umstellen – aber die Ergebnisse seien äußerst verschieden. Gegen die reine Frischkostlehre spreche die Erfahrung, daß sämtliche Völker der Erde einen Teil ihrer Nahrung kochen, backen, darren und sonstwie zubereiten. Daß sie alle gegenüber den Tieren dazu übergegangen seien, müsse auch einen ernährungsphysiologischen Sinn haben. Manche Enzyme und Fermente würden zwar bei diesem Prozeß zerstört, anderes würde aber auch bekömmlicher.

Wie stehen wir also da, wenn wir gewillt sind, durch gesunde Ernährung etwas für unsere Gesundheit zu tun? Trotz oder gerade wegen der inflationären Zunahme an Ratschlägen bleibt es letztlich eine Glaubensangelegenheit, welchem ernährungstheoretischen Ansatz wir vertrauen. Die Wissenschaft läßt uns bei dieser Entscheidung weitgehend im Stich; denn als «wissenschaftlich gesichert» gerieren sich alle Ernährungsideologien. Wir müssen nach bloßer Plausibilität urteilen, denn wir selber sind im allgemeinen keine Ernährungswissenschaftler, und auch das würde uns bei der Entscheidung nur bedingt helfen.

Damit will ich gewiß nicht behaupten, es bestände kein Zusammenhang zwischen Ernährung und Gesundheit. Natürlich erhöhen bestimmte Ernährungsmuster die Wahrscheinlichkeit, mit der bestimmte Krankheitsbilder auftreten. Eine zu fetthaltige Ernährung verursacht Gicht. Zu viel Alkohol schädigt die Leber. Doch viele modegängigen Vereinfachungen sind einfach nur falsch. «Kohlehydrate machen dick; wenn ich schlank bleiben/werden will, muß ich ganz wenig Kohlehydrate und sehr viel Eiweiß essen», war eine Devise der 70er Jahre. Wer auf sich hielt, lebte von Steak und Salat. «Herzinfarkt wird durch einen zu hohen Cholesterinspiegel verursacht. Eier enthalten viel Cholesterin. Wenn man einen Herzinfarkt vermeiden will, sollte man keine Eier essen», – das hört man heute oft von Leuten, die ihre Informationen über gesunde Ernährung aus populären Medien beziehen. Auf einmal ist ein bestimmtes Lebensmittel (mal das Ei, mal die Butter, die Kartoffel oder das Schweinefleisch) aus irgendeinem Grunde verpönt, und man glaubt, sich nachhaltig gegen das größte Risiko abgesichert zu haben, indem man dieses eine Lebensmittel ganz aus dem Ernährungskatalog streicht. Viele Menschen, die sich eingehender über gesunde Ernährung informieren, betrachten ihre jeweilige Überzeugung wie eine Religion, mit einer hohen Heilserwartung.

Das Dilemma besteht darin, daß wir zwar einerseits sehr viel mehr naturwissenschaftlich gestützte Informationen über Ernährung und Gesundheit besitzen als unsere Vorfahren, daß die Komplexität dieses Wissens sich aber nur bedingt in einfache Handlungsrezepte umsetzen läßt. Die Vereinfachungen sind dann in ihrer Einseitigkeit oft so falsch, daß sie eher schaden als nützen. Möglicherweise fuhren da unsere Vorfahren mit ihrer allgemeinen Lebensregel: «Arbeit, Mäßigkeit und Ruh / schließt dem Arzt die Türe zu» sogar besser.

Ähnliche Probleme begegnen uns, wenn wir uns der Bewegung, dem Sport als dem zweiten wichtigen Mittel zur Erhaltung unserer Gesundheit zuwenden. Bewegungsmangel gilt neben der falschen Ernährung als wichtigste Ursache für die vorherrschenden Zivilisationskrankheiten.

Das ist, wenn man die Geschichte der Menschheit betrachtet, ganz plausibel: Jahrtausende lang lebten die Menschen als Jäger und Sammlerinnen in ständiger Bewegung, und auch nach ihrer Seßhaftwerdung mußten sie körperlich sehr aktiv bleiben. Ihr Organismus hat sich im langen Prozeß der Evolution dieser Lebensweise angepaßt. Erst seit ein, zwei Generationen vollzieht sich der Alltag in der hochtechnisierten Welt bewegungsarm und ohne körperliche Belastungen. Sport kann diesen Mangel ausgleichen.

Wer Sport treibt, tut etwas für sein Gesundheit − diese Überzeugung ist heute allgemein verbreitet, sie wird von Sportlichen wie von Unsportlichen geteilt. Fitneß, Beweglichkeit, Kraft und Ausdauer werden mit Gesundheit gleichgesetzt. Der schlanke durchtrainierte Körper, ohne überflüssige Fettpolster, muskulös an den richtigen Stellen, entspricht unserem Ideal von Gesundheit, Jugendlichkeit und Schönheit. Winston Churchills Maxime «no sports» als

Mittel, ein rüstiges hohes Lebensalter zu erreichen, ist gründlich unmodern geworden.

In Deutschland gibt es derzeit etwa 5700 Fitneßzentren, die von etwa 3,6 Mill. Menschen genutzt werden – Tendenz steigend.[15] Mehrere Millionen Menschen joggen oder walken mehr oder weniger regelmäßig. Immer mehr Haushalte erwerben eine große Vielfalt teurer Heimtrainer für ein Ausdauer- und Krafttraining.

«Bei allen negativen Aspekten, die die Vermarktung von Fitneßwellen mit sich bringt, bleibt doch unter dem Strich die Tatsache bestehen, daß jeder, der etwas für seinen Körper tut – sei es durch Jogging, Schwimmen, Aerobic oder Fitneßtrainig –, in der Regel gesünder, vitaler und leistungsfähiger ist als seine ‹unsportlichen› Mitmenschen.»[16] «Breitensport ... präsentiert (. . .) sich zunehmend als die zeitgemäße Art, den vielfältigen Zivilisationsbelastungen wie körperlicher Unterforderung, kalorienreicher Ernährung etc. zu begegnen, er avanciert zum Wegbereiter in eine gesündere Zukunft.»[17] «Langläufer leben tatsächlich länger und besser.»[18] «Bereits intensives Spazierengehen vermindert das Sterberisiko, verglichen mit bewegungsfaulen Zeitgenossen, um etwa 20 Prozent. Und intensives Sporttreiben mit einem wöchentlichen Kalorienverbrauch von etwa 3500 Kalorien erhöht die Chancen für ein längeres Leben um weitere 30 Prozent!»[19] «Durch geeignetes körperliches Training gelingt es, 20 Jahre lang 40 Jahre alt zu bleiben.»[20]

Kaum jemand scheint an der Gleichsetzung von fit und gesund zu zweifeln. «Die Begriffe Sport und Gesundheit sind als kausaler Zusammenhang derartig in den Sprachgebrauch eingegangen, daß sich eigentlich kaum noch jemand Gedanken darüber macht, ob in der Tat dieser Zusammenhang real so positiv ist, wie er vermutet wird.»[21]

Als gesichert gelten in der Sportmedizin folgende Ergebnisse: Regelmäßiges Trainieren bewirkt eine Ökonomisierung der Herzarbeit durch die Erhöhung des Schlagvolumens. Es führt dazu, daß das Atemsystem eine größere funktionelle Breite erreicht. Es intensiviert die Stoffwechselvorgänge und erhöht die Fähigkeit zur Bereitstellug von

Energie aus aerobem und anaerobem Stoffwechsel. Sehnen, Bänder und Knochen werden durch regelmäßiges sportliches Training zug- und biegefester. Das aktive Bewegungssystem nimmt an Kraft zu. Die neuromotorischen Funktionen werden besser koordiniert und damit effektiver.

Darüber hinaus weiß man, daß regelmäßiger Sport einen positiven Einfluß auf das Wohlbefinden, eine deutlich spürbare antidepressive Wirkung hat – auch wenn man dies nicht genau erklären kann. Indirekt trägt das Trainieren auch dazu bei, daß man weniger raucht und trinkt. «Im Organismus eines gesunden, sporttreibenden Menschen werden denn auch wieder natürliche, regulative Mechanismen wirksam: Raucher geben ihre überflüssige Sucht auf, weil sie fühlen, wie der Körper durch Nikotin und Teer beeinträchtigt wird; ungezügelte Appetitanfälle, die oft nur Unzufriedenheit mit sich und seinem Körper kompensieren, werden reguliert; das Diäthalten übernimmt der Körper in Eigenregie; Figur und Haltung straffen sich und strahlen körperliche und seelische Ausgeglichenheit und ein gesundes Selbstbewußtsein aus. Gesundheit, Selbstbewußtsein und Leistungsfähigkeit gehören zusammen.»[22]

Dennoch ist es außerordentlich schwierig, die krankheitsvorbeugenden Wirkungen des Sports eindeutig nachzuweisen. Einmal, weil Gesundheit nur schwer definiert werden kann, zum anderen, weil die Frage entsteht, welche Gruppe man mit welcher anderen vergleichen soll. Zwar läßt sich feststellen, daß die Gruppe der sportlich aktiven Menschen tatsächlich im Durchschnitt gesünder ist als die der Unsportlichen – aber es kann durchaus auch sein, daß sie nicht deswegen gesünder sind, weil sie Sport treiben, sondern daß sie deswegen Sport treiben, weil sie von vornherein gesünder waren.

Empirische Untersuchungen zeigen auch, daß die Art des Sports und die Intensität des Trainings für die gesundheitlichen Auswirkungen eine sehr wichtige Rolle spielen. Es sind genügend Fälle von Marathonläufern bekannt geworden, die koronare Herzschäden hatten oder gar Infarkte erlitten. Deswegen ist es nicht unproblematisch, wenn Sport generell als gesundheitsfördernde Therapie empfohlen wird. Dadurch wird die vereinfachte Auffassung verstärkt, Sport sei per se gesund, egal von wem und wie er betrieben wird. Wenn überehrgeizige Personen denken: «Je mehr ich meinen Körper auf Trab bringe, desto leistungsfähiger und damit gesünder werde ich» – dann können positive Auswirkungen in ihr Gegenteil verkehrt und eine Reihe von Krankheiten oder Risiken sogar verstärkt werden. In bestimmten Situationen wird man durch solche Anstrengungen eher kränker, und bei infarktgefährdeten Personen kann zu viel körperliche Anstrengung sogar einen neuen Infarkt bewirken. Dann wird aus dem gesunden Sport das «Sport ist Mord».

Daß jahrelang betriebener Hochleistungssport gesundheitsschädlich ist, weiß man inzwischen. Weniger bekannt ist, daß sich zunehmend auch FreizeitsportlerInnen durch zu viel Ehrgeiz schädigen. Während der größte Teil der Bevölkerung sportlich nicht aktiv ist und sich darauf beschränkt, die sportlichen Leistungen der anderen auf dem Bildschirm zu begutachten, nehmen bei den sportlich Aktiven die Schädigungen zu, die durch Verletzungen, Unfälle, aber auch durch falsches oder zu hartes Trainieren entstehen.

Der amerikanische Herzspezialist Henry A. Solomon warnt in seinem Buch «Der Fitness-Wahn»[23] vor der modischen Ideologie einer «übertriebenen Körperertüchtigung» und leugnet rundheraus, daß körperliche Anstrengung zu Gesundheit und Langlebigkeit führt.[24] «Körpertraining mag Ihnen Spaß machen; es kann Ihnen gesellschaftlich weiterhelfen; es kann dazu beitragen, daß Sie besser aussehen und sich besser fühlen. Aber alles übrige ist reiner Mythos. Training macht Sie nicht gesund. Es wird Ihr Leben nicht verlängern. Fitneß und Gesundheit sind nicht dasselbe».[25]

Trotzdem ist heute der Glaube weit verbreitet, man können sich mit der «Fitneß als einer Art Grundeigenschaft» Gesundheit und eine «Allround-Befähigung zum menschlichen Glück» erarbeiten.[26] Die Arbeit am eigenen Körper wird zur Gesundheitsvorsorge, zugleich zur Identitätsarbeit, zum ästhetischen Selbststyling. Der Körper und seine Gesundheit werden mehr und mehr zum Manipulationsobjekt. Gesundheit erscheint als Leistung und Verdienst: wenn ich alles richtig mache, mich gesund ernähre und Sport treibe, kann ich gar nicht krank werden. Ich habe gewissermaßen ein Recht darauf, bei bester Gesundheit ein hohes Alter zu erreichen.

In dieser Haltung zum Körper und zur Gesundheit sieht der Psychoanalytiker H. E. Richter eine weitere Variante des Machbarkeitswahns, die «Ideologie, daß Aktivität das beste Mittel zur Krankheitsvorbeugung und Lebensverlängerung sei».[27] Die Fitneßwelle ist einerseits positiv zu werten, als Gegenbewegung zum passiven Hedonismus unserer Zeit, der sich in die Surrogatbefriedigung flüchtet, andererseits aber der höchst problematische Versuch, «... möglichst alle wissenschaftlich ermittelten Risikofaktoren (auszuschließen)». «Man möchte sich einreden, das Leiden perfekt wegtrainieren zu können) und befindet sich damit natürlich in Einklang mit dem traditionellen kulturellen Grundkonzept von der manipulierbaren Unvergänglichkeit und Omnipotenz»[28].

Im Vordergrund unseres zeitgenössischen Umgangs mit Krankheit steht der Wunsch, alles kontrollierend «in den Griff» zu bekommen. Krankheit soll möglichst vorbeugend ganz ausgeschaltet werden – und da, wo sie dennoch eingetreten ist, muß sie überwunden und besiegt werden. Weitgehend verloren gegangen ist die Einstellung, die für das Mittelalter typisch war: das Bemühen, Krankheit und Leiden einen Sinn zu geben, sie für das eigene Leben fruchtbar zu machen.

In gewisser Weise tun dies manche der heute populären esoterischen Ansätze, wenn sie Krankheit als «Schatten» deuten, der eine Person mit unterdrückten und geleugneten Anteilen des eigenen Wesens konfrontiert. Nach dem Ansatz von Rüdiger Dahlke und Thorwald Dethlefsen ist der Mensch grundsätzlich krank; Gesundheit sei eine medizinische Fiktion und das Kranksein die menschliche Grundbefindlichkeit. «Kranksein meint den Zustand der Unvollkommenheit, der Anfälligkeit, der Verletzbarkeit, der Sterblichkeit» und: «Wir sollten uns von der Illusion lösen, man könne Krankheit vermeiden oder aus der Welt schaffen.»[29] Statt dessen soll man die Krankheit oder das Symptom als Aufforderung nehmen, sich mit bisher verdrängten Schattenanteilen des eigenen Lebens auseinanderzusetzen. Nach Dahlke/Dethlefsen kann Krankheit, wenn man sie nicht durch Symptombeseitigung zu kurieren versucht, sondern ihre Botschaften über die Störungen der Psyche annimmt, zu größerer seelischer Ganzheit und damit auch wieder zum Verschwinden von körperlichen Symptomen führen.

Doch in vielen vom New-Age-Denken gefärbten Darstellungen steht, nicht anders als beim Bemühen um gesunde Ernährung und Fitneß, der simple Wunsch nach Kontrolle und Überwindung im Mittelpunkt, wenn auch die Einflußnahme weniger über aktives Handeln – «Jeder Versuch, gesund zu leben, fordert Krankheit heraus»[30] – als über spirituelle Techniken versucht wird.

«Inzwischen bin ich sicher, daß ein glücklicher Mensch, bei dem Körper, Geist und Seele in vollkommener Harmonie sind, nie eine schwere Krankheit bekommt.» Wenn man sich sagt: «Ich räume Gedanken über Krankheit keinen Platz in meinem Leben ein. Ich habe keine Angst krank zu werden!» – dann wird man auch nicht krank.[31] Wenn man aber erkrankt, so muß man sich, um wieder gesund zu werden, als allererstes fragen, welche seelischen Störungen zu dieser Krankheit geführt haben, und an ihnen arbeiten – dann wird auch die Krankheit verschwinden.

Diese Einstellung ist heute weit verbreitet. Sie äußert sich in zahlreichen Erfahrungsberichten über Krankheiten, die gegenwärtig ein beliebter Lesestoff sind.[32] Wenn man die Klappentexte solcher Bücher studiert, begegnet einem immer wieder die Metapher von der Krankheit als Feind, die um jeden Preis besiegt werden muß: Jemand entdeckt, daß er/sie an einer schrecklichen/fortschreitenden/heimtückischen/lebensbedrohlichen/unheilbaren Krankheit leidet. Die Ärzte können ihm/ihr nur wenig Hoffnung machen. Aber er/sie gibt nicht auf und nimmt tapfer den Kampf gegen die Krankheit auf. Zunächst wendet er/sie sich im allgemeinen um Hilfe an die Schulmedizin; wenn die enttäuscht oder nicht mehr weiterhelfen kann, werden verschiedene alternativmedizinische Ansätze ausprobiert, bis es ihm/ihr schließlich gelingt, die Krankheit «zu besiegen».

Betrachten wir dagegen die mittelalterliche Krankheitsgeschichte des «armen Heinrich». Dies ist nicht die Darstellung eines triumphalen Siegs über den Aussatz. Auch der arme Heinrich wollte zunächst um jeden Preis wieder gesund werden, er konsultierte einen Arzt nach dem anderen und war für die Wiederherstellung seiner Gesundheit alles zu tun bereit. In seinem Egoismus wollte er sogar das Opfer eines gesunden jungen Mädchens annehmen, das an seiner Statt hätte sterben müssen. Doch sein Reifeschritt und das Ende dieser Geschichte besteht darin, daß Heinrich auf dieses Opfer und damit auf seinen Wunsch nach Gesundheit verzichtet. Er nimmt sein Leben in der reduzierten Form an. So gewinnt er immerhin durch die Liebe des Mädchens in der Zeit, die ihm bleibt, eine neue Lebensqualität.

Nur selten finden wir heute Erfahrungsberichte, die davon erzählen, wie man es lernt, sich mit einer Krankheit zu versöhnen, sie als Teil des eigenen Lebens anzunehmen. «Gesundheit kann mit gutem Grund auch als Fähigkeit verstanden werden, mit Schädigungen und Behinderungen leben und letztlich sogar den Tod in das Leben integrieren zu können», erklärt von Engelhardt.[33] Diese Fähigkeit läßt sich erlernen, und in diesem Sinne haben wir tatsächlich einen großen Einfluß auf unsere so verstandene Gesundheit. Nicht indem wir Krankheit und Leid um jeden Preis zu verhindern oder zu beseitigen suchen, sondern indem wir lernen, ihnen einen Sinn für unser Leben zu geben, sind wir Schmiede unseres Glückes.

Doch wir ziehen Geschichten von großen Siegen und Triumphen über Krankheit und Behinderung vor. Am liebsten lesen wir, so H. E. Richter, von «blinden Marathonläufern und beinamputierten Alpinisten», weil solche Beispiele uns in der grandiosen Phantasie unserer eigenen Unzerstörbarkeit bestätigen, weil sie den Willen feiern, für den scheinbar nichts unmöglich ist. «Keine Not, so scheinen diese Helden zu beweisen, ist schlimm genug, um nicht doch die Rückkehr zu Größe, Potenz und Fitneß demjenigen zu ermöglichen, der sich nicht unterkriegen läßt».[34]

Unser Machbarkeitswahn, der «Gotteskomplex» unserer Kultur, nährt die Illusion, «... Tod und Krankheit irgendwann endgültig durch Vernichtung des letzten schädlichen Außenfeindes besiegen zu können».[35] Ständig suchen wir nach Ursachen für Krankheiten, für den Tod, die rechtzeitig hätten erkannt und, sobald erkannt, auch erfolgreich hätten bekämpft werden können. «Unerträglich wäre die Auskunft des Pathologen: Hier ist ein Mensch einfach nur gestorben, weil er eben sterben mußte. Gerade weil alles mit rechten Dingen zugegangen ist, ist er gestorben. Er ist allen vermeidbaren Schädigungen ausgewichen. Er hat sich allen möglichen Impfungen zur rechten Zeit unterzogen. Er hat hygienisch gelebt. Jetzt hat er sein Leben ordnungsgemäß beschlossen, wie es sich gehört».[36]

Was uns heute fehlt ist, ganz banal, die Anerkennung der Tatsache, daß Krankheit und Tod notwendiger Bestandteil des Lebens sind. Man wird krank, weil es eine Eigenschaft alles Lebendigen, alles Organischen ist, krank werden zu können. Man stirbt, weil der Tod als Keim von Anfang an in allem Lebenden enthalten ist. Montaigne bringt das treffend zum Ausdruck, wenn er sagt: Du stirbst nicht, weil du krank bist, du stirbst, weil du lebst.[37]

«Das Schicksal ist ein Wirbelwind,
ein armes Blatt das Menschenkind.
Es treibt's zu Tal, es hebt's zum Hügel –
das Blättchen rühmt sich seiner Flügel.»
Hieronymus Lorm

«Deine Aufgabe ist es, die Rolle,
die dir zuerteilt wurde,
gut zu spielen;
die Auswahl der Rolle
steht einem anderen zu.»
Epiktet

9. Warum mußte das geschehen?
Deutungsversuche für individuelle Schicksalsschläge

Heute drängt sich uns der Begriff Schicksal wohl am ehesten auf, wenn es um Krankheit geht – um schwere, chronische, unheilbare oder finale Krankheiten, bei uns selbst oder nahen Angehörigen, um Unfälle mit irreversiblen gesundheitlichen Folgen, die nicht nur für die Unfallopfer, sondern auch für die, die sie verursacht haben, zu scharfen Lebenszäsuren werden können.

Auch Behinderungen werden als Schicksalsschläge erlebt. Sind sie angeboren, dann sind es zunächst die Eltern des Kindes, die mit einem Schock fertig werden müssen, während die Betroffenen selbst von Anfang an mit den vorgegebenen Einschränkungen zu leben lernen und meist besser damit zurecht kommen als Menschen, die erst später in ihrem Leben, sei es ganz plötzlich, sei es allmählich fortschreitend, zu Behinderten werden. Für die Angehörigen wird es zum Schicksal, wenn ein Partner, ein Kind oder ein Elternteil pflegebedürftig wird und ständig der Hilfe bedarf. Der Einbruch von Gewalt in das eigene Leben ist eine schicksalhafte traumatische Erfahrung: in eine Schlägerei zu geraten, überfallen, zusammengeschlagen, ausgeraubt oder das Opfer einer Vergewaltigung zu werden. Schweres Leid kann es auch bedeuten, wenn man hilflos zusehen muß, wie nahestehende Menschen mit ihrem Leben nicht fertigwerden und an persönlichen Krisen zugrunde gehen; wenn sie drogen- oder alkoholabhängig werden, in Depressionen versinken oder auf kriminelle Abwege geraten. Die Begegnung mit dem Tod ist das ultimative Schicksal: sei es der Tod der Eltern, während wir noch jung sind, später der des Lebenspartners oder vielleicht der eines eigenen Kindes. Eines Tages werden wir vielleicht durch eine unheilbare Krankheit auch mit dem eigenen nah bevorstehenden Tod konfrontiert.

All diese Ereignisse haben miteinander gemeinsam, daß vor ihnen der Machbarkeitswahn versagt. Sie strafen die Ideologie des unaufhörlichen individuellen und sozialen Fortschritts Lügen. Sie entlarven unseren naiven Glauben daran, daß wir unser Leben unter Kontrolle haben, daß für uns alles immer noch besser, größer, schöner wird, wenn wir es nur richtig anstellen, als dümmliche Verblendung, bestenfalls als eine kindliche Illusion.

Ein Mensch, den ein Schicksalsschlag trifft, wird mit Wucht auf die Frage nach dem Warum verwiesen. Warum gerade ich? Warum bin ich an Krebs erkrankt? Warum muß ich taub werden, erblinden? Warum wurde mein Gesicht entstellt? Warum habe ich ein behindertes Kind geboren? Warum mußte ausgerechnet mein Mann sich umbringen? Warum mußte meine Tochter tödlich verunglücken oder mein Sohn nach dem Unfall querschnittsgelähmt bleiben? Das sind Fragen, auf die wir nur im Rahmen eines religiösen oder philosophischen Weltverständnisses Antwort finden können. Typisch für unsere Zeit und unsere Kultur ist es, daß die meisten Menschen mangels einer religiösen Orientierung mit ihrem Warum auf der Ebene der äußeren Ursachen steckenbleiben, daß sie in ihrer Verzweiflung Verantwortliche und Schuldige suchen müssen, am liebsten andere, notfalls auch sich selbst, denen man das Geschehen anlasten kann. Hinter solchen zwanghaften Erklärungsversuchen steckt die wahnhafte Vorstellung, das Unglück und das Leid hätten sich vermeiden lassen können, wenn keine Fehler gemacht worden wären.

Haben die Ärzte bei der Geburt meines Kindes etwas falsch gemacht? Wurde bei meiner Operation vielleicht etwas übersehen oder verschlampt, hat man mich nachlässig behandelt? Hätte das richtige Medikament oder eine bessere psychotherapeutische Betreuung den Selbstmord des Mannes oder Kindes verhindern können? Habe ich wichtige Anzeichen eines nahenden Herzinfarkts bei meinem Partner übersehen? Hätte ich nur meinem Sohn an diesem Abend das Auto nicht überlassen – dann lebte er jetzt noch!

Wir sind es so gewohnt, ständig in vereinfachenden Ursache-Wirkungs-Zusammenhängen zu denken, daß wir auch da noch auf sie zurückgreifen und uns an ihnen festbeißen, wo das Aufdecken äußerer Ursachen eigentlich völlig irrelevant ist, weil es keinerlei Hilfe bei der Bewältigung eines schrecklichen Geschehens bietet. Statt dessen brauchten wir ein Weltverständnis, das uns hilft, Geschehenes zu akzeptieren, einfach weil es geschehen ist, und es fruchtbar in unser weiteres Leben zu integrieren.

Wenn eine Naturkatastrophe mit zerstörerischen Auswirkungen viele trifft, stellt sich die Frage nach dem individuellen «Warum gerade ich?» nicht mit derselben Schärfe. Natürlich sucht man auch hier nach Verantwortlichen. «Warum sind wir nicht rechtzeitig vor dem Vulkanausbruch gewarnt und evakuiert worden? Warum haben uns die Experten oder die Politiker nicht darauf hingewiesen, daß es gefährlich ist, in dieser Gegend zu siedeln? Warum hat man keine Schutzvorkehrungen gegen das Hochwasser getroffen? Warum wurden unsere Häuser nicht erdbebensicher gebaut?» Doch bei größeren Unglücksfällen und vor allem bei Naturereignissen begreift man eher, daß es nicht sonderlich sinnvoll ist zu fragen: Warum gerade ich? Warum mußte der Vulkan ausgerechnet jetzt ausbrechen? Warum hat gerade hier ein schweres Erdbeben stattfinden müssen? Das sieht ganz anders aus, wenn ein schreckliches Geschehen, ein Autounfall etwa oder eine schwere Krankheit, nur mich allein trifft.

Bin ich allein betroffen, dann stellt sich die Sinnfrage viel dringlicher, und noch stärker ist der Drang, Schuldige auszumachen. − Vielleicht hängt das Bedürfnis der Schuldzuschreibung an andere mit der Angst zusammen, sich selber schuldig fühlen zu müssen, falls kein anderer verantwortlich gemacht werden kann. Wir verbohren uns in den Gedanken: Alles hat eine Ursache − also muß auch hier irgendwer schuld sein. Wenn irgend jemand irgend etwas Entscheidendes im Vorfeld anders gemacht hätte, dann hätte es nicht zu dieser Katastrophe kommen müssen.

Natürlich gibt es viele Unglücksfälle, die von anderen Menschen verursacht, und auch solche, die zumindest teilweise von den Betroffenen selbst mit ausgelöst wurden. Doch daneben gibt es auch solche, für die sich keine menschlichen Verantwortlichen und Schuldigen benennen lassen. Sie geschehen einfach.

Ein schwerer Verkehrsunfall − das ist es, was den meisten Menschen bei uns heute als erstes einfällt, wenn sie an einen plötzlichen Schicksalsschlag denken. Arno Bohlmeijer, ein niederländischer Schriftsteller, hat so etwas erlebt und überlebt. Er saß am Steuer des Familienwagens, als dieser in der Nacht an einer Straßenbaustelle von der Fahrbahn abkam. Er hat nach dem Unfall selber keinerlei Erinnerung an die Einzelheiten. «Viele haben es mir später erzählt: In Warnsveld berühre ich vor den ersten Häusern eine Trennschwelle, versuche gegenzusteuern oder verliere die Herrschaft über das Fahrzeug, gerate von der Straße ab und pralle frontal gegen einen Baum. Es ist der einzige Baum auf der Wiese. Augenzeugen rufen den Notarzt.»[1]

Er selbst, seine Frau und die beiden Töchter Rozemarijn und Phebe werden schwer verletzt aus dem Autowrack geborgen. Arno Bohlmeijer kommt mit ein paar Rippenbrüchen und einem Lungenriß davon; die neunjährige Rozemarijn hat einen komplizierten Armbruch erlitten, ist aber von Anfang an bei Bewußtsein; die sechsjährige Phebe ist längere Zeit bewußtlos und findet nach einer Gehirnquetschung nur mühsam in die Wirklichkeit zurück. Seine Frau Marjan aber liegt zehn Tage lang im Koma, bevor sie an ihren schweren inneren Verletzungen stirbt.

Arno Bohlmeijer hat in einem tagebuchartigen Bericht die vier Wochen zwischen dem Unfall und der Entlassung aus dem Krankenhaus beschrieben: Der Bericht ist sein Versuch, mit dem Schock fertigzuwerden, die Realität zu begreifen. Er registriert die Desorientierung, als er wieder zu sich kommt, seine Schmerzen, die Sorgen um das Wohlergehen seiner Frau und der Töchter, deren psychische Reaktionen auf den Unfall, die Besuche der Freunde, die große Zuwendung und die vielen Liebesdienste, die sie der verunglückten Familie erweisen. Die beiden Mädchen sind im selben Krankenhaus untergebracht wie er; Marjan schwebt in einem anderen zwischen Leben und Tod.

Die Frage nach den Ursachen taucht schon ganz am Anfang in ihm auf, als er noch nicht wieder sprechen kann und für eine Freundin Buchstaben auf die Decke malt: «Meine Schuld?» fragt er auf diese Weise. Sie schüttelt den Kopf. Später scheint er die Frage nach seiner eigenen Verantwortung für das Geschehen weitgehend zu verdrängen: «Für viele muß es eine große Erleichterung sein: Nach den Erkenntnissen der Polizei war die Trennschwelle an dieser Kreuzung unzureichend markiert; ich bin nicht zu schnell gefahren, und das Auto war in einwandfreiem Zustand.»[2] «Für viele» war diese Erkenntnis erleichternd? Was ist mit ihm selbst?

Die neunjährige Tochter Rozemarijn ist es, die ihn mehrfach mit seiner Rolle bei dem tragischen Geschehen konfrontiert. Sie hat anscheinend mitbekommen, daß er sich unmittelbar vor dem Unfall nach hinten zu den Kindern umgedreht hat. Er habe Witze erzählt, berichtet sie anderen. Als sie von ihm erfährt, daß ihre Mutter sterben wird, ist sie wütend auf ihn: «‹Das will ich nicht ... Warum hast du dann einen Unfall gemacht?› ‹Das habe ich nicht getan»», erwidert er. «Ein Unfall geschieht.»[3] Später wiederholt sich diese Auseinandersetzung noch einmal. Warum er sich umgeschaut habe? will Rozemarijn von ihm wissen, aber er kann sich daran nicht erinnern. «‹Davon weiß ich nichts mehr. Aber wenn man Auto fährt, tut man das des öfteren, aus verschiedenen Gründen.› ‹Aber nicht, wenn eine Kurve kommt›, ruft Rozemarijn aus ... ‹Es war dumm von mir. Aber manchmal kann man nichts machen. Ich habe es nicht getan, es ist uns passiert. Es könnte doch sein, daß du oder Phebe mich etwas fragten ... oder daß ihr Unfug machtet ... Man kann es furchtbar dumm finden, aber es ist niemandes Schuld.»[4] – Die Tochter formuliert in diesem Fall die Fragen, die sich der Autor selbst nicht zu stellen wagt, die er vielleicht so kurz nach dem traumatischen Geschehen noch gar nicht nah an sich heranlassen kann. Es gibt eine Ursache für diese Katastrophe; er war der Verursacher, weil er am Steuer saß; er kann die Verantwortung auf niemand anderen abwälzen als auf die schlechte Sicht, die unzureichend markierte Bohle. Doch das Gefühl der Verantwortung ist in diesem Fall so unerträglich, daß er sich auf ein unpersönliches Schicksal beruft: «Ich habe es nicht getan, es ist uns passiert.» Und damit hat er auf eine Art auch recht.

Bei einem Schicksalsschlag ganz anderer Art, der Angelika-martina Lebeus traf, sind die Ursachen kaum zu benennen, und trotzdem muß sie anfangs immer wieder danach suchen. Sie brachte ein mongoloides Kind zur Welt und hat diese schwierige Erfahrung in ihrem Buch «Liebe auf den zweiten Blick»[5] beschrieben. Schon während der Schwangerschaft fürchtete sie sich davor, es könne mit ihrem Kind etwas nicht in Ordnung sein. Doch alle Freundinnen und Bekannten finden ihre Ängste unangemessen: «Fast alle Kinder kommen gesund zur Welt. Du bist gesund. Deine Familie ist gesund. Genauso dein Mann und seine Familie. Was soll da schon passieren?»[6] – So wird aus dem, was statistisch normal ist, eine Scheinsicherheit und so etwas wie ein Recht auf ein gesundes Kind abgeleitet.

Die Geburt ist schwer und dauert lange, und als die junge Mutter endlich den ersten Blick auf die Tochter Klarissa werfen kann, überfällt sie gleich ein tödlicher Schrecken, weil das Baby «irgendwie anders» aussieht. Ein Teil von ihr will es noch nicht wahrhaben, Krankenschwester und Ärzte vertrösten sie unbestimmt – erst mal abwarten, erst mal genauer untersuchen – aber eigentlich weiß sie es von Anfang an: Ihre Tochter wurde mit dem Down-Syndrom geboren. Angelika Lebeus hatte während ihrer

Berufsausbildung ein Praktikum in einem Heim für geistig Behinderte abgebrochen, eine andere Stelle gesucht, weil sie die Arbeit dort psychisch nicht aushielt. «Doch nun war ich in einer furchtbaren Umkehrung gerade zu jenem gelangt, dem ich hatte entfliehen wollen.»[7] Das ist eine altmodische, geradezu antike Beschreibung von Schicksal.

In den ersten Tagen nach der Geburt wünscht sie sich den Tod ihres Kindes. Während die anderen Mütter auf der Entbindungsstation vor Glück überströmen, muß sie unaufhörlich weinen. Sie liegt schlaflos und kann immer nur «Warum?» denken. «Warum ist das geschehen? Warum mein Kind? Warum gerade ich?»[8]

Sie erinnert sich an die unbestimmten Ängste während der Schwangerschaft. «‹Ich hatte immer das Gefühl, mit dem Kind stimmt was nicht,› sagt sie zu ihrem Mann. ‹Vielleicht hast du es herbeigedacht.› ‹Man kann es nicht herbeidenken. Es passsiert in den ersten Momenten des Lebens»».[9] Noch immer existiert die Vorstellung, man könne schreckliche Ereignisse schon dadurch herbeiführen, daß man sie sich bloß vorstellt – ein eigentlich primitives magisches Denken, das jedoch heute wieder weit verbreitet ist (vgl. Kap. 6).

Dann beginnt die Suche nach den Schuldigen. Es kann nur aus deiner Familie kommen, hört Angelika Lebeus von den Verwandten ihres Mannes, «denn bei uns ist so etwas noch nie aufgetreten». Aber es ist nicht erblich! erklärt sie ihrem Mann. Möglicherweise kommt es von den Medikamenten? vermutet der. Oder vielleicht war es irgendein Umweltgift, in der Luft oder in den Lebensmitteln? denkt sie. Vielleicht waren es auch genetische Schädigungen durch die überirdischen Atomversuche, die während ihrer Kindheit, in den 50er Jahren, noch häufig stattfanden?[10]

Angelika Lebeus kommt für sich bald zu dem Ergebnis: Selbst wenn wir wüßten, warum – das hilft uns auch nicht weiter. Doch ihr Mann kann die Suche nach Verantwortlichen nicht so bald aufgeben. Voller Bitterkeit ruft er den Frauenarzt an, der sie während der Schwangerschaft betreut hat, und «bedankt sich für das Kind, zu dem er uns verholfen hat». «Aber warum?» fragt seine Frau. «Weil er dir nicht die Amniozentese gegeben hat. Ich habe ihm vorgehalten, daß er schuld ist, wenn wir nun so ein Kind haben».[11] Der angegriffene Frauenarzt rechtfertigt sich mit dem Hinweis, daß bei dem Alter der Mutter (sie war erst achtundzwanzig) kein erhöhtes Risiko für ein mongoloides Kind bestanden habe und eine Fruchtwasseruntersuchung deswegen nicht angezeigt gewesen sei.

Hier wird der heutige allgemeine Anspruch an die Medizin deutlich: Man glaubt, ein Recht auf ein gesundes Kind zu haben. Bekommt man es nicht, müssen die Ärzte einen Fehler gemacht haben.

Angelika Lebeus lernt es, ihr Kind «auf den zweiten Blick» zu lieben, das Erschrecken in der Augen der Umwelt zu ertragen, keine Scham mehr zu empfinden, ihr Kind anzunehmen, wie es ist, sich an seinen ganz persönlichen Entwicklungsschritten und an seiner Lebensfreude zu freuen. Aus der Frage «Warum ich?» wird die akzeptierende Frage «Warum ich nicht?» «Neben dem Kind sah ich plötzlich andere wahrhaft Leidende: Gefangene, Gefolterte, Hungernde, ständig um ihr Leben Bangende und unendliche Scharen Schmerzgeplagter. Gemessen daran, schien mein Anteil am Leid der Welt eher gering und erträglich. Obgleich die Einsicht nicht den Schmerz linderte, fand ich Antwort auf die Warum-ich-Frage. Und die lautete: Warum ich nicht? ... Warum sollte ich nicht hinnehmen können, was mir geschehen war und was Tag für Tag immer wieder geschieht in allen Ländern und Völkern und zu allen Zeiten?»[12]

Dies ist letzlich die einzig mögliche und reife Antwort auf einen schweren Schicksalsschlag, und wenn man einmal zu ihr gelangt ist, kann man alle seine Kräfte auf das Leben unter den neuen Bedingungen konzentrieren.

Auf der einen Seite gibt es den Schicksalsschlag als den plötzlichen Blitz aus heiterem Himmel, auf der anderen Seite als das langsame Heranschleichen eines großen Schreckens. Das eine bedeutet Schock, existentielle Verunsicherung, einen Fall ins Bodenlose, eine zerschmetterte Identität, die mühsam neu zusammengebaut werden muß. Das andere erlaubt, je nachdem, die Auseinandersetzung mit dem Schicksalsgegebenen in Wellen; meist wechseln Phasen des Hin- und des Wegschauens, des Leugnens und des Erkennens einander ab; man geht Schritte vor und zurück, ist zerschmettert und hofft dann erneut, manchmal wider besseres Wissen; die Verarbeitung der neuen Situation und die Veränderung der eigenen Person in der Krise vollziehen sich allmählich, in Schüben.

Das Wissen, an Krebs erkrankt zu sein, bedeutet für die Betroffenen und ihre Angehörigen einen solchen langsam heranschleichenden Schrecken. Die Krebsdiagnose mag manches Mal als Schock wie aus dem heiteren Himmel kommen, wenn der Mensch sich noch gar nicht krank fühlte; ihr folgt eine Phase des Versuches, das Unbestimmte, schwer Faßbare, Angstmachende allmählich zu begreifen. Niemand, auch die Ärzte nicht, können genau wissen, wie lange der erkrankte Mensch noch zu leben hat. Niemand kann außerdem wissen, welche Lebensqualität die noch verbleibende Zeitspanne für ihn enthalten wird.

Die Krebsdiagnose ist nur ein besonders spektakuläres Beispiel für ein langsam heranschleichendes schweres Schicksal. Weil diese Krankheit so besonders gefürchtet und mystifiziert ist, ist dem Umgang mit ihr ein eigenes Kapitel (Kap. 10) gewidmet.

Es gibt auch die scheinbar kleineren, in Relation zum baldigen Tod weniger ultimativen Schrecken. In seinem bemerkenswerten Buch «Im Dunklen sehen» beschreibt der englische Universitätsdozent John Hull seine Erfahrung, blind zu werden. Mit dreizehn Jahren erkrankt er an grauem Star und verliert die Sehkraft auf einem Auge; Ende vierzig ist er vollständig erblindet. Niemand kann für dieses unerbittliche, langsam fortschreitende Schicksal verantwortlich gemacht werden. Er unterzieht sich immer wieder neuen Operationen, die nur vorübergehend unwesentliche Besserung bringen auf seiner allmählichen Reise ins Dunkel. John Hull liest zunächst mit Lupen, die immer größer und schwerer werden; er versagt sich das Lesen von Romanen und spart seine Sehkraft für die Arbeit auf; seine Vorlesungsstichworte schreibt er immer größer mit dickem Filzstift, beschränkt sich dabei auf immer weniger und wesentliche. Als sein erstes Kind aus zweiter Ehe geboren wird, ist er bereits als Blinder registriert, und er macht sich voll Trauer klar, daß er nie wissen wird, wie dieses Kind aussieht. Seine wertvollen Arbeitsnotizen, in vielen Jahren angehäuft, sind ihm nicht mehr zugänglich. «1983 verblaßten die letzten Lichtwahrnehmungen, und die dunklen Scheiben hatten mich schließlich besiegt. Tapfer, wie ich meine, aber erfolglos hatte ich sechsunddreißig Jahre gegen sie angekämpft. Damals begann ich, in den tiefen Ozean zu versinken, und erfuhr schließlich, wie sich der Fels auf der anderen Seite der Verzweiflung anfühlt.»[13]

Vermutlich ist es leichter, blind geboren zu werden als allmählich zu erblinden; andererseits erleichtert ein langsamer allmählicher Prozeß die Anpassung an die sich verändernden Verhältnisse. John Hull besaß immerhin einen großen inneren Reichtum an Bildern und Gedanken und trotz seiner Blindheit die Möglichkeit, sie auszudrücken, wunderbare Einsichten und Erkenntnisse, die er anderen mitteilen konnte. Das bewahrte ihn nicht vor dem Meer der Verzweiflung und immer wieder neuen tiefen Abstürzen in die Depression. Erst nach viereinhalb Jahren Blindheit, sagt er, sei die Periode des Trauerns für ihn vorüber gewesen.[14]

Blindheit, Taubheit, zunehmende Unbeweglichkeit, Gedächtnisverlust – unter Umständen kann auch der ganz gewöhnliche Alterungsprozeß ein Kampf mit solchen langsam heranschleichenden Schrecken werden.

Wer an Multipler Sklerose erkrankt ist, lebt immer in der Angst vor dem nächsten Krankheitsschub, der fortschreitende Lähmung bedeuten kann, lebt immer in der Hoffnung, daß er nicht eintreten möge, und immer in der tapferen Anpassung an irreversible Einschränkungen, die bereits erfolgt sind. Wer dagegen bei einem Unfall eine Querschnittslähmung davonträgt, wird von heute auf morgen zum Schwerbehinderten.

Viele reservieren den Ausdruck «Schicksalsschlag» für solche plötzlich über uns hereinbrechenden furchtbaren Geschehnisse. Jean-Dominique Bauby war 43 Jahre alt, Chefredakteur der französischen Frauenzeitschrift ELLE, ein einflußreicher und erfolgsgewohnter Mann, als ihn ein plötzlicher Hirnschlag vollständig lähmte. Als er nach drei Wochen Koma zu Bewußtsein kam, konnte er kein Glied seines Körpers mehr bewegen, nicht mehr sprechen und mußte künstlich ernährt werden. Seine Fähigkeiten wahrzunehmen, zu denken und zu fühlen, waren dabei aber vollkommen unbeeinträchtigt.

Gewöhnlich kann die Umwelt in solchen Fällen nur mutmaßen, ob die Betroffenen sich ihrer Lage bewußt sind und was in ihnen vor sich geht. Jean-Dominique Bauby verfügte glücklicherweise noch über die Fähigkeit, mit dem linken Augenlid willkürlich zu blinzeln; eine Krankenschwester zeigte ihm, daß er auf diese Weise, wenn sein Gegenüber das Alphabet aufsagte, Buchstaben markieren konnte. Diese wurden auf einem Zettel notiert, bis sich Worte ergaben. Auf diese Weise gelang es Bauby, nicht nur elementare Dinge mitzuteilen, sondern auch im Zeitlupentempo innerhalb eines Jahres einer Sekretärin das schmale Buch «Schmetterling und Taucherglocke» zu diktieren: Nachrichten aus der «Taucherglocke», einem Reich, aus dem sonst nichts mehr zu uns dringt. «Mein Leben (ist) am Freitag, den 8. Dezember 1995 aus den Fugen geraten. Bis dahin hatte ich nie etwas vom Hirnstamm gehört. An jenem Tage habe ich mit voller Wucht dieses Hauptteil unseres Bordcomputers entdeckt, die wesentliche Verbindung zwischen dem Gehirn und den Nervenenden, als ein Herz-Kreislauf-Zusammenbruch den besagten Stamm abschaltete. Früher wurde das Hirnschlag genannt, und man starb ganz einfach daran. Der Fortschritt der Reanimationstechnik hat die Strafe verfeinert. Man übersteht es, aber in einem Zustand, den die angelsächsische Medizin so treffend *locked-in syndrome* getauft hat ...»[15]

«Zuerst wollte ich glauben, es sei nichts passiert. In dem halbbewußten Zustand, der dem Koma folgt, sah ich mich schon bald, bloß vielleicht auf Krücken, in den Pariser Trubel zurückkehren.»[16] Doch dann entdeckt er das volle Ausmaß des Schreckens: Für die anderen ist er «zu Gemüse geworden»,[17] «zu einem Quallendasein herabgemindert».[18] Er muß erkennen, daß sein Zustand von Dauer sein wird, daß «dieser schlaffe, aus den Fugen geratene Körper ... mir nur noch gehörte, um mich zu quälen».[19] Das Größte, was er hoffen darf, würde darin bestehen, wieder einmal mit den Zehen wackeln oder sich ohne Magensonde ernähren zu können.

Auf diesem Hintergrund möchte man einen düsteren Bericht erwarten. Doch Baubys «Tagebuch seines Reisens auf der Stelle»,[20] seine Beobachtungen über den Alltag im Krankenhaus, seine Erinnerungen an frühere Tage, seine Gedanken über die Menschen, die ihn besuchen, und die vielen mißlichen Situationen, in die er als total hilfloser Mensch gerät, sind leicht, fast geplaudert, feinsinnig, nachdenklich, oft sogar heiter, wie schwerelos über den Erscheinungen des Alltags schwebend, ohne das Gräßliche seiner Lage zu verdrängen oder zu leugnen. Die kleinsten Alltagsereignisse gewinnen große Intensität und entfalten ein inneres Leuchten. Das scheint es zu sein, was noch zählt, wenn ein Leben all seiner äußeren Möglichkeiten beraubt wird. – Bauby starb wenige Tage nach der Veröffentlichung seines Buches.

Die allmählich fortschreitende Blindheit von John Hull, der plötzliche Hirnschlag von Jean-Dominique Bauby sind Schicksal, das ertragen, erlitten werden muß. Es gibt keine Verursacher oder Schuldigen, die man verantwortlich machen kann. Beide befassen sich nicht mit der unsinnigen Frage nach dem Warum, dem «Warum ich», sondern beschränken sich darauf, dem furchtbaren Geschehen für sich einen Sinn zu geben, indem sie ihren veränderten Blick auf das Leben beschreiben, die neuen Einsichten, zu denen die persönliche Katastrophe sie führte.

Es ist nicht einfach zu entscheiden, was schlimmer zu ertragen ist: eigene schwere Krankheit oder der Tod nahestehender geliebter Menschen. Zu den schrecklichsten Ereignissen, die das Leben für einen bereithalten kann, gehört wohl der Tod eines eigenen Kindes. Dies ist besonders dann der Fall, wenn es sich um das einzige Kind handelt oder wenn keine Chance mehr besteht, ein weiteres Kind zu bekommen.

Der Verlust eines Kindes im Kleinkind- oder Jugendalter wird, egal, ob es sich um Unfall oder Krankheit handelt, immer als ein «unnatürlicher Tod» erlebt. Er bedeutet so etwas wie den Verlust der eigenen Zukunftsperspektive für die Eltern. Es ist, als wäre ein Teil von ihnen selbst gestorben, vielleicht der hoffnungsvollste, weil er auf eine Zukunft verwies, in der noch alles möglich schien. Meistens löst der Tod eines Kindes auch heftige Schuldgefühle bei den Eltern aus, die sich vorwerfen, das Kind, das sie in die Welt setzten, nicht genug vor den Gefahren des Lebens beschützt zu haben.

So empfindet die Schriftstellerin Maxie Wander, deren Tochter Kitty tödlich verunglückte, als sie in eine ungesicherte Baugrube stürzte, nicht nur Verzweiflung, sondern sie macht sich selber auch schwere Vorwürfe: «Aber ich bin schuld an dem Tod meiner Tochter! Hab im Garten ein Buch gelesen, hab mich auf diese blöde London-Reise vorbereitet, anstatt auf das Kind zu achten, das begierig war, zu dieser schrecklichen Grube zu kommen, zu seiner waghalsigen Kletterübung.»[21] Diese Selbstvorwürfe sind weit hergeholt; Kitty war kein Kleinkind mehr, das der ständigen Aufsicht bedürft hätte. Maxie Wander brauchte viele Jahre, um aus der depressiven Lebensstimmung, die dieser Schicksalsschlag auslöste, wieder herauszufinden.

Der Tod eines Kindes bedeutet oft eine schwere Belastung für die Partnerschaft der Eltern. Manche Paare wachsen in der Trauer zusammen, andere zerbrechen daran, daß einer den Kummer oder die Selbstanklagen des anderen nicht mehr ertragen kann. Meist sind es die Mütter, die extremer trauern, die den verdrängenden Vätern Gleichgültigkeit vorwerfen. Sie fühlen sich stärker mit ihrem Schmerz und den Gedanken an das tote Kind als mit dem Partner verbunden; es kommt zu wechselseitiger Bitterkeit und Entfremdung.

Wenn ein Kind an einer schleichenden Krankheit sterben muß, wird es nicht selten von den Eltern idealisiert. Zu einer kleinen Heiligenfigur stilisiert die Mutter Christel Zachert ihre 15jährige Tochter Isabell, die über ein Jahr lang tapfer mit ihrer Krebskrankheit lebt, bis sie daran stirbt. Auch die Idealisierung ist ein Versuch, Trauer und Verlust erträglicher zu machen – allerdings eine, die das betroffene Kind überfordern kann.[22]

Wie der sprichwörtliche Blitz aus heiterem Himmel wird der plötzliche Kindstod empfunden, das rätselhafte Sterben von Kindern im ersten Lebensjahr. Völlig unvorhersehbar, ohne besonderen Anlaß trifft er Säuglinge im Schlaf, die anscheinend völlig gesund waren und sich normal entwickelten, gehäuft zwischen dem 3. und 5. Lebensmonat. Plötzlich kommt es zu einem Atemstillstand. Über die Ursachen ist viel spekuliert und auch geforscht worden, aber sie können immer noch nicht eindeutig spezifiziert werden: Vermutlich handelt es sich um eine Störung oder Unreife des zentralen Nervensystems. Häufig, aber keineswegs immer, ist dem plötzlichen Kindstod eine Infektion der oberen Atemwege vorausgegangen. Besonders gefährdet sind Frühgeburten; auch die Bauchlage beim Schlafen, die lange Zeit empfohlen wurde, scheint ein Risikofaktor zu sein, ebenso wie überheizte Räume und zu warme Kleidung. Die Babys von Raucherinnen sind überproportional häufig betroffen, und mehr Jungen als Mädchen sterben am plötzlichen Kindstod.

Die betroffenen Eltern erleiden, eben wegen der Plötzlichkeit und Unerklärlichkeit des Geschehens, einen schweren Schock. «Das Schlimmste ist, nicht zu wissen, warum überhaupt mein Kind gestorben ist, nicht zu wissen, was da vor sich gegangen ist ... Wenn jetzt ein Kind krank ist oder so, kann man das irgendwie anders verstehen», sagt eine Mutter.[23] Weil es sich um einen unerklärlichen Tod handelt, kommt die Polizei; der Arzt muß eine Fremdeinwirkung duch Gewalt ausschließen. Auch die Umwelt hilft den Eltern oft nicht besonders bei der Verarbeitung des traumatischen Geschehens. Prinzipiell hält man Babys für ersetzbarer, findet ihren Tod nicht ganz so schlimm wie den von größeren Kindern oder Erwachsenen mitten im Leben. Sie waren ja erst ein Versprechen auf die Zukunft, hatten für Außenstehende noch kaum persönliche Gestalt angenommen. Die Eltern werden bald ein neues Baby bekommen, denken die Menschen in der Umgebung der Betroffenen; sie erwarten, daß diese schnell über den Verlust hinwegkommen. Wo das Phänomen des plötzlichen Kindstods unbekannt ist, kann es auch schon einmal zu häßlichen Unterstellungen kommen, die nur hinter der vorgehaltenen Hand angedeutet werden. «Die Nachbarn haben mit wilden Gerüchten reagiert. Zum Beispiel hat meine Mutter hintenrum gehört ... ‹denen war das dritte Kind zuviel, die wollten das loswerden ...›, so was in der Richtung.»[24]

Gerade weil beim plötzlichen Kindstod nur wenige kontrollierbare Risikofaktoren bekannt sind, gerade weil man sich vor ihm nicht hundertprozentig schützen kann, ist es interessant zu sehen, wie die Menschen mit einem solchen Ereignis, einem Schicksalsschlag par excellence, umgehen.

Da gibt es einmal den vehementen Versuch, doch noch entscheidende äußere Ursachen zu finden und Verantwortliche, die man zur Rechenschaft ziehen oder wenigstens anklagen kann. Diese Haltung bestimmt den Erfahrungsbericht von Ann Diamond, einer prominenten englischen Fernsehmoderatorin, deren dritter Sohn am plötzlichen Kindstod starb. Das Kind ist erwünscht, das Elternpaar lebt in einer gut funktionierenden Partnerschaft, ohne finanzielle Sorgen; der Vater kümmert sich gern mit um die Kinder – eine Bilderbuchfamilie. Der Beruf der Mutter erfordert nur sporadische Abwesenheit, und sie wird bei der Kinderbetreuung ständig durch eine Kinderfrau unterstützt. Ihr Sohn Sebastian, «Supi», ist eine Frühgeburt, und er hatte in den Tagen vor seinem Tod eine leichte Erkältung, die der Kinderarzt als Bagatelle ansah. An einem Abend wie jedem anderen bringt Ann Diamond Supi zu Bett, er lächelt vergnügt über die tanzenden Elefanten an seinem Bett, als sie ihn auf den Bauch zum Schlafen legt. «Ich erinnere mich noch genau an diesen Abend, weil mir alles so perfekt vorkam.»[25] Am nächsten Morgen, als sie nach dem Sohn sieht, findet sie ihn tot, schon kalt.

Sie will wissen: Warum mußte mein Baby sterben? Sie kann und will nicht akzeptieren, daß man die genauen Ursachen des plötzlichen Kindstods nicht kennt, an dem allein in England etwa 2000 Babys im Jahr sterben. Sie erfährt von einer großen Aufklärungskampagne in Neuseeland. Dort hatte man den Müttern geraten, ihre Kinder nicht auf dem Bauch schlafen zu legen, und dadurch halbierte sich in kurzer Zeit die vorher erschreckend hohe Rate der Todesfälle.

Damit hat Ann Diamond den Feind in ihrem Kreuzzug gegen den plötzlichen Kindstod gefunden. «... wieso wußten wir ... nichts davon? Und dann kam mir eine Frage, die sich mir wie eine Lanze ins Herz bohrte: Hätte ich Supi retten können?»[26] Warum gab es in Großbritannien keine öffentlichen Informationen darüber, daß das Schlafen auf dem Bauch für Babys gefährlich werden kann? Warum hat man ihr und anderen Müttern sogar dazu geraten? Warum gibt das Gesundheitsministerium solche Informationen nicht weiter? Sie klagt die Verantwortlichen an, läuft Sturm gegen das, was in ihren Augen eine unverantwortliche Schlamperei ist, stürzt sich mit Missionseifer in eine großangelegte englische Aufklärungskampagne, nutzt ihre Prominenz, um das Thema in die Öffentlichkeit zu bringen, dreht einen warnenden Fernsehspot. Ihre Arbeit bleibt nicht ohne Erfolg: Auch in England geht die Rate der Todesfälle durch den plötzlichen Kindstod zurück. «... jetzt gibt es zum erstenmal etwas, was wir Eltern dagegen tun können. Wir können den Killer besiegen».[27]

Doch ganz so einfach ist das nicht. Mit der Vorsichtsmaßnahme, Babys auf dem Rücken einschlafen zu lassen, hat Ann Diamond nur auf *einen* von vielen Risikofaktoren aufmerksam gemacht, sie hat damit keineswegs *die* Ursache für den plötzlichen Kindstod aufgedeckt: Hunderttausende von Babys schlafen auf dem Bauch oder drehen sich im Schlaf auf den Bauch, ohne zu sterben, umgekehrt gibt es auch bei der Rückenlage weiterhin plötzlichen Kindstod. Es gibt keinen hundertprozentigen Schutz gegen dieses Geschehen, nur sinnvolle Vorsichtsmaßnahmen. – Auch Ann Diamond läßt bei ihrem vierten Kind, dem Sohn, der nach Supi geboren wird, die Atmung im Schlaf von einem Monitor überwachen, um eine Wiederholung des Schrecklichen zu verhindern.

Neben dem Mechanismus, eine äußere Ursache zu suchen, gibt es gerade und besonders beim plötzlichen Kindstod auch die umgekehrte Schuldzuschreibung nach innen: diffuse Vorwürfe an die Mütter, die teils durch die Umwelt erfolgen, teils aber auch von den betroffenen Frauen selbst vorgenommen werden. Plötzlicher Kindstod, heißt es, komme überproportional häufig bei nichtehelich geborenen Kindern vor und bei Paaren, die in schlechten Beziehungen lebten. Psychoanalytische Studien unterstellen häufig eine latente oder unbewußte Feindseligkeit der Mutter gegenüber ihrem Baby: Das Baby würde daran ersticken, daß die Mutter ihm in ihrem Leben keinen wirklichen Raum geben wolle.[28] Man kann sich ohne weiteres vorstellen, wie die Konfrontation mit solchen Erklärungsmustern oder die Begegnung mit Fachleuten, die solche Theorien im Hinterkopf haben, auf die betroffenen Eltern wirken muß, wenn sie in einer Therapie Hilfe zur Verarbeitung des Traumas suchen.

Dabei neigen vor allem die Mütter ohnehin zu schrecklichen Selbstvorwürfen. «Man geht durch die Hölle mit seinen Schuldgefühlen, das ist Wahnsinn, was man sich alles für Vorwürfe macht und was man sich alles überlegt. Man geht im Prinzip jede Situation, die man mit dem Kind erlebt hat, durch, ob da nicht etwas verkehrt gelaufen sein könnte».[29]

Die Selbstzweifel können sich auf äußere Faktoren beziehen: War die Bettdecke zu schwer und hat das Kind sich darunter verfangen? Hätte ich mit dieser kleinen Erkältung sofort zum Kinderarzt gehen müssen? Lag es am Kinderbettchen? War es die alte Matratze, das Schaffell? Andere grübeln selbstquälerisch über mögliche Defizite in ihrer Beziehung zum Kind.

So macht sich Gabriele Michel nach dem plötzlichen Kindstod ihres Sohnes Vorwürfe, weil sie das Zusammensein mit dem Säugling manchmal auch als «mühsame Pflicht» empfunden habe. «Ob Jan gespürt hat, daß der Platz, den er in meinem Herz und in meinem Leben einnahm, begrenzt war? Zu wenig freier Raum für einen kleinen Menschen, der aufbrechen und sich ausdehnen will.

Ich werde es nie wissen.»[30] — Es handelt sich hier, wohlgemerkt, um ein euphorisch erwartetes erstes Kind in einer liebevollen Partnerschaft. Nachträglich hat Gabriele Michel Schuldgefühle, weil sie drei Monate nach der Geburt wieder gearbeitet und ihren Sohn zu einer Tagesmutter gebracht hat. Dort hat ihr Sohn beim Mittagsschlaf, auf einem breiten Bett direkt neben der Tagesmutter liegend, von ihr unbemerkt einfach aufgehört zu atmen. Obwohl sie der anderen Frau keinerlei Vorwürfe machen kann und macht, beschließt Gabriele Michel sofort, ein neues Kind, das sie gleich bekommen will, anderen Menschen nicht anzuvertrauen. Noch im zweiten Lebensjahr dieses zweitgeborenen Kindes hat sie Schwierigkeiten, es auch nur stundenweise an andere Menschen abzugeben. Überängstlichkeit und Überbemutterung, ein extremer Wunsch nach Kontrolle, kennzeichnen den Umgang mit dem nachgeborenen Kind im Säuglingsalter.

Wie viele andere Eltern, die einmal einen plötzlichen Kindstod erleben mußten, entschließen auch Gabriele Michel und ihr Mann sich während des ersten Lebensjahres zu einer ständigen Monitorüberwachung der Atmung ihres schlafenden Kindes. Das hat viele unerfreuliche Nebeneffekte. Dem Baby werden Elektroden angelegt, die jede längere Atempause an den Monitor melden, der dann Alarm gibt. Der Säugling bekommt schmerzende Hautausschläge von den Elektroden; man kann ihn nicht ohne weiteres aus dem Bettchen auf den Arm nehmen und knuddeln; der Körperkontakt ist eingeschränkt. Aber immerhin haben sie die Sicherheit: solange kein Alarm ertönt, lebt das Baby. Doch wenn einer ertönt, kann es schon zu spät sein. Ständige Fehlalarme, manchmal mehrmals pro Nacht, zerren an den Nerven der Eltern und machen ihr Leben mit dem Neugeborenen zum Dauerstreß. Aber der Kleine überlebt. Wahrscheinlich hätte er das auch ohne Monitor getan.

Die Monitorüberwachung ist Ausdruck des Versuchs, ein diffuses Risiko um jeden Preis zu kontrollieren. Man kann es den Eltern nicht verübeln, daß sie nach der traumatischen Erfahrung mit den nachgeborenen Kindern extrem ängstlich, vielleicht sogar hysterisch umgehen. Auch die psychologisierende Ursachenforschung – «ich habe mich nicht genug um mein Kind gekümmert, ihm nicht genug Raum zum Wachsen, Zuwendung und Aufmerksamkeit gegeben» – schafft nicht unbedingt positivere Entwicklungsbedingungen für folgende Kinder. Nervosität, Streß und Überbehütung sind keine wachstumsbejahenden Voraussetzungen. Und es gibt keinerlei Hinweis darauf, daß ein plötzlicher Kindstod bei einem Kind die Wahrscheinlichkeit dieses Vorkommens beim nächsten Kind größer macht. – So drückt der ganze technische Aufwand, auch die Weigerung, das Kind nur eine Minute aus den Augen zu lassen, nichts als einen hilflosen Kontrollversuch gegenüber dem Nichtkontrollierbaren aus – einen Kontrollversuch, der eben doch niemals alle Gefahren vom Kind abwenden kann und zugleich seinen Entwicklungsbedingungen abträglich ist.

Der Tod nahestehender Menschen bedeutet immer Begegnung mit dem Schicksal – weil er uns ein Stück einsamer zurückläßt, aber auch, weil er uns an die Zerbrechlichkeit unserer eigenen Existenz, an unsere Sterblichkeit erinnert. Besonders schwierig ist es, mit einem Suizid von Angehörigen fertigzuwerden. Jedes Jahr begehen in Deutschland mehr als 10 000 Menschen Selbstmord, mehr als es Tote im Straßenverkehr gibt – alle 45 Minuten tötet sich ein Mensch selber. Was immer ihn dazu bewogen hat – für ihn sind das Leben und sein Elend vorüber. Aber sein endgültiger Schritt wird zum schweren Schicksalsschlag für die, die ihm nahestanden: für Eltern, Ehepartner, Geschwister, Kinder, Freunde und Freundinnen.

Noch immer liegt auf der Selbsttötung ein schwerer Makel, der auf die Hinterbliebenen abfärbt. Manchmal offen, noch viel häufiger versteckt, werden sie von der Umwelt als mitverantwortlich für den Selbstmord angesehen. Solche Schuldzuweisungen sind viel stärker als bei jedem «normalen» Tod. Dabei haben die Eltern, Ehepartner, Geschwister und Kinder von Menschen, die sich das Leben genommen haben, ohnehin schon mit massiven Schuldgefühlen zu kämpfen – «Warum habe ich nicht gemerkt, daß er/sie sich umbringen will? Hätte ich es verhindern können, wenn ich mich intensiver gekümmert hätte?» Darüber hinaus erleben sie sich oft als gemieden von ihrer Umwelt, sie sind noch stärker isoliert, als dies schon bei «normalen» Trauernden der Fall ist. Bei der Bewältigung des in diesem Fall besonders intensiven Gemischs von Schuldgefühl, Trauer und Wut («Warum hat er/sie mir das angetan? Wenn er/sie mich mehr geliebt hätte, sich in unserer Ehe/Familie aufgehoben gefühlt hätte, hätte er/sie sich bestimmt nicht umgebracht») erfahren die Angehörigen von Suizidopfern noch weniger Unterstützung durch ihre Umgebung als andere Hinterbliebene. «Warum trauerst du überhaupt um jemanden, der sein Leben weggeworfen hat?»

Den Selbstmord von älteren oder von schwerkranken, unter Schmerzen leidenden Menschen kann man in gewisser Weise verstehen; deswegen haben die Angehörigen in solchen Fällen weniger unter Schuldzuweisungen der Umwelt und unter eigenen Schuldgefühlen zu leiden. Besonders schwer sind die Schuldgefühle von Eltern nach dem Selbstmord eines Kindes. Sie selbst fühlen oft, was die Umwelt ihnen unterstellt: daß sie sich nicht genug um ihr Kind gekümmert, ihm nicht genug Liebe und Geborgenheit vermittelt haben. Hätten sie stets als gute, liebevolle und gesprächsbereite Eltern zur Verfügung gestanden, dann hätte es gar nicht zu dieser Katastrophe kommen können.

Manfred Ötzelberger hat Gespräche mit vielen hundert Angehörigen von Menschen geführt, die am Suizid starben, und fast überall ist er auf schwere Selbstvorwürfe, oft auch auf schwere Vorwürfe der Umgebung gestoßen.[31]

Eine Frau, deren Mann sich erschossen hatte, quälte sich mit dem Gedanken: «Was habe ich verbrochen, daß ich das verdient habe?» «Ich dachte immer, wir führten eine gute Ehe. Wir haben doch immer über alles geredet und gesprochen, und deswegen war das alles für mich völlig unverständlich.»[32.]

Ein Mann, dessen vierzehnjährige Tochter gemeinsam mit der zwölfjährigen Freundin von einem Hochhaus in den Tod gesprungen war, mußte mit einem Nervenzusammenbruch ins Krankenhaus gebracht werden. Er machte sich Vorwürfe, weil die Tochter, die bei ihm lebte, unter der Trennung der Eltern gelitten hatte. «Ich hätte mehr mit ihr reden sollen.»[33]

Nachdem der 16jährige Michael sich aus Liebeskummer getötet hatte, indem er sich auf die U-Bahn-Gleise legte, mußte sich Michaels Mutter von der Mutter seiner Freundin anhören, daß der Suizid doch sicher damit zusammenhinge, daß sie alleinerziehend sei.[34]

Eine Frau, deren Sohn sich im Alter von 22 Jahren in seinem Zimmer erschoß, weil er mit dem Leben nicht fertigwurde, fühlte sich in ihrem Dorf vollkommen isoliert. Die Leute redeten hinter ihrem Rücken über sie, aber niemand sprach sie auf ihren Sohn oder ihre Gefühle an. «Manche machen auf dem Absatz kehrt, wenn sie mich sehen.»[35]

Selbst in den Gruppen verwaister Eltern, in denen sich Menschen zur gegenseitigen Unterstützung zusammenfinden, deren Kinder auf verschiedene Weise ums Leben gekommen sind, durch plötzlichen Säuglingstod, Unfall, schwere Krankheit, erfahren die Eltern von Kindern, die sich selbst getötet haben, manchmal eine gewisse Ausgrenzung. «Dein Kind wollte ja sterben, unseres mußte.»[36]

Nicht nur in unserem Alltagsdenken, auch in der wissenschaftlichen Suizidforschung besteht die These, daß einem Suizid immer vergebliche, unerwiderte Hilferufe des Suizidanten an seine Angehörigen vorangegangen sind. «Jedem Selbstmord geht ein mißglücktes oder nicht stattgefundenes Gespräch voraus», schrieb der Selbstmordforscher Ernst Ringel.[37] Diese These bürdet den Angehörigen in unerträglicher Weise die Verantwortung für das Geschehene auf.

Dabei hat ein Suizid immer mehr als nur eine Ursache. Man wird ihn niemals ganz verstehen können. Auch Menschen, die in intakten Partnerschaften leben, in liebevollen Familien, in denen ein offenes Gesprächsklima herrscht, können sich umbringen. «Einer der populären Irrtümer über den Suizid lautet: Man muß einen Menschen nur genug lieben, damit er sich nicht umbringt.»[38] Diese feste Überzeugung schwebt stets über den Hinterbliebenen, offen ausgesprochen oder nur im stillen gedacht. Dabei brauchten die Angehörigen gerade jetzt vor allem Menschen, die sie von diesem schrecklichen Gedanken entlasten. «Sowenig, wie jemand für die Zuckerkrankheit eines anderen verantwortlich ist, seid ihr schuld am Suizid eures Angehörigen», tröstet Aebischer, ein Schweizer Seelsorger, die Hinterbliebenen von Suizidopfern.[39] Die Frage nach den Motiven des Verstorbenen, die sich doch nie voll ergründen lassen, hilft letztlich nicht weiter. Statt dessen muß der Tod des Angehörigen angenommen werden als seine Entscheidung und als Teil der eigenen Lebensgeschichte in diese integriert werden.

Warum besteht überhaupt eine so ausgeprägte Tendenz der Umgebung, die Angehörigen eines Selbstmörders für den Suizid verantwortlich zu machen, viel stärker als dies bei anderen «natürlichen» Todesursachen der Fall ist?

Indem man die von dieser Katastrophe Betroffenen als (mit-)verantwortlich für den Suizid stempelt, kann man sich selbst von dem schrecklichen Geschehen distanzieren: «So etwas geschieht nicht ohne triftigen Grund.» Eine Frau, deren Mann sich erhängte, sagte: «Bevor ich mich zwangsweise mit Suizid beschäftigen mußte, war ich bei diesem Thema genauso ein oberflächlicher Mensch wie jeder andere. Als ich sporadisch Meldungen über Suizid in der Zeitung las, war mein erster Gedanke: Na, irgendwas wird in solchen Familien schon nicht in Ordnung gewesen sein.»[40]

Wer zu einem anderen sagt: «Du bist selber mit daran schuld», der sagt zugleich: «Dir geschieht in gewisser Weise Recht» (deswegen hast du auch keinen Anspruch auf mein Mitgefühl). Er beschwichtigt sich aber auch selbst: «So etwas Furchtbares kann mir nicht passieren. Wenn es zutreffend ist, daß Menschen sich nur dann umbringen, wenn sie aus zerrütteten Verhältnissen stammen, wenn sie nicht genug geliebt oder verstanden werden – dann kann ich das Schreckliche von mir fernhalten. Denn in meiner Familie ist alles in Ordnung; die Beziehungen sind gut, über alle Probleme wird geredet; ich gebe meinem Mann/meiner Frau und meinen Kindern alle Liebe, die sie brauchen.»

Die Distanzierung dient der Angstabwehr, insofern ist sie gewiß sehr verständlich. Sie fördert aber auch die Illusion der Kontrolle über das eigene Leben: So etwas Schreckliches geschieht nur denen, die es in gewisser Weise auch verdienen – also kann es mir eigentlich nicht zustoßen. Solche Distanzierung vom Leid anderer hat aber den häßlichen Nebeneffekt, daß den Betroffenen die Anteilnahme und das Mitgefühl verweigert werden, die sie gerade im Angesicht dieser Katastrophe so notwendig brauchten.

«Ich muß dieser Krankheit eine Bedeutung verleihen,
und die liefert mir vor allem meine Gesellschaft
mit all den Geschichten, Wertungen und Meinungen,
mit denen sie eine bestimmte Erkrankung umgibt.»
Ken Wilber

«Das Psychologisieren scheint Kontrolle
gerade über die Erfahrungen und Ereignisse
(wie schwere Krankheiten) zu bringen,
über die die Menschen tatsächlich
wenig oder keine Kontrolle besitzen.»
Susan Sontag

10. Durch eigene Schuld erkranken – durch eigene Leistung gesunden? Deutungsversuche am Beispiel Krebs

Krebs, nach den Herz-Kreislauf-Krankheiten die Todesur-
sache Nummer Zwei in den Industriegesellschaften, ist die
große mystifizierte Krankheit unserer Zeit. In den letzten
Jahrzehnten ist sie zunehmend in den Verdacht geraten,
«selbstgemacht» zu sein, das heißt, durch eine falsche Lebensführung und durch psychische Probleme verursacht zu
werden. Solche Zuschreibungen werden viel öfter bei
Krebs als bei anderen schweren Zivilisationskrankheiten
wie etwa Parkinson, Multipler Sklerose, Diabetes, rheuma-
tischen Erkrankungen, Asthma, Alzheimer usw. vorgenommen.

Krebs entwickelt sich schleichend, oft lange unbemerkt;
wenn er diagnostiziert wird, kann er schon in einem weit
fortgeschrittenen Stadium sein, obwohl die betroffene Person sich vielleicht subjektiv noch recht wohl befindet. Die
Prognosen über die Lebenserwartung sind im Einzelfall
nicht zuverlässig. Es gibt lediglich mehr oder weniger
wahrscheinliche Verläufe, und es gibt statistische Aussagen
wie «nach drei Jahren lebten mit dieser Variante von Krebs
noch 50% der Betroffenen, nach 5 Jahren nur noch 30%,
nach zehn Jahren nur noch 10%». Doch niemand, auch die

Ärzte nicht, können mir sagen, ob ich als Betroffener zu den 50% gehöre, die bald sterben werden, oder ob ich bei den 10% sein werde, die nach einem Jahrzehnt den Krebs womöglich überwunden haben. Das alles, verbunden mit der Vorstellung eines qualvollen Siechtums in der letzten Phase, macht die Krankheit unheimlich und läßt einen weiten Raum für Ängste, Phantasien und Deutungen des Erkrankten und seiner Umwelt.

«Menschen sind zur Bedeutung, zum Sinn und damit zu Werturteilen verdammt. Es genügt nicht zu wissen, *daß* ich erkrankt bin, dieses *daß* bezeichnet mir meine Krankheit selbst. Ich muß auch wissen, *warum* ich diese Krankheit habe. Warum ich? Was bedeutet sie? Was habe ich falsch gemacht? Wie konnte das passieren? Mit anderen Worten, ich muß dieser Krankheit eine Bedeutung verleihen ... Zum Sinn verdammt: Wir lassen uns viel lieber einen schädlichen und negativen Sinn aufbürden als gar keinen Sinn zu haben».[1]

Die Deutungssucht hat in den letzten Jahrzehnten sehr zugenommen. Auch die populären Theorien über die Ursachen von Krebs haben sich in dieser Zeit verändert. In persönlichen Berichten aus den 70er Jahren überwiegt noch eine schicksalhafte Wahrnehmung der Krankheit. Dann beginnt die psychologisch orientierte Ursachensuche: Das Elternhaus und früh erlernte Formen der Auseinandersetzung mit Konflikten werden verantwortlich gemacht; es entwickelt sich eine Vorstellung von der «Krebspersönlichkeit». In den 80er und vor allem dann in den 90er Jahren gibt es eine wahre Schwemme von persönlichen Erfahrungsberichten Krebskranker. Sie sind immer stärker vom esoterischen Denken des New Age beeinflußt. Demnach enthält die Krankheit eine Botschaft an den Erkrankten. Sie will ihn/sie auf fundamentale Fehler in der Gestaltung des eigenen Lebens aufmerksam machen. Wenn man diese Botschaft entschlüsselt und erkennt, was man im Leben «falsch gemacht» hat, kann man durch eine entsprechende Veränderung seines Lebensstils und mit Hilfe angemessener spiritueller Techniken die Krankheit wieder zum Verschwinden bringen.

Die aus Österreich stammende und in der DDR lebende Schriftstellerin Maxie Wander starb 1977 im Alter von 44 Jahren an Krebs. Ihre Briefe und Tagebücher aus den letzten beiden Lebensjahren, 1980 unter dem Titel «Leben wär' eine prima Alternative» erschienen, sind eine der ersten veröffentlichten Auseinandersetzungen mit einer eigenen Krebserkrankung.[2] Die Krankengeschichte ist kurz skizziert: Im Sommer 1976 entdeckt die Autorin einen Knoten in der Brust; sie wird zum erstenmal operiert. Offenbar ist der Krebs aber schon metastasiert, denn nach wenigen Wochen wird eine Unterleibsoperation erforderlich. Etwa ein halbes Jahr später erlebt sie weitere Krankheitssymptome: zunächst Magenschmerzen, später wird sie auch wegen einer «Leberentzündung» behandelt; in beiden Fällen handelt es sich in Wirklichkeit um Tochtergeschwulste. Von kurzen Unterbrechungen abgesehen, verbringt sie das letzte halbe Jahr ihres Lebens im Krankenhaus.

Die Auseinandersetzung mit der Krankheit wird von der Tatsache bestimmt, daß Maxie Wander keine offene Aufklärung durch die behandelnden Ärzte erfährt. Nach der Brustamputation erzählt man ihr immer wieder, sie sei ganz wiederhergestellt; die späteren Komplikationen werden bagatellisiert und mit anderen Etiketten belegt. Die bewußte Täuschung der Patienten, die in den 70er Jahren noch üblich war, erschwert die Ehrlichkeit sich selbst gegenüber und begünstigt ein Schwanken zwischen irrationaler Hoffnung und tiefen Ängsten.

Bei der Lektüre des Tagebuchs fällt auf, daß Maxie Wander ihre Krankheit einfach als Faktum und Fatum akzeptiert. Es finden sich keine Schuldzuschreibungen an die Umwelt, keine Enthüllungen über krebserzeugende Traumata in der Kindheit, keine Selbstbezichtigungen, die Krankheit durch eine falsche Lebensweise verursacht zu haben. In Maxie Wanders Umfeld waren die psychologisch-soziologischen Deutungen von Krebs, wie sie zu dieser Zeit bereits die westliche Öffentlichkeit beeinflußten, offenbar noch nicht verbreitet.

Sie selber sieht die beiden schrecklichsten Ereignisse ihres Lebens, nämlich den einige Jahre zurückliegenden

Unfalltod der kleinen Tochter und ihren Krebs, diese «hundsgemeine, zerstückelnde, mörderische Krankheit», als «Preis» dafür an, daß sie insgesamt ein gutes Leben, eine erfüllende Ehe und einen interessanten, privilegierten Beruf hatte.[3] «Man muß im Leben für alles bezahlen, am meisten für Glück.»[4] Das bleibt ihre einzige Äußerung zum «Warum» der Krebskrankheit. «Ich hab Pech gehabt, ich hab das Glück zu lange beansprucht. Man hat mir vor ein paar Tagen eine Brust abgenommen, weils doch Krebs war», schreibt sie an einen Freund.[5] Das ist eine eher antike Auffassung vom Glück, das notwendig vom Unglück gefolgt sein muß, vom Unglück, das zum Glück gehört wie die Nacht zum Tag, wie der Schatten zum Licht.

Allerdings wird ihr die Krankheit zum Anlaß, sich innerlich noch einmal mit dem Unfalltod der kleinen Tochter zu beschäftigen, ohne Bitterkeit. «Die Botschaft der Toten an uns ist: «Lebt! Seid glücklich!»[6]

Maxie Wander beschreibt ihre Situation, sie registriert den Wechsel ihrer eigenen Gefühle, notiert auch Angst, Verzweiflung, Hoffnungslosigkeit. «An Krebs zu denken ist, als wär man in einem dunklen Zimmer mit einem Mörder eingesperrt, man weiß nicht, wo und wie und ob er angreifen wird!» notiert sie zu Beginn ihres ersten Krankenhausaufenthaltes.[7] Doch daneben erlebt sie, gerade durch die Bedrohung, auch viele Augenblicke intensiven Glücks: «Ich bin zwei Menschen, nachts verzweifelt, tags, wenn die Sonne scheint, glücklich, glücklich.»[8] Generell nimmt sie ihre Krankheit als Herausforderung, wacher und intensiver zu leben. Sie ist nicht gefangen in ihrem Leid, sondern bleibt ihrer Umwelt zugewandt; sie wird sogar genauer und liebevoller in allem, was sie beobachtet und festhält.

Wenn sie sich zwischendurch selber anklagt, dann der Phasen ihres Lebens wegen, in denen sie zu bequem war, innerlich satt und gleichgültig. Jetzt dient ihr alles dazu, ihrer eingeschränkten und bedrohten Gegenwart noch mehr Intensität zu verleihen. Als sie vorübergehend nach Hause entlassen wird, notiert sie: «Ich darf ein paar Tage Leben probieren! Jeden Tropfen Leben werde ich auskosten, Leben tröpferlweise, aber sicher hab ich mehr davon als viele andere Menschen, die nicht wissen, was Leben eigentlich ist.»[9] «(Jetzt) erlebe ich es, daß man eigentlich in jeder Lage glücklich sein kann, und es ist nicht einmal ein reduziertes Glück! Die ‹selbstverständlichen› Sachen sind nicht mehr selbstverständlich, man erlebt wieder die Sonne, das Licht, die Farben, findet Nebel schön und die Blätter, die von den Bäumen runterfallen, genießt das gemeinsame Abendessen mit der Familie.»[10] «Alles hat seinen Preis, und deshalb lamentiere ich nicht oder in Maßen, wenn mir was genommen wird, sondern halte mich an das, was bleibt, und das ist noch immer sehr viel!» schreibt sie in einem schon sehr unerfreulichen letzten Stadium von Schmerzen und Schwäche, zwei Monate vor ihrem Tod. «Ich lebe viel intensiver und dankbarer, seitdem ich weiß, daß ich vielleicht bald sterben könnte, daß Leben gar nicht so selbstverständlich ist und jederzeit abrufbar.»[11]

Die Aufzeichnungen von Maxie Wander sind ein bewegendes Dokument der Lebensfreude und der persönlichen Reife.

Von den 70er Jahren an fand bei uns eine breite Rezeption psychoanalytischer Theorie im Alltagsdenken statt. Die Ursache aller Persönlichkeitsstörungen wurde in der frühen Kindheit vermutet, in defizitären Haltungen der Eltern ihren Kindern gegenüber. Diese Einstellung schlägt sich, oft in kruder Weise, auch in den subjektiven Krankheitstheorien über die Entstehung von Krebs nieder.

«Mars» – unter diesem Titel brachte der an Krebs erkrankte Schweizer Fritz Zorn seinen autobiographischen Bericht zu Papier. Bei Erscheinen des Buches 1977 war er schon gestorben; seine Aufzeichnungen wurden, wie die von Maxie Wander, zum Bestseller.[12]

«Fritz Zorn» ist ein Pseudonym, mit dem der Verfasser seine zu spät erwachte Wut gegenüber seinem Elternhaus zum Ausdruck bringen will, das seiner Meinung nach für seine Krebskrankheit verantwortlich ist. Zorn stammt aus einer vermögenden großbürgerlichen Familie an der «Goldküste» des Zürichsees. «Ich bin jung und reich und gebildet; und ich bin unglücklich, neurotisch und allein» – so lautet der erste Satz dieser Autobiographie. Zorn war ein angepaßter junger Mann, der alle Erwartungen seiner Eltern erfüllte, immer funktionierte, ein äußerlich problemloses, beziehungsarmes Leben führte, Gymnasiallehrer wurde, ständig an einer unterschwelligen Depression litt und schließlich an Krebs erkrankte. «Ich finde, jedermann, der sein ganzes Leben lang lieb und brav gewesen ist, verdient nichts anderes als daß er Krebs bekommt.»[13]

Erst etwa zwei Jahre vor seinem Tod ringt er sich zu dem Eingeständnis durch, daß er seelisch krank ist und Hilfe gegen die Depression braucht; etwa zur gleichen Zeit entdeckt er die Geschwulst an seinem Hals, die sich als bösartiger Tumor entpuppt. Nun beginnt für ihn zugleich mit der Psychotherapie ein Wettlauf gegen den Tod: Er ist davon überzeugt, daß er seinen Krebs besiegen kann, wenn es ihm nur rechtzeitig gelingt, mit seiner Neurose fertigzuwerden. Fritz Zorn beschreibt sein Elternhaus als ein typisches Milieu des Verdrängens, der Konfliktscheu, des verlogenen Harmonisierens. Konventionen wurden hochgehalten, offener Streit vermieden, unangenehme Themen, u. a. die Sexualität, als «schwierig» etikettiert und tabuisiert, Affekte und Emotionen in jeder Hinsicht unterdrückt. Dies, glaubt Fritz Zorn, sind die Bedingungen, die seine Depression und den Krebs hervorgebracht haben: «Ich möchte es lieber so ausdrücken, daß die Schäden, die durch eine falsche Erziehung hervorgerufen werden, so groß werden können, daß sie in ihren extremsten Formen (wie dies bei mir der Fall zu sein scheint) sich als neurotisch bedingte Krankheiten, zum Beispiel Krebs, manifestieren können.»[14] «Das ganze angestaute Leid, das ich jahrelang in mich hineingefressen hatte, ließ sich auf einmal nicht mehr in meinem Innern komprimieren; es explodierte aufgrund seines Überdruckes und zerstörte bei dieser Explosion meinen Körper.»[15] Mit fortschreitender Krankheit, in den letzten Passagen seines Berichtes, wird er immer bitterer und unversöhnlicher in der Anklage gegen sein Elternhaus und sein Herkunftsmilieu. Sein Leiden und sein Schreiben werden zum «Aufheulen eines von der Zürcher Bourgeoisie zu Tode erzogenen Individuums».[16] «Daß ich unglücklich bin, ist nicht Resultat eines Zufalls oder Unfalls, sondern eines Vergehens. Es ist nicht ‹passiert›, sondern es ist bewirkt worden; es ist nicht Schicksal, sondern Schuld.»[17]

Für seine Krankheit macht Fritz Zorn andere verantwortlich, seine Eltern, das psychische Milieu in seinem Umfeld – und sich selbst insofern, als er dies zu spät erkannt und zu spät dagegen aufbegehrt hat. Seine Sichtweise gibt dem Krebs eine einfache psychologische Bedeutung: Man erkrankt an Krebs, weil man überangepaßt ist, weil man Konflikte verdrängt und nicht expressiv austrägt. Anders als Maxie Wander bleibt Fritz Zorn in finsterer Resignation nur mit sich selbst und seinem eigenen Leiden befaßt; in seinem Bericht existiert die soziale Umwelt nur in schemenhaften Figuren der Vergangenheit. Sein Deutungsmuster von Krebs hilft ihm nicht dabei, mit der Krankheit zu leben; Wut und Bitterkeit überschwemmen am Ende seine Aufzeichnungen.

Vergleichbare psychologisierende Deutungen von Krebs bestimmen die 80er Jahre. Die Wurzeln schwerer Krankheiten, hieß es, liegen in der frühen Kindheit, in dem, was man Menschen im Laufe ihres Lebens, vor allem aber ganz zu Beginn, angetan hat. An Krebs erkranken demnach vor allem Menschen, die lieblos aufgewachsen sind, deren Eltern sie emotional vernachlässigten oder nicht verfügbar waren. Das stereotype Bild von der «Krebspersönlichkeit» entstand: der gefühlsarme, gehemmte, unterdrückte Typ, selbstmitleidig und depressiv, der seine feindseligen Gefühle verleugnet, seine Affekte, vor allem Aggression und Wut, nicht angemessen zum Ausdruck bringen kann, der Mensch, der seine sexuellen Triebe unterdrückt. Krebs wurde im populären Verständnis zur Krankheit der Versager, die ihren Kummer und ihre Enttäuschung in sich hineinfressen, wo sie im verborgenen zerstörerisch wuchern. In den Fällen, wo sich Krebskranke nicht so leicht als Versager darstellen ließen, konstatierte man (wie es etwa Wilhelm Reich bei Freud getan hat) die Unterdrückung des Trieblebens als Ursache.

Hinter dem Bild der «Krebspersönlichkeit» steht die These, der Charakter verursache die Krankheit. «Der Mensch macht seine Krankheiten selbst», behauptet der

Psychoanalytiker Georg Groddeck, der viel zur Entstehung des neuen psychologisierenden Krankheitsverständnisses beigetragen hat, «er ist die Ursache der Krankheiten, und eine andere braucht man nicht zu suchen.» Bazillen, falsche Ernährung, Infektionen, Unfälle – das alles seien nur die äußeren Ursachen, entscheidend aber sei die seelische Disposition, die diese äußeren Störungen einlade.[18] Damit verlagert sich der Schwerpunkt des Psychologisierens von der Schuldzuschreibung an die Umwelt auf die Schuldzuschreibung an das betroffene Individuum.

In den 90er Jahren wird eine wahre Flut von persönlichen Geschichten Krebskranker veröffentlicht. Zu den psychologisierenden kommen jetzt noch die esoterischen Krebs-Deutungen, denn inzwischen dominiert im populären Denken die New-Age-Sichtweise. Beide Interpretationsmuster sind eng miteinander verwoben. Im Vordergrund des esoterischen Ansatzes steht die Möglichkeit der Selbstheilung: Was ich selbst verursacht habe, kann ich auch selbst wieder korrigieren. Krebs wird als eine Chance gesehen, das eigene Selbst zu finden – man muß in dieser Krankheit nur die dringende Aufforderung erkennen, sich selbst zu verändern. Vollzieht man die notwendigen Veränderungen, ist man geheilt, ganz unabhängig davon, welche medizinische Behandlungsform man wählt. Der schulmedizinische Ansatz wird als eher schädlich angesehen, weil er sich auf die oberflächlich-technische Reparatur des Körpers beschränkt und somit die Aufmerksamkeit von den entscheidenden seelischen Heilungsprozessen abzieht.

Die Amerikanerin Louise Hay, die selber an Krebs erkrankt war, ist eine bekannte Heilerin geworden. Ihre Bücher haben auch bei uns weite Verbreitung gefunden. Ihr ganzheitlicher Ansatz bei allen Krankheiten zielt auf die Heilung des Körpers durch die Seele. «Wir selber verursachen jede Krankheit in unserem Körper.»[19] Krankheiten entstehen durch negative Gedanken und Verhaltensmuster, durch Haß, Verdruß, Kritik an sich selbst und anderen, durch Schuldgefühle. «Ein lange beibehaltener Verdruß kann am Körper zehren und zu der Krankheit führen, die wir Krebs nennen. Kritik als bleibende Gewohnheit kann im Körper oft zu Arthritis führen. Schuld zieht immer Strafe nach sich, und Strafe verursacht Schmerz. ... Angst und die Anspannung, die sie hervorruft, kann Dinge wie Glatze, Ulcus und sogar wunde Füße verursachen.»[20] Wer die Verantwortung für sich selbst und seine Heilung übernimmt – ein zentraler Satz im New-Age-Denken –, wer sich selbst lieben lernt und anderen vergibt, kann sich dadurch selbst heilen, auch von schweren Krankheiten wie Krebs.

Louise Hay gibt Auskunft über ihre Biographie und Krankheitsgeschichte: Sie hatte eine schwierige Kindheit; die Eltern trennten sich, als sie eineinhalb Jahre war; sie lebte zeitweilig bei Pflegeeltern, weil die Mutter erwerbstätig sein mußte, als junges Mädchen wurde sie von einem Alkoholiker aus der Nachbarschaft vergewaltigt; ihr Stiefvater mißbrauchte sie sexuell, bis sie mit 15 Jahren von zu Hause fortlief. Sie ging oberflächliche sexuelle Beziehungen ein, wurde mit 16 Jahren Mutter und gab ihr Kind zur Adoption fort. Jahrelang arbeitete sie als Mannequin und lebte in einer zufriedenstellenden Ehe, bis ihr Mann sie eines Tages wegen einer anderen verließ. Jetzt erst begann sie mit der «Arbeit an ihrem eigenen Inneren» und ihrem schlechten Selbstbewußtsein. Sie kam in Berührung mit der Kirche der Religiösen Wissenschaft und der Transzendentalen Meditation, von denen sie geprägt wurde. Sie verfaßte ein Buch «Heile deinen Körper» und baute eine eigene Lebensberatungspraxis auf.

Das einschneidende Erlebnis aber wurde ihre eigene Krebserkrankung, die sie psychologisch und lebensgeschichtlich deutete. «Eines Tages wurde Krebs bei mir diagnostiziert. Bei meiner Geschichte, als Fünfjährige vergewaltigt und oft geschlagen, scheint es mir kein Wunder, daß ich Unterleibskrebs bekam.» «Schließlich hatte ich ein Buch über geistige Verhaltensmuster geschrieben und wußte, daß Krebs eine Krankheit tiefen Verdrusses ist, der jahrelang unterdrückt wurde, bis er schließlich im wahrsten Sinne des Wortes den Körper wegfrißt.»[21]

Sie lehnt eine Operation ab, da sie der Überzeugung ist, daß der Krebs an einer anderen Stelle weiterwuchern wird, wenn es ihr nicht gelingt, ihre geistigen Verhaltensmuster zu ändern. Also «übernahm (ich) die Verantwortung für meine eigene Heilung».[22] Sie informiert sich über alternative Krebsbehandlungen, stellt ihre Ernährung um, macht eine Reflexzonenbehandlung und eine Psychotherapie. «Mit Hilfe eines guten Therapeuten brachte ich all den alten aufgestauten Ärger zum Ausdruck, indem ich auf Kissen einschlug und wütend brüllte. Danach fühlte ich mich reiner.»[23] Sie beschäftigt sich dann aber auch mit der Lebensgeschichte ihrer Eltern, kann deren Probleme besser verstehen, Mitgefühl empfinden und ihnen vergeben. Nach einem halben Jahr konstatieren die Ärzte, was Louise Hay selber schon längst gespürt hat: Ihr Tumor ist völlig verschwunden, obwohl sie sich nicht hat operieren lassen.

Louise Hays Weg, durch «mentales Training» die Seele und über die Seele den Körper zu heilen, hat in New-Age-Kreisen großen Anklang gefunden; viele VerfasserInnen von autobiographischen Krankheitsberichten beziehen sich auf sie. «Ich habe meinen Krebs nicht mehr nötig. Danke schön, Louise Hay», lautet der Titel eines 1994 erschienenen Buchs.[24]

«Ändere dich oder stirb!» Das ist in esoterischer Weltsicht die Botschaft der Krebskrankheit. Dahinter steht die feste Überzeugung, man könne wieder gesund werden, wenn nur die mentale Konzentration auf die Heilung groß genug ist. «Auf jeden Fall begann ich, meine Krebserkrankung als persönliche Botschaft zu betrachten, grausam wie die Notiz eines Entführers, zusammengesetzt aus großen Zeitungslettern: ÄNDERE DICH ODER STIRB.»[25]

Dieses Zitat stammt von Marc I. Barasch, einem amerikanischen Journalisten, der einige Jahre Chefredakteur der Zeitschrift «New Age» war. Er erkrankte an Schilddrüsenkrebs und beschreibt in seinem Buch «Ich suchte meine Seele und wurde gesund. Heilung als Reise nach innen» seine Erfahrungen. Ein Wendepunkt im Heilungsprozeß tritt ein, als er die Notwendigkeit begreift, sein arbeitssüchtiges, erfolgsorientiertes, beziehungsarmes Leben zu verändern. «Beim Aufwachen dachte ich: Vielleicht verzichtet die Krankheit auf ihr Eigentum. Vielleicht kann ich mich um

Versöhnung bemühen.» Auf einem einsamen Spaziergang mit Hund überkommt ihn der Wunsch, sich auf einem Hügel niederzulassen und einen «Dialog» mit seiner Krankheit zu beginnen: ‹«Warum bist du gekommen?› fragte ich laut und kam mir unsagbar albern dabei vor. Ich war überrascht, als eine Stimme, erstickt und rollend, anscheinend ohne mein Zutun aus meinem Hals drang. ‹Kann so nicht leben›, hörte ich die Stimme mit tiefer Bitterkeit krächzen. ‹Zu grausam›, sagte sie, ‹zu grausam, um zu leben.› ‹Ich werde mich ändern›, sagte ich und war froh, daß niemand Zeuge dieses Selbstgesprächs wurde. Dann hörte ich mich flehen: ‹Bitte, gib mir mein Leben zurück.› Die Stimme lachte schrill, während der Hund ängstlich aufjaulte und mich schräg von unten anschaute. ‹Du wüßtest ja doch nichts damit anzufangen.›»[26]

Marc I. Barasch spielt mit dem Gedanken, sich von Dr. Edson Quieroz operieren zu lassen, einem brasilianischen Heiler, der in Trance vom Geist eines deutschen «Dr. Fritz» besessen ist und als dieser ohne Narkose Tumore entfernt, angeblich mit Erfolg und ohne daß die Patienten Schmerzen leiden. Er schreckt aber im letzten Augenblick zurück, besteigt das schon gebuchte Flugzeug nicht und läßt sich statt dessen konventionell operieren. Im nachhinein hadert er lange mit sich, ob diese Entscheidung richtig war. Für den Rest seines Lebens wird er nun auf Hormontabletten angewiesen sein, weil seine Schilddrüse nicht mehr imstande ist, das Sekret zu produzieren, von dem seine Vitalität abhängt. «Dr. Fritz» hätte sich vermutlich mit einer symbolischen Operation begnügt.

Viele PatientInnen, die vom New-Age-Denken beeinflußt sind, lassen sich vielleicht zunächst einmal operieren, lehnen dann aber häufig Bestrahlungen und Chemotherapie ab und suchen anschließend ergänzend oder exklusiv Hilfe im unüberschaubaren, bunten Spektrum alternativer Heilmethoden, von der Naturmedizin bis zu den spirituellen Techniken. Fast alle stellen auch ihre Ernährung auf eine vollwertige, fleischlose oder fleischarme, vitaminreiche Kost um. Schon dieser Schritt scheint das Gefühl auszulösen: Ich tue etwas für mich, ich nehme meine Heilung

aktiv in die Hand, indem ich meinem Körper nur wertvolle Nahrung zuführe.

Der Bericht von Eva Maria Sanders «Leben! Ich hatte
Krebs und wurde gesund»[27] vermittelt einen Einblick in
den Supermarkt der alternativen Heilangebote und ist
gekennzeichnet von einer naiv-optimistischen Auffassung der Heilungschancen bei Krebs. Die Verfasserin hatte immer schon insgeheim Angst, Krebs zu bekommen,
denn auch ihre Mutter hatte Brustkrebs, an dem sie aber
nicht starb. «Durch den Glauben, daß ich Krebs bekommen würde, erzeugte ich ihn schließlich und verdrängte
ihn ganz tief.»[28] Sie ist Mitte dreißig, als sie den Knoten
in der Brust entdeckt; fürchtet sich aber vor einem Arzt-
besuch und therapiert sich statt dessen selbst mit Kräutern,
nach der Methode von Maria Treben. Zwei Jahre später
wird ein Skiunfall, der nicht verheilen will, zum Anlaß der
Krebsdiagnose: Es stellt sich heraus, daß der Oberschenkel-
knochen bereits von Metastasen zerfressen ist. Nach
ärztlicher Prognose hat sie nur noch wenige Wochen zu
leben.

Eva Maria Sanders wird an der Hüfte operiert, damit sie
wieder richtig gehen kann. Dann beginnt die konventio-
nelle Krebsbehandlung (Bestrahlung, Hormonbehandlung,
Chemotherapie). Nachdem der erste Schock überwunden
ist, informiert sie sich über alternative Heilmethoden, sie
beschließt, den Prognosen der Ärzte nicht zu glauben. Aus
der Lektüre des Buches von O. Carl Simonton u. a. «Wieder gesund werden. Eine Anleitung zur Aktivierung der
Selbstheilungskräfte für Krebspatienten» (1992) erfährt sie,
daß PatientInnen, die sich ganz in die Hand der behandelnden Ärzte begeben, geringere Überlebenschancen haben als die, die Distanz zu den Ärzten wahren und «ihre
Heilung selbst in die Hand nehmen». Zu denen will sie
gehören. Der erste Schritt ist die totale Ernährungsumstel-
lung, der Verzicht auf Fleisch, Zucker, Kaffee, schwarzen
Tee, die Orientierung an fettarmen Nahrungsmitteln, der
Verzehr von nur rechtsdrehenden Milchsäureprodukten.
Außerdem macht sie eine Thymus- und eine Bachblüten-
therapie und nimmt Enzyme zu sich.

Entscheidend wird die Bemerkung einer Freundin, daß sie wohl krank geworden sei, «um auch einmal dran zu sein». Sie macht sich, dem Geist des New Age folgend, an die persönliche Ursachenforschung, denn «... irgendwo mußte ... bei jedem der Ursprung einer Krankheit ... liegen. Warum hatte ich Krebs bekommen?»[29] «Zwar hatte es mir an Geld und Luxus nicht gefehlt, zwar hatte ich eine schöne Kindheit gehabt, zwar war ich glücklich verheiratet und hatte zwei süße Kinder, richtig dran war ich aber dennoch nicht gewesen.»[30] Sie stellt fest, daß sie sich bisher immer den Interessen anderer angepaßt hat, der beruflichen Karriere ihres Mannes, den Bedürfnissen der Kinder. «Ich hatte mich zu oft fremdbestimmen lassen und viel zu selten nein gesagt.» «Vielleicht, so dachte ich damals nach dem Besuch von N., stimmt es, und ich bin krank geworden, um endlich dran zu sein. Dies implizierte jedoch zum ersten Mal die Möglichkeit, zumindest gedanklich, daß ich die Krankheit selbst ‹gemacht› hatte.»[31]

Während sie die ärztlich verordnete Strahlentherapie und ein paar Runden der Chemotherapie absolviert, beschäftigt sie sich bereits parallel mit «geistig-spirituellen» Therapiemöglichkeiten, die sie dann so ausfüllen, daß sie eine Fortführung der Chemotherapie ablehnt. Ein Gefühl des seelischen Fortschritts vermittelt ihr das NLP (Neurolinguistisches Programmieren), das Erlernen einer positiven Selbstkommunikation, das Zulassen nur von positiven inneren Bildern, wie wir es im Kapitel 6 bereits kennengelernt haben.

Noch durchschlagender ist ihrer Ansicht nach der Erfolg einer Heilerin, die bei ihr eine spirituelle «Zellkernklärung» vornimmt, bei der die «bösen» Krebszellen fortgespült und die guten, der Krankheit Widerstand leistenden Zellen gestärkt werden. Von der Heilerin wird sie von Anfang an als Verursacherin, nicht als Opfer ihrer Krankheit betrachtet: «Das ist ja ein tolles Spielchen, das Sie sich hier ausgedacht haben! Da haben Sie ja eine wundervolle Methode gefunden, alle in Ihrer Umgebung unter Druck zu setzen. Und alle, alle spielen mit! Was für ein schönes Machtspiel!»[32] Die Heilerin vermittelt ihr auch, es sei bloß eine Frage ihrer eigenen Willensentscheidung, ob sie gesund werden wird oder nicht. «Entscheiden Sie sich, über die Brücke zu gehen und für das Leben, so ist das schön. Entscheiden Sie sich jedoch für den anderen Weg, den Tod, so ist das für mich auch in Ordnung ... Sie haben immer eine Wahl.»[33] Wenn sie sich aber jetzt nicht für das Leben, sondern für den Tod entschiede, so müsse sie in ihrem nächsten Leben beim gleichen Punkt wieder anfangen, an dem sie jetzt stünde – warum also nicht jetzt gleich mit der Arbeit an ihrem Lebensproblem beginnen?

Nach einer Messung ihrer «Lebensenergie» und einer ebenfalls instrumentell vorgenommen Feststellung, auf welcher Etappe ihrer Reinkarnationsgeschichte sich die Patientin befindet, beginnt die Heilerin mit der «Zellkernklärung». Eva Maria Sanders wird aufgefordert, in Kontakt mit ihrem Unterbewußtsein zu treten und alle negativen, düsteren und schwarzen Bilder, die sie in sich trägt, in ihrem Körper zu lokalisieren, mit positiven Farben zu löschen oder an Luftballons zu hängen, mit denen sie fortfliegen. «Es war eine mühevolle und sehr anstrengende Arbeit.»[34] Als Eva Maria Sanders die Heilerin an diesem Tag verläßt, fühlt sie sich schon spürbar stärker; sie braucht ihre Krücken beim Gehen nicht mehr. Anschließend fährt sie mit ihrem Mann in Urlaub, sie bricht die Chemotherapie ab, an die sie nicht mehr glaubt, setzt aber die NLP-Sitzungen fort – und mit jeder der folgenden Nachuntersuchungen werden ihre Tumorwerte besser. Nach einem Jahr hält sie sich für vollständig geheilt. «Damals hatte ich jedes winzige Anzeichen in Richtung Krankheit ausgelegt und sie damit erzeugt, jetzt legte ich jedes Indiz in Richtung Gesundheit aus und erzeugte Gesundheit ... Jetzt nahm ich nicht nur an, daß alles so ablief, wie ich es mir vorstellte, ich *wußte* es.»[35] – Dieser Bericht wurde drei Jahre nach der Krebsdiagnose veröffentlicht.

Erstaunlich an diesem wie an anderen authentischen Fallgeschichten ist vor allem die Naivität, mit der die Betroffenen den Verlauf ihrer Krankheit immer ursächlich mit ihrer (richtigen) Einstellung und ihrem (richtigen) alternativmedizinischen oder spirituellen Weg in Zusammenhang

bringen. Ein Schlüsselsatz ist dabei die immer wiederkehrende Formel: «Ich nehme meine Heilung selber in die
Hand.» Mit diesem stereotypen Bekenntnis grenzt man
sich von den Menschen ab, die sich den schulmedizinischen Experten ausliefern, die den Organimus doch nur
wie eine Maschine zu reparieren versuchen. Wer wirklich
«geheilt» werden will, so der esoterische Ansatz, muß erst
an der Seele heil werden. Hinter der Überzeugung «Ich
übernehme die Verantwortung für meine Krankheit, meinen Heilungsprozeß selber» steht auch die Illusion von
Allmacht und Grandiosität: Da ich durch eigene Fehler
krank geworden bin, kann ich mich selber auch wieder
gesund machen.

Ken Wilber, einer der fundiertesten Denker des New
Age, stellt mit einer gewissen ironischen Distanz fest: «Beim
Lesen von alternativer Literatur befällt einen das schwin-
delerregende Gefühl, daß *jeder* schulmedizinisch Behandelte stirbt und *jeder* alternativ Behandelte gerettet wird (mit
Ausnahme derer, die vorher in den Klauen der Schulmedizin waren; die sterben alle).»[36]

Ken Wilber hat die Krebskrankheit seiner Frau Treya
intensiv begleitet und die gemeinsamen Erfahrungen in
dem Buch «Mut und Gnade» nach ihrem Tod herausgege-
ben. Er steht trotz seines esoterischen Weltbildes den
Krebsdeutungen und vor allem den Ursachenhypothesen
und mit ihnen verbundenen Schuldzuschreibungen an die
Erkrankten sehr kritisch gegenüber.

Natürlich stellt sich auch Treya Wilber die Frage, warum
sie Krebs bekommen hat. Sie lernte ihren Mann mit 36
Jahren kennen; es war Liebe auf den ersten Blick; die beiden heirateten vier Monate nach der ersten Begegnung;
eine Woche nach der Hochzeit wird bei ihr Brustkrebs
diagnostiziert. Sie lebt noch fünf Jahre, während derer sie
sich erst schulmedizinisch behandeln läßt und anschließend
jede nur denkbare alternative Technik ausprobiert.

«War da ein heimliches Todesverlangen? War ich zu hart
mit mir gewesen, zu selbstkritisch, und war jetzt Selbsthaß
der Grund für all das? Oder war ich zu nett gewesen und
hatte Ärger und Urteile unterdrückt, so daß sie sich jetzt

in dieser Form Luft verschaffen mußten? War es die Strafe dafür, daß ich in diesem Leben so viel bekommen hatte, eine wirklich liebenswerte Familie, Intelligenz, gute Ausbildung, gutes Aussehen und jetzt diesen unglaublichen Traum-Mann? Steht einem vielleicht nur soundsoviel zu, so daß jedes Mehr Unheil bringt? Oder hatte ich das alles durch das Karma eines früheren Leben verdient? Enthält diese Erfahrung eine Lektion, die ich zu lernen habe, oder soll sie der Schubs sein, den ich brauche, um in meiner spirituellen Entwicklung weiterzukommen?»[37] fragt sie sich und «Ich denke dann, daß ich etwas falsch gemacht habe, falsch gedacht oder falsch empfunden. Manchmal muß ich auch denken, ob andere sich wohl Theorien über mich machen, wenn sie hören, daß ich Krebs habe.»[38] Und sie gibt die Frage an ihren Mann weiter: Was glaubst du, warum ich Krebs bekommen habe?

«Ich kenne den Grund für diesen Krebs nicht, und ich glaube nicht, daß irgendwer ihn kennt», ist seine Antwort. Er hält nichts von der These, sie sei krank geworden, weil irgend etwas an ihrem Leben nicht stimme – rät ihr aber, da die Krankheit nun einmal da sei, sie jetzt zum Anlaß zu nehmen, all das an ihrem Leben zu ändern, was sie eigentlich sowieso ändern wollte und sollte. Das ist eine sehr viel differenziertere Einstellung als das simple «Wenn ich mein Leben ändere, werde ich gesund».

Auch Treya Wilber versucht es dann im Laufe der Zeit parallel zur schulmedizinischen Behandlung mit dem ganzen Arsenal alternativer Therapien. «Außer Meditation, Bewegung, Akupunktur, Vitaminen, Diät und meinem Buch» – sie schreibt über Krebs – «habe ich jetzt mit der Visualisation angefangen, konsultiere zwei ganzheitliche Ärzte und stecke mehr Energie in dieses Tagebuch.»[39] In der letzten Phase verfällt sie auch in einen Krankheitstourismus, sucht verschiedene ärztliche Kapazitäten, Heiler und Gurus auf, erlebt ein Auf und Ab von Akzeptanz und Kampf gegen die Krankheit, bis sie schließlich stirbt.

Eine wichtige Erkenntnis bleibt für sie, daß es überheblich und auch grausam ist, anderen Menschen unbewußte Motive für eine Erkrankung zu unterstellen, sie psychologischen oder esoterischen Theorien darüber zu unterwerfen, warum sie diese Krankheit wohl selbst bewirkt haben. «Kranke Menschen sind durch ihre Krankheit schon genug belastet, aber wenn sie dann auch noch in diese Verantwortungs-Diskussion verwickelt werden, kann der Streß überhandnehmen.»[40] Wenn man darüber spekuliert, was die Krankheit eines anderen eigentlich «bedeutet» oder wie der Betroffenen sie «selbst über sich gebracht hat», dient dies dazu, einen Abstand zwischen ihm und sich selber herzustellen, ihm das Mitgefühl vorzuenthalten, das ihm guttäte.

Die Vorstellung, «daß ich meine Wirklichkeit selber herstelle und in der Hand habe», ist – so Treya Wilber – eine gefährliche Halbwahrheit. «Wir alle sind, gottlob, Teil eines viel größeren Ganzen Ich fühle mich geborgen in diesem Wissen, auch wenn es bedeutet, daß ich weniger Einfluß auf die Dinge habe ... Als Korrektiv für die Anschauung, daß wir höheren Mächten ausgeliefert sind oder daß Krankheit allein auf äußeren Einflüssen beruht, ist der Gedanke, daß wir unsere Wirklichkeit und unsere Krankheit selbst herstellen, durchaus wichtig und notwendig. Aber er vereinfacht zu sehr und schießt dadurch über das Ziel hinaus. In ihrer extremen Form ist diese Vorstellung engstirnig, trennend und gefährlich und macht den Nutzen, den sie haben könnte, doch wieder zunichte ... Besser wäre es zu sagen, daß wir unsere Wirklichkeit beeinflussen.»[41]

An den Zuschreibungen und Deutungen, die heute im Umgang mit der Krankheit Krebs verbreitet sind, wird der Wunsch des modernen Menschen nach Kontrolle und Machbarkeit ganz besonders sichtbar. Hier haben wir eine Krankheit, die in ihrem Verlauf nur schwer vorauszusagen ist und einen potentiell tödlichen Ausgang hat. Sie ist wahrscheinlich multifaktoriell verursacht, wobei die verschiedenen Ursachen (genetische, physiologische, umweltbedingte, psychologische) einander wechselseitig beeinflussen und sich nicht einfach gewichten lassen. Zunächst einmal fällt auf, daß die genetischen Ursachen im populären Denken zur Zeit weitgehend unterschlagen werden zugunsten von Ursachen, die das Individuum selbst beeinflussen kann. Das Bild von der «Krebspersönlichkeit» beherrscht weiterhin als großes Klischee die populäre Psychologie, obwohl es sich wissenschaftlich nicht wirklich hat untermauern lassen. Es gibt in Wirklichkeit keine stichhaltigen Beweise dafür, daß Menschen, die depressiv sind und ihre Aggressionen unterdrücken, häufiger an Krebs erkranken als andere, und viele, die Krebs haben, hatten weder ein liebloses Elternhaus, noch sind sie «Verlierertypen». Die wissenschaftliche Forschung zeigt eine verblüffende Vielfalt von widersprüchlichen Daten. Viele der Eigenschaften, die man gern als «krebserzeugend» ansieht, können ebensogut nachträgliche Auswirkungen des Lebens mit der Krebsdiagnose sein. Interessanterweise entsprechen diejenigen PatientInnen am stärksten dem Bild der sogenannten «Krebspersönlichkeit», die gutartige Tumore haben, aber selber überzeugt davon sind, an Krebs erkrankt zu sein.[42]

«Lebe richtig – und du wirst nicht krank!» Das ist eine Botschaft, die uns die Illusion vermittelt, wir seien Krankheiten keineswegs schicksalhaft ausgeliefert. Wir können diese Illusion gut so lange aufrechterhalten, wie die Krankheit nur den Menschen neben uns trifft: kein Wunder, so wie der/die gelebt hat und noch lebt – da mußte es ja so kommen! Ich hingegen werde schon nicht erkranken, da ich ein emotional ausgeglichener und zufriedener Mensch bin, der mit seinem Leben zurechtkommt und weitgehend gesund lebt.

Sollte ich wider Erwarten doch krank werden, helfen mir dieselben Größenphantasien, über die Kränkung hinwegzukommen, indem sie mir die Hoffnung vermitteln, ich könnte die Krankheit wieder zum Verschwinden bringen: «Ändere dein Leben – und du heilst dich selbst!» Ich muß nur die Botschaft der Krankheit richtig entziffern. Ich muß nur wirklich gesund werden wollen. Wenn ich nicht sterben will, dann kann ich gar nicht sterben! Wenn ich die Krankheit aus unbewußten Motiven selbst gemacht habe, besitzt sie nur durch meine Psyche Realität, und ich kann sie mit der Kraft meines Geistes zum Verschwinden bringen. Da sind die vielen Beispiele von Menschen, die es in noch viel aussichtsloseren Lagen geschafft haben, wieder gesund zu werden. Also, streng dich an, du kannst es auch schaffen! Ich muß nur die Verantwortung für mich selbst und meine Heilung übernehmen. Ich darf mich nicht auf die Ärzte verlassen, mich ihnen nicht ausliefern. Im Gegenteil: ein gewisser Grad an Verweigerung gegenüber der Schulmedizin ist sehr angebracht! Von allen Seiten wird mir Heilsames im breiten Spektrum alternativer Gesundheitsangebote verheißen. Suche aus, was für dich paßt! Wenn du es nicht schaffst, muß es wohl daran liegen, daß du den Mut verloren, der Verzweiflung Raum gegeben und nicht genug an deine eigene Kraft geglaubt hast. − Auch im Umgang mit der lebensbedrohenden Krankheit setzen wir wieder unser vertrautes Leistungsdenken ein.

An den Erlebnisberichten Krebskranker, die gegenwärtig in Umlauf sind, fällt auf, daß gerade für die Menschen, die sich um alternative Behandlungsmethoden bemühen, die Beschäftigung mit der Krankheit zum zentralen Lebensinhalt wird. «Die Krankheit Krebs zu behandeln, dazu genügten im Durchschnitt ein paar Tage im Monat; sich mit dem Leiden Krebs herumzuschlagen, das war ein Fulltime-Job.»[43] Die aufwendige Lektüre der inzwischen fast unüberschaubaren Literatur, die unermüdliche Suche nach den wirksamsten Mitteln der Naturmedizin, den konzentriertesten spirituellen Techniken, den besten HeilerInnen (da es in dieser Szene wie allgemein akzeptiert auch viele Scharlatane gibt) füllt alle verfügbare Zeit aus. Gerade weil man gewillt ist, «seine Heilung selbst in die Hand zu nehmen», ist mit diesem Weg oft eine große Ruhelosigkeit, ein hektisches Agieren verbunden. Immer ist man auf der Suche nach einem neuen Medikament, einem besonderen Naturheilmittel, einem hochwirksamen Heilungsweg. Ist nun die Misteltherapie besser als die Thymustherapie? Am besten versuche ich beides. Sollte ich durch eine Reinkarnationstherapie herausfinden, ob meine Erkrankung das Karma eines früheren Lebens ist, oder mich auf positive Affirmationen und das Visualisieren verlegen? Wieder probiert man im Zweifel Verschiedenes durch. Nach dem Motto: vielleicht nützt es nichts, aber schaden kann es ja auch nicht; viel hilft viel − und vielleicht hilft alles zusammen bzw. von jedem etwas. Der Aktivismus wird zu einer

Strategie der Angstabwehr. Das Ergebnis ist, daß man ununterbrochen mit seiner Krankheit befaßt ist. Die Menschen im persönlichen Umfeld, die Welt um einen her wird kaum mehr wahrgenommen. Oft dominiert die Krankheit das Leben dann noch stärker, als es im Rahmen einer konventionellen medizinischen Therapie der Fall gewesen wäre. Man lernt nicht, in der Zeit, die man noch hat, mit der Krankheit zu leben, sondern läßt sich vollkommen von ihr ausfüllen.

Die verschiedenen spektakulären Heilerfolge bei esoterisch ausgerichteten PatientInnen können sich im einzelnen durchaus so abgespielt haben, wie sie uns geschildert werden. Nur hat das keinerlei Beweiskraft. Wenn ein Mensch an seinem Krebs stirbt, heißt das nicht, daß er sich falsch hat behandeln lassen oder die falsche seelische Einstellung hatte – er wäre vielleicht auch bei einer anderen Behandlung und mit einer anderen Einstellung gestorben, vielleicht eher, vielleicht später. Wir wissen es nicht. Wenn eine andere Person sich als geheilt empfindet und die Tatsache, daß sie nach zwei, fünf oder zehn Jahren noch lebt, obwohl ihre Prognose ungünstig war, auf ihre Kräutertherapie, ihre Ernährung oder einen speziellen Heiler zurückführt, dann kann die Lebensverlängerung mit dieser Behandlung zusammenhängen oder auch nicht. Vielleicht lebte sie auch noch, wenn sie sich schulmedizinisch oder gar nicht hätte behandeln lassen. Wir können es nicht wissen.

Nur zu deutlich wird allerdings die Grundhaltung hinter der missionarischen Zuversicht, man könne Krebs auf diese oder jene Weise mit Sicherheit zum Verschwinden bringen: Es ist die typische Haltung unserer Zeit und unseres Kulturkreises, unsere existentielle Abhängigkeit zu leugnen, unsere Sterblichkeit nicht zu akzeptieren. Interessanterweise äußert sich der Machbarkeitswahn eben nicht nur in den immer neuen Versuchen der Schulmedizin, den Tod technisch zu überlisten und stückchenweise noch ein wenig hinauszuschieben, sondern auch und gerade in den psychologisierenden und esoterischen Ansätzen des New Age.

«Das Psychologisieren scheint Kontrolle gerade über die Erfahrungen und Ereignisse (wie schwere Krankheiten) zu verschaffen, über die die Menschen tatsächlich wenig oder keine Kontrolle besitzen», schrieb Susan Sontag 1977 in ihrem Essay «Krankheit als Metapher».[44] Das war eine kluge und weitsichtige Bemerkung zu einer Zeit, als das Psychologisieren von Krankheiten noch nicht einmal seinen Höhepunkt erreicht hatte und die esoterischen Selbstverursachungstheorien, in denen der Kontrollwunsch noch deutlicher wird, im Alltagsdenken bei weitem nicht so verbreitet waren wie heute. Da, wo die Verheißungen der naturwissenschaftlich fundierten Medizin, den Tod zu besiegen, enttäuschen, verlegen wir uns auf einen magischen Kontrollwunsch – so oder so stehen der Machbarkeitsanspruch und die Todesverleugnung dahinter.

Wäre es nicht viel sinnvoller, die Frage nach den Ursachen einer Erkrankung auf sich beruhen zu lassen? Helfen diese Frage und die Antworten, die wir uns darauf geben, denn wirklich dabei, besser mit einer schweren Krankheit fertigzuwerden, notfalls mit ihr zu leben und irgendwann vielleicht an ihr zu sterben? Die Frage nach dem Warum einer Krankheit ist letztlich ebenso sinnlos wie die Frage nach dem Warum von Geburt, Alter und Tod. Krankheiten sind ein notwendiger Bestandteil unserer Existenz; sie haben keine vorab bestehende Bedeutung, sondern nur die, die wir ihnen nachträglich für unser Leben zu geben vermögen. Das beste, was wir tun können, ist, sie als einen selbstverständlichen Aspekt unserer Endlichkeit zu akzeptieren und unser Leben so gut wie möglich mit ihnen einzurichten.

«Wer den Tod ablehnt,
lehnt das Leben ab.
Denn das Leben ist uns nur
mit der Auflage des Todes geschenkt;
es ist sozusagen der Weg dorthin.»
Seneca

«Das Leben der zweiten Lebenshälfte
heißt nicht Aufstieg, Entfaltung,
Vermehrung, Lebensüberschwang,
sondern Tod,
denn sein Ziel ist das Ende.»
C. G. Jung

11. Dem Schicksal ins Auge sehen: die Begegnung mit dem eigenen Tod

Der eigene Tod ist die unerbittlichste Verkörperung des Schicksals. Er kann uns plötzlich treffen, auf dem Höhepunkt des Lebens. Er kann sich über Jahre langsam heranschleichen, auf den Sohlen einer unheilbaren Krankheit. «Mors certa, hora incerta» – nur daß wir irgendwann sterben, ist gewiß, den Zeitpunkt und die näheren Umstände werden wir erst im Augenblick des Sterbens selber erfahren. Die Umstände unseres eigenen Todes sind etwas, das wir nicht kontrollieren und nicht selbst bestimmen können (außer wenn wir selbst Hand an uns legen). Er trotzt allen menschlichen Bemühungen, ihn zu einem voraussagbaren Ereignis und berechenbar zu machen. Im Prozeß des Alterns und im Faktum des Todes stößt der Machbarkeitswahn auf seine deutlichste Grenze.

In der Antike wurden die Menschen auch «die Sterblichen» genannt, um sie von den unsterblichen Göttern abzugrenzen, mit denen sie sonst viele Ähnlichkeiten hatten. Die Tatsache, daß Menschen sterben, und mehr noch, daß sie um ihr Sterben wissen, ist die eigentliche Basis menschlicher Gemeinsamkeit. In der europäischen Antike und im

Mittelalter beschäftigte man sich mehr mit dem Tod als in unserer Gegenwart, die ihn zu verdrängen und zu leugnen versucht. Epikur lehrte, daß der Weise weder das Leben ablehnen noch den Tod fürchten solle. Man brauche keine Angst vor ihm zu haben, weil man sein Nicht-Sein ohnehin nicht erlebe. Töricht sei es, «zum Tode zu laufen» – d. h., seinem Leben durch Selbstmord ein Ende zu setzen. Der Mensch ist von Beginn seines Lebens an ein «periturus», sagte Seneca, ein Zugrundegehender. Nicht nur er selbst, sondern auch alles, was er schafft, ist dem Untergang geweiht. Die Zeit eilt, das Leben ist kurz, der Körper zerfällt, die Seele aber hat die Chance zu reifen. Es ist nicht wichtig, ob ein Mensch das Greisenalter erreicht, wichtig ist nur die Erlangung von «virtus», von Tugend oder seelischer Reife. Wenn ein Mensch dieses höchste Gut erlangt hat, dann hat sich der Sinn seines Lebens erfüllt. «Longa est vita, si plena est» – ein Leben ist dann lang, wenn es Fülle enthält. Lang zu leben ist kein Wert an sich; es kommt darauf an, gut zu leben. («Non enim vivere bonum est, sed bene vivere».) Ein mors immatura, ein vorzeitiger Tod, hat nichts mit der Zahl der Jahre zu tun, die dem Verstorbenen zugemessen waren, sondern damit, daß jemand unreif gestorben ist. Seneca ging es darum, daß der Mensch sein Schicksal als Sterblicher während seines Lebens zu akzeptieren lernt.[1]

Auch das christliche Mittelalter verstand das Leben vom Tode her. «Media vita in morte sumus» – mitten im Leben sind wir vom Tod umfangen. Dieser Ausspruch, der wahrscheinlich auf Notker den Stammler zurückgeht und durch Luther bekannt wurde, soll nicht nur zum Ausdruck bringen, daß wir jederzeit, überall, ohne Vorankündigung sterben können, sondern auch, daß der Tod zu unserem Leben gehört, als ständiger Begleiter, wie ein Schatten zum Körper. Es gibt nur Leben, weil es Tod gibt, und umgekehrt.

Heute sind wir weit davon entfernt, unser Leben vom Tode her zu begreifen. Wir wissen, daß wir sterblich sind, aber dieses Wissen bleibt abstrakt. Das Individuum ist unfähig, sich seinen eigenen Tod vorzustellen. Unser Ich scheint uns unsterblich, weil das, was in uns «ich» denkt, immer da ist, so lange wir denken können. Sterben ist für uns nur durch die Beobachtung anderer erfahrbar; sobald wir diese Erfahrung an uns selbst machen, hören wir auf zu sein. Nur aufgrund einer Verallgemeinerung wissen wir, daß wir auch sterben werden: weil alle gestorben sind, die vor uns waren, und weil andere um uns her sterben.

Anders als unsere Vorfahren haben wir heute aber sehr viel weniger unmittelbare Erfahrung mit dem Sterben anderer. Früher sahen Menschen vom Kindesalter an immer wieder Geschwister, Eltern, andere Verwandte, Nachbarn sterben. Heute gibt es viele Menschen, die erwachsen werden, ohne auch nur bei einem einzigen Tod zugegen gewesen zu sein, ohne je eine einzige Leiche berührt zu haben. Statt eine eigene sinnliche Todeserfahrung zu erwerben, werden wir heute unendlich oft mit distanzierten und zum Teil unwirklichen Todesbildern konfrontiert: Kaum ein Tag vergeht, an dem wir nicht von Morden und Kriegen in der Zeitung lesen, an dem wir nicht Filme im Fernsehen anschauen, in denen gestorben wird, vor allem gewaltsame Tode. Weil uns die Bilder des Todes nur noch medial vermittelt werden, gerät das Sterben zu etwas Fiktivem, extrem Unwirklichem, als sei der Tod ein bloßes Phantasieprodukt.

Im hohen Mittelalter wurde die «Kunst des Sterbens» als ein Teil der «Kunst des Lebens» betrachtet; man verfaßte zahlreiche Abhandlungen über die angemessene Form, sich vom Leben zu verabschieden, diesen letzten Abschnitt des eigenen Lebens würdig zu gestalten.

Lange Zeit lieferte die Legende vom Tode der Gottesmutter Maria die Vorlage für ein ideales Sterben. Maria hatte sich von Jesus gewünscht, daß er sie wissen lasse, wann sie sterben werde, und sie hatte die Apostel gebeten, ihr in dieser Stunde Beistand zu leisten. Marias Tod war natürlich ein unerreichbares Vorbild, denn sie war vom Fluch der Erbsünde befreit; folglich gab es an ihrem Sterbebett keine Teufel und Dämonen, die mit den Engeln um ihre Seele kämpften, und anders als die normalen Menschen schied sie ohne Schmerz, Trauer und Furcht und konnte ohne Umwege zum Himmel auffahren.

Doch das utopische Vorbild Marias hob die beiden wesentlichen Merkmale eines guten Sterbens hervor, wie man es im Mittelalter anstrebte: Zum ersten wünschte man, wissend zu sterben, um sich innerlich vorbereiten zu können, und zum anderen wollte man in der Gemeinschaft anderer sterben. Für die Sterbestunde, sagte Johannes Geiler von Kaysersberg im 15. Jahrhundert, solle man sich einen treuen gottesfürchtigen Menschen wählen, der einem beistehen könne: «Ußerwel einen getrüwen gotzfoerchtigen moenschen, der dir in diner sterbenden not behilflich syg mit ermanungen, mit vorlesen, mit vorbetten».[2] In den Klöstern bestand die Sitte, die Sterbenden nicht von der Gemeinschaft abzusondern. Wenn der Tod sich näherte, empfingen sie die letzte Ölung, das Sakrament als geistige Wegzehrung, und von da an ließ man sie nicht mehr allein; immer wachte ein Bruder oder eine Schwester bei ihnen, las ihnen geistliche Texte vor, insbesondere Psalmen oder den Passionstext, und betete mit ihnen.

Philippe Ariès hat in seinen «Studien zur Geschichte des Todes im Abendland» den idealen Verlauf eines guten Sterbens im Mittelalter wie folgt beschrieben: Zunächst gehört die Vorahnung dazu; man stirbt nicht, ohne sich mit dem Gedanken an den eigenen Tod vertraut gemacht zu haben. Wenn der sterbende Mensch «seinen Tod nahen fühlt», wie die bekannte Formel in alten Texten heißt, regelt er zunächst seine weltlichen Angelegenheiten, er «bestellt sein Haus». Dann kommt die Phase der innerlichen Vorbereitung. Während sich Kinder, Verwandte, Angehörige und Nachbarn um das Sterbebett versammeln, läßt er sein Leben Revue passieren. Er bittet diejenigen, denen er Unrecht zugefügt hat, um Vergebung, und er verzeiht denjenigen, die ihn schlecht behandelt haben. Er gibt den Anwesenden seinen Segen und wendet sich anschließend ganz dem Gedanken an Gott zu. Er bittet ihn um Vergebung seiner Schuld, er beichtet, empfängt die letzte Ölung, übergibt dann Gott seine Seele und stirbt. All das geschieht in Anwesenheit anderer, die den Sterbenden unterstützen, ihn auch an den rechten Ablauf erinnern, wenn er es allein nicht mehr schafft.[3]

Dieses Ritual erscheint uns heute ganz fremd. Die lang sich hinziehenden Krankheiten, die einem Zeit zur inneren Vorbereitung gewähren, sind besonders gefürchtet. Viele Menschen wünschen sich heute den plötzlichen Tod: kerngesund zu sein bis zu dem Tag, an dem man einfach tot umfällt, ohne Schmerzen, ohne Zeit, überhaupt Todesangst zu verspüren – am besten wäre, wenn es vorbei ist, ohne daß man überhaupt etwas vom Sterben bemerkt hat.

Heute besteht auch die Auffassung, daß das Sterben keine öffentliche, sondern eine hochprivate Angelegenheit sei, mit der das Individuum allein fertig werden müsse. Nur die nächsten Angehörigen wünscht man sich am Sterbebett. Als Heinrich Heine Mitte des 19. Jahrhunderts sein langsames und qualvolles Sterben in den «Nachrichten aus der Matratzengruft» schonungslos beschrieb, waren viele seiner Zeitgenossen zutiefst abgestoßen davon, daß da jemand sein Sterben öffentlich machte. Im 19. Jahrhundert erwartete man bereits, daß das Individuum seinen Tod in aller Stille empfing. «Die Todtkranken der alten Schule zogen ihre Fenstervorhänge zu, schlossen die Türe vor den Menschen und ihre Augen vor der Welt zu; dann starben sie ... Von dem Magenkrebs des großen alten Napoleon ist nicht so viel in den Journalen die Rede gewesen wie von der Rückenmarksdarre des großen Heine ... Auch der alte Tieck war ein anderer Mann und ist schweigend in seinem Bette gestorben, hat keine Witze über den lieben Gott gerissen und sich nicht mit Kindern, Blumen und Journalisten drappiert und seinen Schmerz im Stillen und nicht vor ganz Deutschland getragen», schrieb ein anonymer Kritiker Heines, der dessen Sterbelyrik als hochgradig peinlich empfand.[4]

Der Tod war von einer öffentlichen Angelegenheit, die alle betraf, zum intimsten Ereignis und zu einem Tabu geworden. «Früher erklärte man den Kindern, daß sie in einem Kohlkopf zur Welt kämen, aber man ließ sie bei der großen Abschiedsszene am Lager des Sterbenden zugegen sein. Heute werden sie im zartesten Alter in die Physiologie der Liebe eingeweiht, aber wenn sie ihren Großvater nicht mehr zu Gesicht bekommen und sich darüber wundern, sagt man ihnen, daß er in einem schönen Garten mit lauter Blumen ruht.«[5]

Früher akzeptierte man die Todesstunde als von Gott geschickt, sah es aber als Ideal an, wenn der Sterbende das letzte Kapitel soweit wie noch möglich souverän gestaltete, um sein eigenes Leben rund und gut abzuschließen. Ein gutes Sterben galt als Voraussetzung für einen möglichst reibungslosen Übergang ins Jenseits. Heute mühen wir uns ein ganzes Leben lang, Meister unseres eigenen Geschicks zu sein, die Kontrolle über das zu behalten, was uns geschieht – aber zu Ende unseres Lebens geben wir die Regie aus Angst oft freiwillig aus der Hand. Wir legen die Verantwortung in die Hand der behandelnden Ärzte, um dem Tod nicht ins Auge schauen zu müssen, in der Hoffnung, daß sie ihn vielleicht doch noch ein winziges bißchen hinausschieben können oder daß sie uns unser Sterben weniger fühlbar machen.

Unsere Gegenwart versucht den Tod zu negieren. Die Menschen leben in stillschweigendem Einverständnis, so als gäbe es keinen Tod. Wenn jemand gestorben ist, billigt man den Trauernden eine kurze Zeitspanne zu, in der sie sich ihren Gefühlen überlassen dürfen, in der sie einen Anspruch auf den Trost der anderen haben. Oft werden sie während dieser Zeit auch gemieden und aus dem Kreis der Normalen ausgeschlossen. Dann sollen sie sich wieder gefangen haben und wieder in den lärmenden Kreis derer zurückkehren, die leben, als gäbe es keinen Tod. The party must go on. Don't worry, be happy. Forever young, forever fit. Bis ins hohe Alter soll man zu leben versuchen, als gälte es ständig, den Turm höher zu bauen. Immer mehr, immer schöner, immer besser – und wenn die Lebenskurve nicht weiter aufsteigen kann, so muß man um Gotteswillen versuchen, sie zumindest auf dem einmal erreichten Niveau zu halten, darf sie auf keinen Fall darunter sinken lassen.

Die Angst vor dem Tod hat viele Facetten. Die meisten fürchten das Sterben mehr als das Totsein. Sehr häufig verbirgt sich hinter der Angst vor dem Tod die Angst vor dem Leben oder genauer: die Angst, das Leben verfehlt zu haben. Manchmal schwindet die Todesangst auch, wenn der nahe Tod zur Gewißheit wird, wenn es keine Fluchtmöglichkeit mehr gibt. Für manche Menschen, die unheilbar erkrankt sind, ist dies ein Anlaß und eine Chance, sich noch einmal auf das Wesentliche ihres Lebens zu konzentrieren.

Der Machbarkeitswahn leugnet die Tatsache, daß wir sterben müssen, bis zuletzt. Er akzeptiert sie vielleicht als Abstraktum – okay, alle Menschen müssen mal sterben –, aber doch noch nicht ich, nicht jetzt, nicht hier! Bis zuletzt versucht er zu negieren, zu verzögern, Aufschub auszuhandeln, und die moderne Medizin, vom Impetus getragen, die Grenzen des Machbaren immer weiter hinauszuschieben, hilft dem einzelnen bei dieser Selbsttäuschung und beim Verdrängen. Hier noch eine Operation, die das Leben, wenn auch auf kläglichstem Niveau, einige Monate verlängert, dann noch ein Eingriff, der den Tod ein paar Wochen hinausschiebt, schließlich ein Medikament, das mich in der trügerischen Hoffnung wiegt, es könne noch einmal alles besser werden, das mein Bewußtsein einlullt und mich darüber hinwegtäuscht, daß die letzte Stunde unerbittlich bevorsteht.

Natürlich kann es nicht darum gehen, grundsätzlich jede lebensverlängernde Maßnahme oder gar jedes schmerzlindernde Medikament abzulehnen. Die mögen im einzelnen durchaus sinnvoll und auch sehr wohltuend sein. Kläglich ist nur, wie viele Menschen bis zum letzten Augenblick den Rest ihrer Lebensenergie darauf ausrichten, das Sterbenmüssen noch weiter hinauszuschieben, statt das Unabwendbare bei vollem Bewußtsein zu akzeptieren. In der Situation des Sterbens stoßen wir unwiderruflich an die Grenzen unserer Gestaltungsfreiheit. Doch die ist gerade dann am größten, wenn wir das Unabänderliche bewußt akzeptieren – egal, ob stoisch, heiter, gelassen. Diese Haltung gibt unserem Sterben Würde. Daß wir sterben müssen, haben wir mit allen anderen Lebewesen gemeinsam. Unser Privileg und eine Art der Freiheit besteht darin, daß wir uns dessen während unseres ganzen Lebens bewußt

sind und daß wir auch unseren Tod bewußt erleben können.

«Wenn es darum geht, das Leben eines anderen Menschen zu beurteilen, so richte ich immer meinen Blick
darauf, wie es ausgeklungen ist, und meine wichtigste Be-
mühung ist zu erreichen, daß mein Leben gut ausklingt,
das heißt ruhig und still», schrieb Montaigne in seinen
Essays. Der Tag des Sterbens sei der wichtigste Tag im
Leben eines Menschen. «Es ist der Tag», sagt Seneca, «vor
dem alle vergangenen Jahre bestehen müssen.»[6]

Auch heute beeindrucken uns Menschen, die sich in der
entscheidenden letzten Phase ihres Lebens nicht mehr vom
Machbarkeitswahn beirren lassen, Menschen, die nicht um
ein paar Tage zu feilschen beginnen, sondern sich mit Würde in das Unabänderliche schicken und dem eigenen Sterben bewußt ins Auge sehen.

Dabei gelten für unsere Vorstellung vom idealen Sterben
durchaus ähnliche Kriterien wie im Mittelalter, nur die
religiöse Einbettung der Sterbesituatiuon ist nicht mehr
selbstverständlich, zumal bei vielen Menschen auch die
Vorstellung von einem Weiterleben im Jenseits nicht mehr
gegeben ist. Doch auch wir wünschen uns, daß ein Mensch
sein nahendes Ende spürt und bewußt akzeptiert, daß er
sein Haus bestellt und seinen Nachkommen kein Chaos
hinterläßt. Wir finden es befriedigend, wenn der Sterbende
sich von seinen wichtigsten und liebsten Menschen verabschieden kann. Und wir hoffen, daß ihm Zeit bleibt, sein
Leben Revue passieren zu lassen, Bilanz zu ziehen, um zum
Schluß sagen zu können: Es war gut so. – Natürlich lassen
viele Todesarten das nicht oder nur sehr begrenzt zu – der
plötzliche Unfalltod etwa oder der Tod durch Herzversa-
gen.

Das Ideal, dem eigenen Tod stoisch und zugleich als
Epikureerin entgegenzutreten, erfüllte die Wiener Schau-
spielerin Florentine Jarklowski (1826–1905) – so wird es
zumindest über sie berichtet. Sie hatte kein leichtes Leben.
Sie war als Fünfjährige von ihren Eltern an einen Wander-
bühnendirektor regelrecht verkauft worden, hatte nie eine
Schule besucht, mit 16 Jahren zum ersten Mal geheiratet,

einen Schauspieler, von dem sie zwei Kinder bekam. Schon mit 19 Jahren wurde sie zum erstenmal Witwe und fand sich völlig mittellos. Mit 25 Jahren heiratete sie zum zweiten Mal; ihr Mann war später Direktor des Wiener Burgtheaters. Alle sieben Kinder aus dieser Ehe starben noch vor ihr, und als Florentine Jarklowsky schließlich, fast achtzigjährig, selbst starb, hatte sie kaum noch Angehörige. Über ihren Tod schrieb ein anderer Burgschauspieler im Nekrolog: «Sie legte sich, ihres Endes bewußt, mit der Heiterkeit des Philosophen auf das Sterbelager und verschloß die Tür jedem Besuch ihrer Wenigen. Ihre letzte Stunde hatte sie fast mathematisch genau berechnet. Aller Leibeserben verlustig, lebte sie von den Resten ihres Kapitals, das sie sich für jene Lebensdauer eingeteilt hatte, die ihr tatsächlich beschieden war. Als der Freund mit dem Knochenfinger schon bei ihr anklopfte, bestellte sie sich bei der Bedienerin noch einen Apfelstrudel. Sie ermahnte sie, hurtig zu sein, denn die Zeit sei gemessen. Bald nachdem sie das Lieblingsgericht genossen, tat sie den letzten Atemzug.» Wir wissen nicht, ob es wirklich so war, aber es ist eine schöne Geschichte, eine von denen, die man sich wünscht, die man gern hört oder liest über den Tod von anderen. Sie illustriert das Ideal des eigenen Todes, der zu dem Menschen paßt, welcher ihn stirbt.[7]

Vielleicht gelingt es den Menschen am besten, ihren unmittelbar bevorstehenden Tod zu akzeptieren, wenn sie «alt und lebenssatt» sind, wie es von den biblischen Patriarchen hieß, die im hohen Alter nach einem erfüllten Leben starben.

Albert Schweitzers Tod ist so geschildert worden. Immer hatte ihn die Einstellung der Afrikaner beeindruckt, die es überhaupt nicht mochten, wenn man ihnen bei letalen Krankheiten vorgaukelte, sie würden wieder gesund werden. «Den eingeborenen Kranken muß man schonungslos die Wahrheit sagen. Sie wollen sie erfahren und können sie ertragen. Der Tod ist ihnen etwas Natürliches, sie fürchten ihn nicht, sondern sehen ihm ruhig entgegen».[8] Ähnlich ging Schweitzer auf sein eigenes Ende zu. Er konnte auf ein langes und erfülltes Leben zurückblicken; er starb mit

90 Jahren an der Stätte seines Wirkens, umgeben von Menschen, mit denen er gearbeitet hatte und die ihn bewunderten. Mit einer seiner Krankenschwestern suchte er sich seine Grabstätte aus, unter einer Dattelpalme, die er einst selber aus einem Kern herangezogen hatte. Seinen Holzsarg hatte er schon ein Jahr vor seinem Tod anfertigen lassen. Bis zuletzt schrieb er Briefe und machte, solange er sich bewegen konnte, Spaziergänge und pries die Schönheit der Natur um sich her. Als er sich zu Bett legen mußte, nahmen Mitarbeiter und Freunde von ihm Abschied. Er ließ sich Musik auflegen, das Andante zu Beethovens 5. Symphonie. Dann starb er.

Albert Schweitzer hatte das Glück, körperlich nicht leiden zu müssen und einen ruhigen Tod ohne nennenswerte Schmerzen sterben zu können. Natürlich ist es sehr viel schwieriger, mit einer schweren Krankheit und mit Angst vor körperlichem Leiden oder mit Schmerzen belastet auf würdige Art dem eigenen Tod entgegenzugehen.

Sigmund Freuds (1856–1939) Sterben war langwierig und grausam, und dennoch ist es beispielhaft in seiner stoischen Gelassenheit und Würde. Freud war 67 Jahre alt, als bei ihm Mundhöhlenkrebs diagnostiziert wurde. Bis zu seinem Tod mußte er dreiunddreißig Operationen über sich ergehen lassen; schon bei einer der ersten wurde die Trennwand zwischen Mund und Nase entfernt, so daß er gezwungen war, eine Prothese zu tragen. Die gestaltete die Nahrungsaufnahme zu einer so komplizierten und unappetitlichen Prozedur, daß er hinfort allein aß. Auch das Sprechen wurde nach und nach so erschwert, daß er bald ganz darauf verzichtete, Vorträge zu halten und in der Öffentlichkeit aufzutreten. Acht Jahre vor seinem Tod nahm die Krankheit noch einmal eine bösartige Wende; nun wurde ihm endgültig klar, daß es sich um eine Krankheit zum Tode handelte. In den letzten Jahren seines Lebens mußte er darüber hinaus seine Heimatstadt verlassen und auf der Flucht vor nationalsozialistischer Verfolgung in die Emigration gehen.

Freud war nicht religiös; er betrachtete alle Religionen als menschliche Erfindungen, die dem infantilen Vorbild der Eltern-Kind-Beziehung nachgebildet sind. Die Religion also konnte ihm in der Auseinandersetzung mit der Krankheit und dem bevorstehenden Ende kein Trost sein. «Sie werden mich nach meinem Tod in Ihrer freundlichen Erinnerung fortleben lassen, die einzige Art begrenzter Unsterblichkeit, die ich kenne», schrieb er an Marie Bonaparte.[9]

Freuds Lebensinhalt und Lebenssinn waren seine Arbeit, sein Werk, auf das er stolz war, ohne es zu glorifizieren, und seine Familie. Er war kein Mensch, der dazu neigte, sein Leiden heroisch selbst zu inszenieren, sondern ein Stoiker, der seine Krankheit einerseits als Faktum akzeptierte und andererseits soweit wie möglich zu ignorieren versuchte. Er deutete sie nicht, er machte sie nicht zum Mittelpunkt seines Lebens, indem er sich ununterbrochen mit ihr beschäftigte, sondern er versuchte, so lange wie möglich weiter so zu leben und zu arbeiten wie zuvor. Sechs Wochen vor seinem Tod schrieb er in einem Brief: «Es ist kein Zweifel mehr, daß es sich um einen neuen Vorstoß meines lieben alten Karzinoms handelt, mit dem ich seit 16 Jahren die Existenz teile. Wer der Stärkere sein würde, konnte man natürlich damals nicht vorhersagen.»[10]

Er hatte durchaus auch, vor allem der Schmerzen wegen, verzweifelte und deprimierte Tage, und er fürchtete sich vor einer längeren Phase des Siechtums, während der er nicht mehr würde arbeiten können. Dieser Gedanke war für ihn das Schrecklichste. Ihm lag daran, so lange als möglich bei klarem Bewußtsein und wachem Verstand zu sein und eine Haltung überlegener Indifferenz zu wahren. Deswegen nahm er gegen seine Schmerzen nur Aspirin und Pyramidon ein. «Lieber in Qualen denken als nicht klar denken können.»[11] Mit seinem Freund und Arzt Schur hatte er schon früh verabredet, daß der ihm helfen würde, seinem Leben ein Ende zu machen, wenn die Schmerzen so überhandnähmen, daß er ihm nichts mehr würde abgewinnen können. Im September 1939 schien ihm der Zeitpunkt gekommen. Er bat Schur um Morphium, ohne Pathos oder Selbstmitleid. «Das ist jetzt nur noch Quälerei und hat keinen Sinn mehr.»

Ein beeindruckendes zeitgenössisches Zeugnis für eine gelassene Art, dem eigenen Tod bewußt ins Auge zu sehen, sind auch die Aufzeichnungen von Peter Noll: «Diktate über Sterben & Tod».[12] Peter Noll war 55 Jahre, als er im Dezember 1981, nachdem er wegen Nierenschmerzen einen Arzt aufgesucht hatte, von der bösartigen Geschwulst in seiner Blase erfuhr. Die Ärzte rieten zur Operation, konnten ihm aber auch in diesem Fall nur eine geringe Überlebenswahrscheinlichkeit für die nächsten Jahre in Aussicht stellen. Auch würde die Operation bedeuten, daß er mit einem künstlichen Blasenausgang leben müßte und impotent würde. Peter Noll entschloß sich nach kurzer Überlegung gegen die Operation und für die Annahme seines Todes im natürlichen Verlauf der Krankheit. Sehr bald wurde klar, daß er nur noch eine kurze Zeitspanne zu leben hatte.

Seine Aufzeichnungen beginnt er, wenige Tage nachdem die Diagnose feststeht. Sie sollen ihm helfen, mit der Situation fertigzuwerden, sich über seine Gedanken und Gefühle Rechenschaft abzulegen, aber er wünscht sich über diese subjektiven Motive heraus eine weitere Bedeutung: Er will «das Sterben und den Tod als ein für alle vorgeschriebenes und auch wirklich zu bewältigendes Ereignis darstellen, nicht einfach meinen Trost suchen».[13] Zwischendurch kommen ihm durchaus Zweifel, ob ihm das gelingt, ob es sich nicht um die Darstellung einer «banalen Krankengeschichte» handelt. «Ist es nicht nur eine Auseinandersetzung mit mir selbst, die nur mich selbst angeht? Nein, der Tod ist das Allgemeinste, das es überhaupt gibt, und das Allgemeine sollte auch öffentlich sein.»[14] Die Öffentlichkeit, die er herstellt, soll ihm zugleich helfen, sich selbst gegenüber ehrlich zu bleiben, gut zu sterben.

Schon in den ersten Wochen, nachdem er die Diagnose kennt, plant Peter Noll seine Beerdigung. Er wünscht sich, daß bei der Trauerfeier Gedanken aus seinen Aufzeichnungen vorgetragen werden; er sucht einen unkonventionellen Pfarrer auf, mit dem er die Zeremonie bespricht, er wählt als Musik Stücke aus Bachs H-Moll-Messe, die er als einen Triumph über den Tod empfindet, auch ohne an die Auferstehung zu glauben. Max Frisch, mit dem er befreundet ist, nimmt Anteil an seinen Vorbereitungen, begleitet ihn in der letzten Zeit und erklärt sich bereit, ihm die Totenrede zu halten.

Fortlaufend notiert er seine Gedanken: über sein sich veränderndes Lebensgefühl, den neuen Sinn für Prioritäten, für das Wesentliche. Am Anfang ist er ruhig und gelassen, sehr positiv, manchmal fast euphorisch. Anfang Januar stellt er fest: «Ich habe eine relativ kurze, überblickbare Zeitspanne, in der ich nochmals ein neues, freieres Leben beginnen kann. Ich werde mich, nach dem Freisemester im Sommer, pensionieren lassen und dann noch alles tun, was ich immer aufgeschoben habe. Es ist wirklich eine Chance, den Tod auf sich zukommen zu sehen. Erstens muß man keine Rücksichten mehr nehmen; mehr als das Leben kann dir niemand mehr nehmen. Zweitens kann man alles vorbereiten und abschließen.»[15] Wenn jetzt die Dinge einen anderen Verlauf nehmen würden, wenn er jetzt doch nicht sterben müßte, notiert er im März, dann würde das wahrscheinlich sogar schwierig für ihn werden – so sehr hat er sich schon auf seinen Krebs und den Gedanken, bald zu sterben, eingestellt. «Schon oder noch bin ich mit meinem Krebs ganz zufrieden, habe mich völlig an Sterben und Tod gewöhnt, es würde mich aus der Routine reißen, wenn die Entwicklung einen anderen Verlauf nähme.»[16]

Aber er ahnt, daß zum Ende hin eine Phase kommen kann oder wird, in der «es zuletzt eine ungeheure Beschleunigung geben wird, die ich aber nicht mehr beherrsche».[17] Deswegen will er von den Ärzten möglichst genau wissen, welche möglichen Szenarien es für sein Ende gibt. Zwischendurch kommen ihm immer wieder Ängste. Wieviel Zeit hat er noch? Monate, Wochen? «Etwa zwei Jahre hätte ich gern noch.»[18] Es sind dann nur noch neun Monate. Ein befreundeter Arzt, der seine Entscheidung, sich nicht operieren zu lassen, akzeptiert, schildert ihm, so gut er es selber weiß, die möglichen Sterbeverläufe und sagt ihm schmerzlindernde Mittel zu.

Zwischendurch reflektiert er über den Satz des Psalm 90: «Herr, lehre uns bedenken, daß wir sterben müssen, damit wir weise werden.» Weisheit bedeutet ihm: 1. Die Zeit wird wertvoller; man ist nicht mehr bereit, sie für langweilige Beschäftigungen zu opfern; man wird gegenüber den zahllosen Möglichkeiten des Lebens selektiver. 2. Wenn man das Leben vom Tode her betrachtet, wird man freier, vieles wird leichter, manches intensiver. «Etwas zum letzten Mal sehen ist fast so gut, wie etwas zum erstenmal sehen.» 3. Das Verhältnis zu den anderen wird anders. Man versucht, diejenigen mehr zu lieben, die einen lieben, weniger mit denen zusammenzusein, die einen nicht lieben. Man wird geduldiger, glaubt er.[19] Noll, der allein lebt, reflektiert seine Lebensgeschichte, sein Verhältnis zu seiner geschiedenen Frau, den beiden Töchtern. Erstaunlich ist sein intensives Interesse an seiner Umgebung, an gesellschaftlichen, philosophischen, religiösen, politischen Fragen, das fast bis in die letzte Phase seiner Krankheit wach bleibt. Der nah bevorstehende Tod ist für ihn kein Anlaß, sich in esoterische Spekulationen zu versteigen, dazu ist er zu rational. Als eine Bekannte, die um seinen Zustand weiß, ihm allerlei esoterische Literatur schickt, bezeichnet er das schlicht als «Beiträge zur Verdummung», als «kolossale Idiotie». Er will in seinen Aufzeichnungen keinerlei Ewigkeitsvorstellungen vermitteln, sondern schlicht und ehrlich «meine Situation als durchschnittlich und zugleich exemplarisch vorführen».[20]

Die ersten beiden Monate nach der Diagnosestellung verbringt er in gutem Gesundheitszustand; er läuft in den Winterferien Ski in den Schweizer Alpen, ohne Probleme, nur fühlt er sich rascher als früher müde; er versucht, ein Buchprojekt abzuschließen, er absolviert seine Veranstaltungen an der Uni. Im April unternimmt er zusammen mit Max Frisch eine Reise nach Ägypten, die problematisch verläuft. Am vierten Tag kommt es zu einem physischen Zusammenbruch: Urinstau in der Niere, Herzschwäche, Wasser in der Lunge und der Leber, vermutlich aufgrund einer Infektion. Frisch organisiert einen Rettungsflug zurück in die Schweiz; Peter Noll verbringt die drei folgenden Wochen im Spital. Eine Operation, die nur eine weitere, kleine Lebensverlängerung bringen würde, lehnt er abermals ab. Inzwischen werden längst an mehreren Stellen Metastasen vermutet.

Am 18. Mai feiert er seinen 55. Geburtstag, «wahrscheinlich mein letzter», notiert er.[21] Im Juni nehmen die Beschwerden und Schmerzen zu; er braucht jetzt häufiger Morphium. Vorübergehend bekommt er die Schmerzen wieder in den Griff, aber Ende Juni vermerkt er, daß ihm alles Mühe bereite, daß seine Müdigkeit und Entschlußlosigkeit zunähmen und ihm auch seine Aufzeichnungen, die im übrigen seltener und kürzer werden als in den ersten Wochen, manchmal keine Freude mehr bereiteten. Und doch hat er noch den Abstand für allgemeine Überlegungen, als er über die 3,5 Millionen Toten des Zweiten Weltkriegs nachdenkt: «Grausam wurde und wird gestorben, grausamer als durch Krebs, und keines der Opfer hatte Zeit oder Kraft, sein Sterben zu beschreiben.» Er bezeichnet die Krebskranken, also auch sich selbst, als privilegiert, weil sie ihrem Sterben stellvertretend für alle anderen Sprache verleihen können.[22] «Dennoch kann das Sterben nur ganz individuell erlebt und beschrieben werden. Insofern gibt es keinen kollektiven Tod.»[23]

Anfang August leidet er unter Atemnot; er hat wieder Wasser in der Lunge, seine Bewegungen verlangsamen sich. «Das Sterben kündigt sich auch dadurch an, daß Eros sich in Agape verwandelt, nicht nur beim Sterbenden, sondern auch bei den Partnern.»[24] Er liest jedoch noch viel und mit Vergnügen. Einige der Metastasen sind inzwischen tastbar, und er fragt sich und den befreundeten Arzt, ob sein Sterben freundlicher aussehen wird, sollten die Metastasen den Primärtumor überholen. «Ich komme mir vor wie einer, der zum Tod durch Rädern verurteilt war und nun zum Tod durch Köpfen begnadigt wird.»[25] Am 8. September notiert er: «Bei meinem gegenwärtigen Zustand kann ich unmöglich das Wintersemester durchhalten.»[26] Dennoch nimmt er in den folgenden Tagen noch mit Mühe einige berufliche Termine wahr. Am 20. September vermerkt er Fieber, das nun nicht mehr weicht. Seine nächste, kurze und letzte Tagebuchaufzeichnung stammt vom 30. September. Er habe zuviel Morphium genommen und vorübergehend das Zeitgefühl verloren, heißt es da. Und er sei noch einmal mit Max Frisch essen gegangen. «Als wir zurückfuhren, regnete es, und wir spürten, daß mit dem milden Wetter auch der Sommer gegangen war, definitiv», heißt der letzte Satz.[27]

Er starb am 9. Oktober. In den letzten Tagen, die nicht leicht für ihn waren, wohnte seine Tochter Rebekka bei ihm und kümmerte sich um ihn. Der Freund Max Frisch verabschiedete sich am letzten Lebenstag, als er nach einer Horrornacht von Ängsten und Schmerzen wieder friedlich und bei klarem Bewußtsein war. Frisch mußte eine Amerikareise antreten, und beiden war klar, daß sie sich nicht wiedersehen würden. «Du weißt, ich habe dich gern», sagt Max Frisch, und Peter Noll erwidert: «Ich danke dir für diese Zeit.»

Peter Noll ist nicht alt geworden, hatte aber mit 55 Jahren eine gute Zeitspanne. Wenn Menschen in einem sehr frühen Lebensalter sterben müssen, ist es vermutlich noch viel schwieriger, den nahenden Tod zu akzeptieren. Das Auf und Ab der Gefühle ist heftiger, die Isolation von den Menschen der gleichen Altersgruppe, die noch ein ganzes Leben vor sich haben, wird drastischer empfunden.

1999 erschienen die Aufzeichnungen der englischen Journalistin Ruth Picardie aus ihren letzten Lebensmonaten, bevor sie 33jährig an Krebs starb.[28] Es waren einige Kolumnen, die sie für eine populäre Zeitschrift schrieb, und eine Reihe von E-Mails an Freundinnen und Freunde. Bis zuletzt äußert sie sich über ihren Zustand und ihr Lebensgefühl im geistreich-flippigen postmodernen Szenestil, schnodderig, cool, voll Understatement und Selbstironie – und doch werden die Angst und die Verzweiflung nicht weggemogelt. Vielleicht ist es gerade diese Sprache, die Picardies Aufzeichnungen heraushebt aus der großen Zahl der zeitgenössischen Erfahrungsberichte Krebskranker, die zumeist ernst und pathetisch sind und nur um sich selbst kreisen. Ruth Picardie macht ihren Weg zum Tod öffentlich, sie leugnet nichts von ihrer Zerrissenheit, ihrer Verzweiflung, ihrer Hoffnung, noch etwas länger leben zu können, und akzeptiert dann doch das Unabänderliche;

ihre Aufzeichnungen sind ein Zeugnis großer Ehrlichkeit, gerade in dem Versuch, tapfer zu sein und sich immer wieder mit ironischer Selbstdistanz vor dem Absturz ins Selbstmitleid zu bewahren.

Picardie ist ein Kind der Konsumgesellschaft; keine religiöse Überzeugung hilft ihr, den Gedanken an den Tod erträglicher scheinen zu lassen. Als bei ihr Brustkrebs diagnostiziert wird, ist sie 32 Jahre alt, Mutter von einjährigen Zwillingen, und sie hat noch ein knappes Jahr zu leben.

Sie äußert sich zu ihren körperlichen Befindlichkeiten überwiegend humorig und komisch, als betrachte sie sich von außen: «Lustige Seiten von Brustkrebs: 1. Du läßt dir die Haare kurz schneiden, weil sie dir eh ausfallen, und siehe da, die Frisur steht dir gut. Du nimmst dir vor, nie wieder eine andere zu tragen. 2. Du kannst ohne die geringsten Schuldgefühle so richtig gemein zu den Leuten sein.»[29] «Warum sich nicht mit der Tatsache anfreunden, daß ich jung und schön (schön wär's) sterben werde und dann positiv an die Zeit herangehen, die mir noch bleibt ...»[30] «Ich bin es leid, jedermanns Lieblingskrüppel zu sein – du kannst dir nicht vorstellen, wie viele Bekannte plötzlich deine besten Freunde sein wollen ...»[31]

Außer der Chemo- und der Strahlentherapie probiert sie komplementär noch die verschiedensten alternativen Therapien aus, aber ohne den heiligen Ernst, den viele andere Kranke dabei haben; immer bleibt ihr Blick für das Komische an anderen und auch an sich selbst erhalten. Sie registriert die verlogene und verschleiernde Sprache der Schulmedizin, die Scharlatanerie und die Geldgier vieler alternativer Gurus, «das Bewußtseinsstrom-Gemurkse», obwohl sie selbst auch vieles durchprobiert. «War heute nachmittag in einer Selbsthilfegruppe ... Sah dem Ganzen mit Grauen entgegen ... Nur fünf Gefangene insgesamt, dazu zwei Wärterinnen, einschließlich GRUSELIGER Betreuungsschwester in Riesenkaftan mit Blumenmuster und Schlabberhosen ... Und dann ihre Art – total humorlos. Egal, mochte die anderen Frauen ganz gern. Eine von ihnen hat Zen-ähnliche Bewußtseinszustände der Akzeptanz erreicht ... Ich bin ein Tiger. Ich bin ein Tiger (Selbsthilfe-Chant) ...»[32]

In ihren Zeitschriftenkolumnen äußert sie sich auch sehr selbstkritisch; es ist diese Mischung aus Selbstdistanz und Ehrlichkeit, die das Buch so faszinierend macht: «Wie zu erwarten, macht die Diagnose aus dir eine griesgrämige, verbitterte, mißgünstige alte Kuh. Nachdem du aus dem weiteren Bekanntenkreis jetzt schon zum vierten Mal vom Brustkrebs irgendeiner Tante gehört hast, stellst du fest, daß sich dein Mitleid für Frauen, die diese Krankheit nach den Wechseljahren bekommen, in Grenzen hält ... Dem nächsten, der dir mit dem Rat kommt, homöopathischen Frosch-Urin zu trinken, rammst du eine nichtbiologisch/organische Karotte in den Hintern. Und alle Aufrufe zur Rettung der Seepferdchen wandern direkt in den Papierkorb ...»[33] «Alle glauben, von Krebs wird man dünn. Tatsächlich werde ich aber dicker und dicker ... Ein paar Leute ... fragten rundheraus: ‹Sind Sie auf Steroiden?› Wenn du ein Mann bist, bedeutet das: ‹Himmel, haben Sie aber riesige Muskeln.› Wenn du jedoch keiner bist, ist damit dummerweise gemeint: ‹Himmel, haben Sie einen Riesenhintern.›»[34] «Zunächst einmal wird von dir, wenn du eine unheilbare Krankheit hast, erwartet, daß du äußerst abgeklärt und auf einer höheren Entwicklungsstufe bist, daß du dich in die Art von Frau verwandelst, die denkt ‹Was macht es schon aus, 70 Kilo zu wiegen, im Vergleich zu der Freude, meine Kinder über eine Blumenwiese tollen zu sehen wie in der Werbung für Junior-Timotei?› Unglücklicherweise krieg ich einfach meinen Kopf nicht frei für Zen-Meditation, sondern scheine mich zu verbeißen in: ‹Warum habe ich die Fischstäbchen gegessen, die Lola ausgespuckt hat, wo ich doch schon gar nicht mehr in meine Jeans passe?›»[35]

Sie ist zu klug und neigt zuwenig zum Selbstbetrug, um nicht zu sehen, daß alle Behandlungsversuche nichts an der Tatsache ändern, daß sie sehr bald sterben wird – obwohl es ihr in den ersten Monaten nach der Diagnose subjektiv noch so gut geht, daß sie sich wiederum den Tod nur ganz schwer vorstellen kann. Im weiteren Verlauf der Krankheit schwört sie deswegen auf die sinnlichen Genüsse: gut essen, schöne Kleider und teure Kosmetika kaufen, die «Konsumtherapie»: «Nach Monaten sorgfältiger Recherche habe ich eine Behandlungsmethode entdeckt, die (a) billiger ist als die Komplementärtherapie, (b) höllisch viel mehr Spaß macht als die Strahlentherapie und (c) – die Hauptsache! – unglaublich effektiv ist. Die Konsum-Therapie! Damit meine ich persönlichen Genuß und Wirklichkeitsflucht jeder erdenklichen Art»[36] «... ein Freßkorb von Fortnums & Mason hat erwiesenermaßen Tumore um bis zu 50 Prozent schrumpfen lassen!»[37] Die Behandlung sei «weitgehend nebenwirkungsfrei». «(Warnung: Meine Kreditkarte wurde heut morgen gesperrt)». Und alle betroffenen «Mitkrüppel» könnten jetzt schon auf das Erscheinen ihres Ratgebers «Krebsfrei durch Shopping» hoffen.[38]

Bis etwa sechs Wochen vor ihrem Tod kann sie sich noch öffentlich zum Verlauf ihrer Krankheit, zu ihren Gefühlen und der sich verändernden Welt um sie herum äußern; ihre insgesamt fünf im «Observer» erscheinenden Kolumnen «Before I say Goodbye» lösen Wellen der Anteilnahme und Fluten von Leserbriefen aus. Voyeurismus? Öffentliches Sterben als neuartiger Kick, als noch nicht abgenutztes Event in der Erlebnisgesellschaft? Manche mögen es so auffassen. Aber es steht auch ein anderes Bedürfnis dahinter: den Tod nicht länger totzuschweigen, weil er beim Großen Fest des Hier und Jetzt stört, ihn nicht länger auszugrenzen und in die schlecht ausgeleuchteten Ränder unserer Existenz abzudrängen, damit wir, die wir noch mittendrin sind im Leben, nicht allzusehr an ihn erinnert werden.

Es gibt unterschiedliche Kreise um die immer schwerer erkrankte Ruth Picardie herum: ihr Mann und ihre Schwestern erleben sie im Alltag, mit unzensierten Stimmungstiefen und Abstürzen. Auch in den E-Mails an die näheren Freundinnen und Freunde schwingen Tagesbefindlichkeiten stärker mit: «Ich mag Cyberkrebs lieber als Telefonkrebs – macht mich nicht so anfällig für Heulen, Langeweile, Selbstmitleid usw.»[39] Die selbstironischen Kolumnen sind kontrollierter und richten sich an eine größere Öffentlichkeit, die wie ein breiter Bekanntenkreis angesprochen wird.

Alle zusammen helfen ihr, mit dem nahenden Tod fertigzuwerden – vergleichbar mit dem Publikum, das sich in der mittelalterlichen Gesellschaft am Sterbebett einfand. Auch da waren nicht nur nahe Familienangehörige zugegen, sondern auch Nachbarn und entfernte Bekannte.

Die letzten Tage des Sterbens waren für Ruth Picardie schwer; ihre Schwester und ihr Mann berichten zu Ende des Buches darüber. Der wachsende Tumor im Kopf raubte ihr nach und nach die Fähigkeit zum Denken und Formulieren; damit verlor sie in den letzten drei Wochen die für sie so wichtige Fähigkeit, im dunkeln Wald laut gegen die Angst zu pfeifen. Sie erlebte verwirrte Bewußtseinszustände und Gefühlsenthemmungen, verbrachte einige Tage im Hospiz, dann wieder zu Hause, um zuletzt im Hospiz zu sterben, in Gegenwart ihrer Mutter.

Ihre Art, sich mit dem nahenden Tod auseinanderzusetzen, nötigt tiefen Respekt ab. Sie sah ihrem Ende auf eine sehr individuelle Art ins Auge, tapfer, trotzig, über sich selbst und andere trotz ihrer Verzweiflung freundlich spottend.

Woher kommt eigentlich der heute so verbreitete Wunsch, sich öffentlich, für sich und andere schreibend mit der eigenen unheilbaren Krankheit und dem nahenden Tod auseinanderzusetzen? Woher kommt der Wunsch eines breiten Publikums, darüber lesen zu wollen? Drückt sich in diesem Trend unser zugespitzter Individualismus und unser zunehmender Narzißmus aus: Ich bin der Mittelpunkt der Welt, und wenn mir etwas so Schreckliches zustößt, muß ich es vor aller Welt laut beklagen? Spiegelt dieses literarische Genre einen zeitgenössischen extremen Exhibitionismus und Voyeurismus, auch da, wo es um letzte Dinge geht?

Man könnte so etwas vermuten. Aber vielleicht erklärt es sich auch anders. Vielleicht gibt es heute so viele Erfahrungsberichte über schreckliche persönliche Schicksalsschläge, über traumatische Erlebnisse, Unfälle und so viele gedruckte Auseinandersetzungen mit unheilbaren Krankheiten, weil uns ein verbindliches, kulturelles, sinnstiftendes Deutungsmuster für solches Schicksal fehlt. Früher half den

Menschen ein gemeinsamer religiöser Überbau, ein geteiltes Wertesystem, mit solchen schicksalhaften Begebenheiten in ihrem Leben fertigzuwerden. Heute gibt es dieses gemeinsame Bezugssystem nicht mehr, und jeder Mensch, den ein Schicksalsschlag trifft, steht allein da, verloren und ratlos angesichts von Lebenssituationen, die unser strahlendes Weltbild vom immerwährenden Wachstum und Aufstieg eigentlich gar nicht vorsieht. Jede und jeder Betroffene muß nach einer individuellen Deutung für das eigene Leben suchen, nach dem individuellen Weg, mit Schicksalsschlägen fertigzuwerden. Das Schreiben, das gewissermaßen ein veröffentlichtes Nachdenken ist, scheint eine Möglichkeit dazu.

«Gewiß ist es noch wichtiger,
wie der Mensch sein Schicksal nimmt
als wie sein Schicksal ist.»
Wilhelm von Humboldt

«Aus der Umarmung
von Freiheit und Schicksal
entsteht Sinn.»
Martin Buber

12. Wir sind unseres Glückes Schmied: gestalten und geschehen lassen

In den vorangegangenen Kapiteln war viel von Krankheit
und Tod die Rede. Was hat der Tod mit dem Glück zu tun?
Ganz einfach: Die Suche nach dem Glück geht in die
falsche Richtung, wenn sie die Vergänglichkeit und das Leid
leugnet. Eine tiefere Form der Glückssuche, die eigentlich
mit der Suche nach dem Sinn identisch ist und untrennbar
von der Frage nach dem «richtigen Leben», wird diese
Gegebenheiten akzeptieren und von ihnen ausgehen. «Gutes Leben» und «gutes Sterben» gehören zusammen. «Das
eigentliche Lebensglück, das in geistiger Ruhe und Zufriedenheit und in seelischer Geradheit und Sicherheit besteht,
darf man nie einem Menschen zusprechen, ehe man nicht
gesehen hat, wie er den letzten und zweifellos den schwie-
rigsten Akt im Schauspiel seines Lebens gespielt hat», sagt
Montaigne.[1] Uns Heutigen erscheint es unsinnig, unser
Leben in dieser Weise vom Tode her zu verstehen; wir
wollen erst so spät wie möglich, am liebsten gar nicht, an
ihn denken müssen. Wir haben das gute Sterben völlig aus
dem Blick verloren.

Die Glückssuche der westlichen Moderne läuft ins Leere, weil sie die Schattenseiten des Lebens negiert. Wir haben in den letzten Jahrhunderten eine Lebensphilosophie
entwickelt, die im Leid nur eine Störung der hochbesetz-
ten Suche nach dem Glück sieht («Don't worry – be hap-

py»). Bei richtiger Lebensführung, so die verbreitete Meinung, läßt sich dieser Störfall vermeiden. In Wirklichkeit aber kommt Leid nicht etwa deswegen über uns, weil wir etwas falsch machen, wie es uns oft genug der populäre Psychologismus unserer Tage einreden will. Es ist nicht vermeidbar dadurch, daß man sich vorsieht, sich anstrengt und alles richtig macht. Sondern wir erleben Leid, weil Leiden unverrückbar zum Leben gehört.

Schicksalsschläge konfrontieren uns mit den grundsätzlichen Lebensfragen nach der Vergänglichkeit, nach Zufall und Sinn, nach den Grenzen unserer Handlungsfreiheit, nach Verantwortung und Schuld – altmodische Themen, mit denen man sich heute bestenfalls in der Pubertät, im Alter oder in extremen Lebenssituationen befaßt. Im Rahmen eines christlichen Weltbildes machte das Leiden noch Sinn. Indem der Mensch es hier, in dieser Welt, ertrug, qualifizierte er sich für die leidfreie andere Welt jenseits des Todes. Auch andere religiöse und philosophische Weltinterpretationen vermögen dem Leiden einen Sinn zu geben, doch sie bleiben dem populären Denken unserer Zeit fremd.

Nach heutiger Weltsicht wird uns Leid entweder durch uns selbst oder durch andere Menschen zugefügt. Wir selbst können lernen, es besser zu machen und ihm so aus dem Weg gehen, das ist die verbreitete Ansicht. Auf andere Personen haben wir bedauernswerterweise weniger Einfluß. Wir können uns aber gegen Schädigungen durch sie weitgehend versichern oder versuchen, sie als Verursacher zur Rechenschaft zu ziehen. Bei einigem Nachdenken müssen wir zwar einräumen, daß es Schicksalsschläge gibt, die einen auch ohne eigenes oder fremdes Zutun treffen können. Aber diesen beunruhigenden Gedanken schieben wir so gut es geht beiseite.

Warum sollte ich mich gedanklich mit Katastrophen befassen, solange es mir gut geht? Was brauche ich eine Lebensphilosophie, die die dunklen Seiten des Lebens einbegreift, solange ich fit, dynamisch, gesund und auf Erfolgskurs bin, auf der Seite derer, für die alles nur immer noch besser werden kann? Solange das so ist, fahre ich doch viel besser mit einer Lebensphilosophie, die auf individuelle Glückssuche, auf Erlebniskicks und Spaß ausgerichtet ist. Also betone ich meine individuelle Unabhängigkeit und leugne meine existentielle Abhängigkeit. Mit den Schattenseiten des Lebens kann ich mich immer noch befassen, wenn ich gezwungenermaßen mit ihnen konfrontiert werden sollte. Aber vielleicht gelingt es mir ja, ihnen ganz aus dem Weg zu gehen. Jedenfalls werde ich alles tun, um nicht zu den Verlierern zu gehören, den Invaliden, den Mühseligen und Beladenen.

In dieser Lebensphilosophie sind Altern, Krankheit und Tod nicht vorgesehen. Umwege und Lebenskrisen sind nur gestattet, sofern man aus ihnen noch größer, noch stärker, noch schöner hervorgeht.

Altern paßt einfach nicht zu einem Weltbild, in dem es nur «Fortschritt» als ein Fortschreiten zum Besseren, Größeren und Schöneren geben darf. Das Gebot lautet: «Forever young» zu sein, für immer schön, fit und gesund, «gut drauf» zu sein. In Huxleys «Schöner Neuer Welt»[2] ist dieser Zustand weitgehend verwirklicht, alle sind gesund, niemand leidet, alle scheinen gleichsam alterslos, soziale und technische Abläufe sind vollkommen unter Kontrolle – und wenn man trotzdem wider Erwarten mal einen Durchhänger haben sollte, nimmt man ein bißchen Soma, die Glücksdroge, und schon ist man wieder gut drauf und mitten in der nie endenden Party des Lebens.

Da die Schöne Neue Welt sich in unserer Wirklichkeit aber, trotz allen technischen Fortschritts, offenbar nur in Ansätzen verwirklichen läßt, strampeln wir uns mühsam ab, wie Hamster im Laufrad, um den Ansprüchen zu genügen, unser Altern zu kaschieren oder wenigstens im Vergleich zur eigenen Altersgruppe besonders gut abzuschneiden. («Für dein Alter bist du aber fit! Siehst du aber gut aus! Ich hätte dich für zehn/zwanzig Jahre jünger gehalten!») Kosmetische Korrekturen, schönheitschirurgische Operationen, Diäten, Sport, sorgfältig ausgewählte Garderobe, Jugendlichkeitskult im Auftreten und im Gehabe – all die Möglichkeiten, uns jünger erscheinen zu lassen, verschärfen nur den unbarmherzigen Wettbewerb untereinander und treiben die Standards für Leistung und Aussehen höher und höher. Das verstärkt den allgemeinen Lebensstreß; Altern und Tod kann es jedoch nicht verhindern.

In unserem Weltbild muß das Ende des grandiosen individuellen Wachstums, der ständigen Aufwärtskurve, zugleich auch den Anfang des über alles gefürchteten Abstiegs bedeuten. Wir können «Veränderung» nur noch in «Mehr» oder «Weniger» denken, das mit «Besser» beziehungsweise «Schlechter» bewertet wird. Was nicht mehr wächst, das schrumpft – das ist die Lehre des kapitalistischen Wirtschaftens, die als Lebensphilosophie in alle anderen Lebensbereiche hineingewuchert ist. Sie gilt nicht mehr nur für die Umsatz- und Gewinnsteigerung der Unternehmen, sondern wird auch auf den Lebenserfolg in allen seinen Facetten übertragen, auf das persönliche Leistungsvermögen, auf Reichtum, Macht, Aussehen, Jugendlichkeit, Gesundheit, Fitneß.

Doch Altern, da hilft kein Euphemismus, ist nun einmal identisch mit schwindender Energie und reduzierten Möglichkeiten. Die mittelalterlichen Lebensstufenmodelle, die das individuelle Leben als eine Treppe darstellten, die auf der einen Seite auf- und auf der anderen Seite absteigt, machten das erbarmungslos klar. Das einzige, was nicht zwingend schrumpfen muß mit dem Altern, ist die persönliche Reife, das, was man früher «Weisheit» nannte. Aber dieser seelische Wachstumsprozeß kann sich nur vollziehen, wenn man in das Lebensgesetz des Alterns und das heißt auch in sein eigenes Schrumpfen einwilligt.

Unsere gängige Lebensphilosophie läßt auch schwere Lebenskrisen nur unter der Voraussetzung zu, daß ich aus ihnen gestärkt und wiederum noch größer, klüger, besser hervorgehe. Eines der Lieblingszitate, die derzeit im psychologisierenden Milieu im Schwange sind, ist das von der «Krise als Chance». Nur dann, wenn die Krise zu weiterem Wachstum führt, ist eine vorübergehende Regression erlaubt. «Was mich nicht umbringt, macht mich stärker», wie es bei Nietzsche in der «Götzen-Dämmerung» heißt.

Vielleicht kann uns dieser Gedanke manchmal durchaus helfen, vielleicht läßt sich manche schwierige Situation besser durchstehen, wenn wir darauf hoffen können, daß das Durchhalten zu etwas gut ist. Aber es gibt auch schwere Lebenskrisen, angesichts derer dieser Spruch zur ärgerlichen Platitüde gerät oder gar zynisch erscheint. Wenn mein Mann oder meine Frau plötzlich gestorben ist, wenn ich gerade mein Kind durch einen Unfall verloren habe, wenn mich eine Krankheit für immer in den Rollstuhl bringt, wenn der Arzt mir mitteilt, daß ich mit meiner Kankheit vermutlich das nächste Frühjahr nicht erlebe – möchte ich dann nicht jedem, der daherkommt und mir von der «Krise als Chance» vorplappert, etwas um die Ohren hauen?

Zunächst einmal ist jeder schwere Schicksalsschlag etwas, das meine lang gewachsene Identität, das Ich, in dem ich zu Hause war, mit einem Schlag zerschmettert und mich nackt und verwundet inmitten eines Scherbenhaufens zurückläßt. In diesem Scherbenhaufen bin ich gezwungen, mich neu einzurichten, und es ist absurd, in den Scherben sogleich das Material für noch größere und noch schönere Häuser zu vermuten. Ich kann froh sein, wenn sich überhaupt je wieder eine Hütte daraus zimmern läßt. Ich muß lernen, völlig neue Wege zu gehen – warum sollten sie, nur weil sie neu sind, besser sein als die alten? Veränderung, plötzlich erzwungene oder allmähliche, ist ein notwendiges Lebensgesetz, sie führt uns zu etwas anderem, aber keineswegs automatisch zu etwas Besserem. Zunächst einmal ist es ein Faktum, daß mich solche Schicksalsschläge ärmer machen. Es ist absurd zu behaupten, mein Leben würde reicher, wenn meine liebsten Menschen, Mann, Frau, Kind oder gute Freunde, tot sind. Warum sollte es eine Chance sein, wenn ich mich nicht mehr bewegen kann? Warum sollte ich daran reifen, daß ich nur noch wenige Monate zu leben habe?

Selbst wenn ich in diesen forcierten Reifungsprozeß einwillige – zu was soll es mir gut sein, daß ich im Augenblick meines Sterbens ein wenig gereifter bin als andere, weniger vom Schicksal Gebeutelte? Sterben muß ich so oder so.

Nach mancher schweren Lebenskrise ergibt es sich, daß ich am Ende des schmerzhaften Prozesses, in dem ich mich selbst neu finden mußte, rückblickend feststelle, daß mir neue, tiefere Einsichten über das Leben gekommen sind, und dies ist gewiß ein Gewinn. Doch den Gewinn an Einsicht kann man nicht gegen das aufwiegen, was man verloren hat, er vollzieht sich in einer anderen Dimension. Und man wächst nicht notwendig an Verlusten.

Jede Krise konfrontiert uns mit dem Lebensgesetz der Veränderung und der Vergänglichkeit. Ob wir dagegen rebellieren oder ob wir uns bewußt und in Einsicht unterwerfen, ist diesem Lebensgesetz ganz egal; es vollzieht sich unabhängig von unserer Einwilligung. Doch die Einsicht in die Notwendigkeit schafft Freiheit, die zu einer gewissen Distanz, Heiterkeit und Gelassenheit führt. Das einzige, was wir wirklich durch Krisen und Leid gewinnen können, ist ein Akzeptieren unserer existenziellen Abhängigkeit.

Wer das Leben als ständigen Aufstieg begreift, betrügt sich auf naive Weise, wider besseres Wissen. Leben bedeutet einerseits ein ständiges ungerichtetes Auf und Ab, einen fortwährenden Wechsel von Hochs und Tiefs. Es ist andererseits ein Zyklus oder vielmehr eine Spiralbewegung vom Nicht-Sein her zum Nicht-Sein zurück. Dazwischen bewegen wir uns auf einer Zeitlinie fort, doch es gibt keinen eigentlichen «Fort-schritt» im Sinne einer Entwicklung zu Mehr oder etwas Besserem, sondern nur ein beständiges Kreisen um den Versuch, in ständig sich verändernden Beziehungen zu Menschen und Dingen – im Gewinnen und Verlieren, in Wachstumskrisen und Schicksalsschlägen – Identität herzustellen, die Idee der Einheit und Ganzheit der Person. Dieser Prozeß ist nur in Bewußtheit und Einsicht möglich. Ständig wachsen kann bestenfalls die Einsicht, und auch dies ist kein kontinuierlicher und eindimensionaler Prozeß, denn meine Einsichten von gestern müssen heute oder morgen anderen Einsichten weichen – im glücklichen Fall machen die neuen die alten Erkenntnisse nicht völlig ungültig, sondern schließen sie auf einem anderen Niveau mit ein.

Wir besitzen heute in unserem Kulturkreis mehr Gestaltungsmacht für unser Leben als unsere Vorfahren – das gilt sowohl auf der kollektiven wie auf der individuellen Ebene. Noch nie hatten die Menschen einen so großen Spielraum, die Natur zu beherrschen und ihr Leben zu gestalten. Das Leben ist dadurch aber keineswegs einfacher und die Summe des erlebten Glücks vermutlich nicht größer geworden.

Mit der Gestaltungsmacht sind auch die Unsicherheit und Angst gewachsen. Die immer weiter reichenden Möglichkeiten technischer Interventionen lassen die Zahl der beabsichtigten und unbeabsichtigten Folgen steigen; sie machen die Zusammenhänge komplexer, schwerer durchschaubar – und damit wieder schwerer zu beherrschen. Das Tempo der Veränderungen steigt und mit ihm der Entscheidungsdruck; dabei erscheinen die möglichen Alternativen beliebiger. Das Ergebnis ist ein zunehmendes Gefühl der individuellen Ohnmacht, die besonders kränkend ist, weil unser wissenschaftliches Weltbild uns doch die Beherrschbarkeit der Welt und die Planbarkeit unseres Lebens suggeriert hat. Paradoxerweise nimmt unsere individuelle Hilflosigkeit gerade wegen der größeren menschlichen Handlungsmacht wieder zu, auf einem höheren Niveau der Lebenssicherheit und Bequemlichkeit zwar, aber dafür um so intensiver gefühlt.

Als Gegentendenz zur Unüberschaubarkeit entstehen vereinfachte Weltbilder, die die Komplexität des Geschehens um uns her reduzieren sollen. Solche Vereinfachungen sind beispielsweise generelle Schuldzuweisungen an andere Menschen («die Eltern sind an allem schuld») oder an «Sachzwänge» («die Globalisierung zwingt uns zum Stellenabbau»). Manchmal erscheint es fast so, als ob heute die «Sachzwänge» in unserem Denken die Rolle des guten alten Schicksals übernommen haben; in Wirklichkeit verbergen sich dahinter in der Regel konkrete Interessen und Akteure. Vereinfachende Weltbilder kennzeichnen die verschiedenen Spielarten des Fundamentalismus, der christlichen wie der islamischen Variante. Auch simple Formen des Psychologisierens und bestimmte Varianten esoterisch-magischen Denkens, wie sie in diesem Buch ausführlich dargestellt wurden, sind Versuche der Komplexitätsreduktion. Sie suggerieren eine Scheinkontrolle über Lebensprozesse, die wir in Wirklichkeit gar nicht kontrollieren können.

Im Laufe der Moderne hat sich die westliche Zivilisation von der Schicksalsgläubigkeit emanzipiert: Unser Ideal vom mündigen Menschen fordert uns auf, die Verantwortung für unser eigenes Leben zu übernehmen.

«Ich übernehme die Verantwortung für mein Leben!» Das kann heißen: Ich bin kein Spielball eines undurchschaubaren Schicksals; ich gestalte mein Leben durch eigenes Handeln. Ich bin auch bereit, die Folgen meiner Entscheidungen zu tragen. Ich übernehme die Verantwortung für das Selbstgewählte und akzeptiere darüber hinaus das Schicksalhafte, das ich nicht selber beeinflussen kann. Ich fühle mich verantwortlich für Leid, das ich verursacht habe, bei mir und bei anderen. Ich kann nicht alle äußeren Umstände meines Lebens bestimmen, aber es steht in meiner Macht, mich zu ihnen zu stellen und mit ihnen zufrieden und glücklich zu sein. – Das wäre die positive Seite des Bekenntnisses zum Individualismus.

Die Schattenseite der individualistischen Welthaltung ist der Machbarkeitswahn. «Ich übernehme die Verantwortung für mein Leben» heißt dann: Ich allein entscheide darüber, wo es in meinem Leben langgeht. Ich mache und kontrolliere alles selbst. Ich kann alles, wenn ich es will. Es geschieht nur, was ich wünsche (bewußt oder unbewußt). Ich will von niemandem abhängig sein. Ich werde alle meine Energien darauf ausrichten, meine Gestaltungsmacht weiter auszudehnen, die Kontrolle über alles zu bekommen oder zu behalten, was sich auf mein Leben auswirken könnte.

Eine negative Begleiterscheinung dieses Machbarkeitswahns ist die zunehmende Distanzierung von anderen Menschen. Wenn man für alles, was einem geschieht, selber die Verantwortung trägt, dann muß jeder selber sehen, wie er oder sie zurechtkommt. Wenn Leute, denen Schlimmes geschieht, an ihrem Unglück selbst schuld sind, dann geht mich das nichts an; ich muß mich nicht damit befassen. Ihr Leid ist ihr Problem; ich kann und muß mich davon distanzieren. Schließlich brauche ich all meine Kräfte dafür, so zu leben, daß es mir nicht geht wie ihnen.

Diese übergroße Selbstbezogenheit kommt auch in dem berühmten «Gestalt-Gebet» von Fritz Perls zum Ausdruck:

«I do my thing and you do your thing» – das heißt, jeder ist nur für sich selbst verantwortlich. «Das ist dein Problem, damit habe ich nichts zu tun, damit mußt du schon selber fertigwerden!» Das sind typische Glaubenssätze aus der populären Psycho-Szene der jüngsten Vergangenheit. Natürlich kann es nicht darum gehen, die Probleme der anderen für sie zu lösen, natürlich sollte man zunächst vor der eigenen Haustür kehren, und natürlich muß jeder letztlich allein mit seinem Leben und Sterben fertigwerden. Doch der forcierte Individualismus fördert eine Ent-Solidarisierung mit dem Schicksal anderer, er reduziert das wechselseitige Geben und Nehmen und führt in eine unmenschliche Isolation. Indem ich mich von den anderen distanziere, verweigere ich ihnen nicht nur meine Sympathie, sondern ich beraube mich zugleich selbst der Unterstützung, derer ich in schwierigen Situationen ebenso dringend bedarf wie sie in ihrer Not der meinen. Sym-pathie, Mit-Leiden, Einfühlung in den anderen ist aber das einzige, was wir einander als Trost anbieten können angesichts von schweren Lebenskrisen und Schicksalsschlägen. Wechselseitige Einfühlung ist nur möglich auf der Grundlage der uns allen gemeinsamen existentiellen Abhängigkeit: Wir alle erleben Leid, altern und sterben, wir alle suchen nach Sinn und Glück, und wir alle sind mit einem Bewußtsein ausgestattet, das es uns möglich macht, dies zu reflektieren. So ist das, was uns am tiefsten bedroht und ängstigt, zugleich die Bedingung für das Beste, was wir einander zu geben vermögen: menschliche Nähe, Zuwendung, Verständnis.

Wir sind kein bloßer Spielball unseres Schicksals, wir gestalten kräftig selber daran mit, nicht nur, indem wir handeln, sondern durchaus auch durch unsere Gefühle, unsere Hoffnungen und Ängste. Aber es ist borniert und größenwahnsinnig zu glauben, alles, was uns zustieße, hinge direkt oder indirekt von uns selber ab, von unserer bewußten oder unbewußten Steuerung. Wer im alten Sinne religiös ist, mag glauben, Gott, die Vorsehung oder das Schicksal sende uns Gutes und Böses, zur Belohnung, zur Strafe, als Prüfung, als eine zu entschlüsselnde Botschaft. Wer dieser Form von Religiosität entwachsen ist, wird den Gedanken aushalten müssen, daß viele Dinge einfach so sind, wie sie sind, daß sie ohne vorherbestimmten tieferen Sinn geschehen und sich deswegen meinem Warum entziehen. Nur wer das nicht aushält, flüchtet sich in den größenwahnsinnigen Gedanken, die Menschen könnten alles Geschehen bewußt oder unbewußt lenken. Gewiß gibt es vieles, auf das ich Einfluß nehmen kann – aber weitaus das meiste in der Welt und mehr als genug in meinem eigenen Leben geschieht ohne mein Dazutun. «Wir pflügen, und wir streuen den Samen auf das Land, doch Wachstum und Gedeihen liegt in des Himmels Hand», heißt es in einem evangelischen Kirchenlied, dessen Text von Matthias Claudius stammt. Der «Himmel» mag dabei für einen persönlichen Gott stehen, wie Matthias Claudius ihn sich vorstellte. Ich kann darin aber auch eine Chiffre für ein unpersönliches Seinsgesetz sehen.

Wir schreiben am Drehbuch unseres Lebens selbst mit, aber es gibt viele Co-Autoren, menschliche und nichtmenschliche Einflüsse. Manchmal bestimmen sie die Handlung unseres Lebensskripts stärker als wir selber; sie pfuschen uns dazwischen, schreiben ganze Szenen um, werfen Akte heraus, streichen Rollen und Charaktere, an denen wir sehr hingen, und fügen andere, unliebsame, ein; zu guter Letzt geben sie dem Ganzen vielleicht noch einen völlig anderen Schluß, als wir ihn wünschten. Doch selbst wenn wir unsere Rolle nicht allein bestimmen können, so können wir sie dennoch auf unsere ganz persönliche Art spielen. «Das Schicksal mischt die Karten, und wir spielen», sagt Schopenhauer in seinen Aphorismen.

Schicksalsschläge können «mit einem Schlag» unseren individuellen Gestaltungsspielraum dramatisch verengen. Doch auch bei allergeringstem Spielraum gibt es noch die Möglichkeit, so etwas wie Glück zu finden:

Das zeigen extreme Schicksale wie das des Franzosen Jacques Lusseyran, der im Alter von acht Jahren erblindete und 1944, zwanzigjährig, als blinder Widerstandskämpfer in ein nationalsozialistisches Konzentrationslager verbracht wurde. Dort begegneten ihm einige Menschen, von denen er lernte, das Leben zu lieben. Er hat diese Menschen später in seinem Buch «Das Leben beginnt heute» beschrieben. Inmitten von Grausamkeit und Willkür, ständig konfrontiert mit dem Tod und zunehmend abgestumpft durch die Erschöpfung, fand er dennoch die Freude: «Es war die Freude zu entdecken, daß die Freude existiert, daß sie, genau wie das Leben, in uns ist, daß sie keine Bedingung stellt und daß sie deshalb auch durch keine Bedingung – nicht einmal die schlimmste – zerstört werden kann».[3] Seine Zeit im KZ habe ihm diese tiefste Quelle der Lebensfreude erschlossen und ihm dazu verholfen, vor nichts mehr Angst zu haben, schrieb er fünfzehn Jahre später als Universitätsprofessor für französische Literatur in Amerika. «Man wundere sich daher nicht allzusehr und entrüste sich nicht, wenn ich sage, daß dieser Sommer 1944 in Buchenwald, in dem durch die Landung der Alliierten auf uns allen die absolut unvorhersehbare Alternative von Leben oder Tod lastete, für mich zu einer Zeit glücklicher Überschwenglichkeit wurde.»[4] Auch unter solchen extremen Bedingungen gab es für ihn die Möglichkeit, sein Glück zu finden.

In einer auf andere Weise extrem reduzierten Situation befand sich Jean-Dominique Bauby, nachdem er durch einen Hirnschlag vollständig gelähmt war (vgl. Kap. 9). Er vertrieb sich die langen leeren Stunden seines extrem reduzierten Daseins, indem er sich Menschen, Situationen, Gegenstände, Gerüche vorstellte. In Gedanken bereiste er noch einmal die Orte, die er überall auf der Welt kennengelernt hatte; er kochte in seiner Phantasie köstliche Gerichte; er redete im Kopf mit seinen Kindern und dem alten Vater. Der 93jährige Vater sprach manchmal zu ihm durchs Telefon; Bauby konnte dann nur mit lauten Atemzügen antworten. In der Woche vor seinem Unfall hatte er den alten Mann noch besucht und ihn rasiert, was dem Vater mit seinen zittrigen Händen schwerfiel. An diesen alltäglichen Liebesdienst mußte er jetzt oft denken, wenn ihn, den noch viel Hilfloseren, der Krankenhausfriseur etwas unsensibel bearbeitete. «Ich hoffe, ich habe einen aufmerksameren Figaro abgegeben.» Die nachträgliche Einfühlung in die Situation des Vaters verschaffte ihm Trost; so wie umgekehrt die Anteilnahme anderer, ihre Briefe und Besuche, von ihm «die Geier fern»[5] hielten.

Was immer noch bleibt, auch unter extremsten Bedingungen, ist die Freiheit, mich zum Geschehen zu stellen. Die meisten von uns haben den größten Teil ihres Lebens viel mehr Freiheit, es zu gestalten und ihr Glück zu suchen, als Jacques Lusseyran und Jean-Dominique Bauby.

Erfolg oder Scheitern, im weitesten Sinne verstanden, hängen sicher mit dem Lebensentwurf, dem Willen und der Persönlichkeit eines Menschen zusammen. Aber zwei ähnlich begabte und willensstarke Persönlichkeiten können, in verschiedenen historischen Situationen, unter verschiedenen sozialen Rahmenbedingungen, sehr verschiedene Leben haben. Bei ähnlicher Ausgangssituation können sie mit völlig anderen, von ihnen nicht kontrollierbaren Herausforderungen konfrontiert werden. Der Charakter eines Menschen äußert sich möglicherweise viel weniger darin, ob er oder sie ein «Sieger» oder ein «Verlierer» wird, sondern in der Art, wie er oder sie «siegt» oder «verliert», Glück oder Scheitern interpretiert und für sich verarbeitet.

Die zur Zeit populären Vorstellungen über den Lebenserfolg halten es für das größte, wenn man einmal ins Auge gefaßte Ziele nie aufgibt. Manchmal aber beweist sich Stärke im Gegenteil gerade darin, auf ein hochbesetztes Lebensziel zu verzichten. «Loslassen» heißt das in der psychologisierenden Alltagssprache. Ich muß lernen, damit fertigzuwerden, daß sich Lebenspläne nicht erfüllen, daß hochbesetzte Träume nicht in Erfüllung gehen, obwohl ich mich vielleicht sehr dafür angestrengt habe. («Erstens kommt es anders, zweitens als man denkt» – sagt Wilhelm Busch). Dieses Lernen ist mehr wert als das Kleben an den Wünschen, als das verbissene Kämpfen um jeden Preis. Eine Frau, die unfreiwillig kinderlos ist, kann das zum Beispiel irgendwann akzeptieren – oder sie kann sich endlos in die Mühlen reproduktionsmedizinischer Programme verstricken lassen. Statt meinen Partner um jeden Preis halten zu wollen, wenn er gehen will, kann ich ihn gehen lassen. Statt mich weiter in Bitterkeit und Neid zu verzehren, wenn ein Kollege nach dem anderen in der Berufshierarchie an mir vorbeizieht, vielleicht nicht einmal, weil sie kompetenter, sondern weil sie opportunistischer sind oder das richtige Parteibuch haben, kann ich das ehrgeizige Ziel der Beförderung aufgeben und mir andere wichtige Lebensinhalte suchen. Manchmal kann es reifer sein zu sagen: zwar hatte ich diesen großen Lebenswunsch – es wäre wunderbar gewesen, wenn er sich erfüllt hätte –, aber ich kann auch etwas aus meinem Leben machen, wenn er sich nicht erfüllt. Mit einem eigenen Kind wäre das Leben vielleicht reicher – aber ich kann auch so etwas daraus machen. Ich wollte diese Ehe fortsetzen – aber ich kann auch allein zurechtkommen. Es wäre schön gewesen, diesen Posten zu haben – aber es gibt genug andere interessante und erfreuliche Dinge, denen ich mich zuwenden kann, wenn es nicht klappt.

Glücklich ist vielleicht weniger der Mensch, der seine Ziele gradlinig erreicht, als einer, der Umwege für sich zu nutzen weiß, der aus seinen Mißerfolgen positive Erfahrungen ziehen kann. Denn Mißgeschick und Fehlschläge bleiben in keinem Leben aus. Vielleicht entsteht Lebensglück als eine Kombination aus den Gegensätzen aktiv gestalten und geschehen lassen, von außen gesetzte Bedingungen akzeptieren und für sich nutzen können, vorwärtsstürmen und innehalten, an Zielen festhalten, aber auch die Wegrichtung ändern können, Träume nähren und sich wieder von ihnen verabschieden. Das glückliche Zusammenspiel all dieser Fähigkeiten trägt, wenn vielleicht nicht immer zum großen äußerlich anerkannten Erfolg, so doch zur inneren Gelassenheit und Reife bei.

Welches Glück können wir aktiv suchen, für welches Glück können wir selber etwas tun?

Natürlich kann und darf ich mir Ziele setzen, kleinere Teilziele und größere Lebensziele, und das Gefühl genießen, mich ihnen zu nähern, mich auch daran freuen, wenn ich sie verwirklicht habe. Allerdings wird es immer Ziele geben, die ich nicht erreichen kann, und Lebenswünsche, die nicht in Erfüllung gehen, auch wenn ich intensiv dafür gearbeitet habe.

Problematisch ist in diesem Zusammenhang die eindimensionale Ausrichtung auf materiellen Erfolg und hohen Sozialstatus, auf äußerliche Glücksgüter, zu der besonders die westliche Zivilisation und Wirtschaftsordnung uns verleiten. Wie sehr eine solche Glückssuche ins Leere geht, zeigt uns das alte Grimmsche Märchen vom «Butt».

Der Fischer hat den Butt, den er gefangen hat, zunächst ohne Gegenleistung freigelassen und wird deswegen von seiner Frau harsch kritisiert: «Wieso hast du dir denn nichts gewünscht?» Uneigennützige Güte ist dumm; man muß bei jeder Handlung seinen materiellen Vorteil im Auge behalten. Als der Butt den ersten Wunsch des Mannes nach einem kleinen Häuschen erfüllt, kann der sich noch richtig daran freuen: So soll es bleiben, sagt er, so haben wir es schön! Doch der Frau ist es nicht genug – nicht, weil ihr das Haus nicht gefiele, sondern einfach deswegen, weil sie glaubt, noch mehr bekommen zu können. Warum soll man in einem kleinen Haus leben, wenn man ein großes haben kann? Warum soll man in einem Haus wohnen, wenn andere Schlösser besitzen? So schickt sie ihren Mann immer wieder los, er soll mehr und Besseres verlangen.

Natürlich sind der Fischer und seine Frau eigentlich ein und dieselbe Person, die zwei Seiten des Menschen: eine maßlose, die immer mehr will, und eine andere, die sagt: Nun ist es genug, sich aber doch stets aufs neue von der Gier mitreißen läßt. Es entspricht der inneren Mechanik der Gier, daß das relative Glücksgefühl mit jeder Wunscherfüllung geringer wird; die Phasen der Zufriedenheit mit dem jeweils Erreichten werden immer kürzer, die Wünsche immer größer, und sie folgen immer schneller aufeinander, bis zur Explosion.

Erstaunlicherweise endet die Sache einigermaßen glimpflich. Der letzte und besonders anmaßende Wunsch der Frau, wie Gott zu sein, führt die beiden nur wieder zu ihrem Ausgangspunkt, in den Pißpott, zurück. Diese Wendung soll noch einmal die Nichtigkeit materiellen Besitzes und weltlichen Ruhms sichtbar machen: letztlich verschwindet alles genauso schnell, wie man es angehäuft hat. Das Märchen warnt vor Gier, Ehrgeiz und Größenwahn,

Eigenschaften, die sicher grundsätzlich zur menschlichen Natur gehören und zu jeder Zeit existierten, bei uns aber in den letzten Jahrhunderten zu positiven Triebfedern menschlichen Handelns aufgewertet wurden. «Was einst als Habgier negativ bezeichnet wurde, ist heute eine Wirtschaftstugend mit dem schönen Namen Gewinnmaximierung», heißt es bei Ulrich Wickert.[6]

Ein Gegenmodell zum Fischer und seiner Frau bietet uns «Hans im Glück» im gleichnamigen Märchen, denn er ist völlig unbeeindruckt von materiellen Gütern.

Hans hatte «seinem Herrn treu gedient» und nach sieben Jahren einen Klumpen Gold zum Lohn erhalten, mit dem er sich auf den Weg nach Hause macht. Der Klumpen ist schwer zu tragen, Hans kommt ins Schwitzen und tauscht deswegen, als ihm ein Mann auf einem Pferd begegnet, bereitwillig sein Gold gegen das Pferd ein. Später tauscht er das Pferd gegen eine Kuh, dann die Kuh gegen ein Schwein, das Schwein gegen eine Gans und zuletzt die Gans gegen einen Schleifstein. Der fällt ihm zu allem Überfluß noch in den Brunnen, als er einen Schluck Wasser trinken will. Darüber ist Hans aber keineswegs enttäuscht, sondern eher erleichtert; er kann den Rest seines Heimwegs jetzt unbeschwert zurücklegen.

Einerseits stellt das Märchen Hans als töricht dar, weil er den objektiven Wert der Dinge nicht einzuschätzen weiß und immer wieder auf Leute hereinfällt, die ihn übervorteilen. Wer nicht zielbewußt zum eigenen Vorteil handeln kann, ist ein Tölpel − das ist eine Lesart des Märchens. Andererseits aber preist es ihn glücklich, weil er sorgenfrei, absichtslos und unbeschwert von Besitz durch die Welt geht und sich immer an dem freuen kann, was sich gerade zufällig ergibt. Ein bißchen beneidet man ihn um seine unbedarfte Genügsamkeit, die ihn jede Wendung der Dinge als Gewinn wahrnehmen läßt: Auf dem Pferd kann man reiten, die Kuh gibt Milch, das Schwein einen guten Braten usw. − Freuden, in deren Genuß er nie kommt, weil er jedes Gut gleich wieder gegen ein Geringerwertiges fortgibt, an dem er auch nur Vorteile erkennen kann.

Sicher ist, daß man mit Menschen wie Hans im Glück kein kapitalistisches Wirtschaftssystem aufbauen kann, während der Fischer und seine Frau die besten Voraussetzungen dafür besitzen.

Vielleicht muß man nicht ganz so simpel sein wie Hans im Glück und kann doch etwas von seiner Lebenshaltung lernen. Man kann die Fähigkeit kultivieren, bei jeder Wendung der Dinge – vor allem bei solchen, auf die man selber kaum Einfluß hatte – nach den guten Seiten der Situation Ausschau zu halten. Man kann lernen, die kleinen Freuden zu erkennen, die in den alltäglichen Dingen liegen und immer in unserer Reichweite sind.

Ein großer Meister dieser Form der Lebenskunst war Jean Pauls «braves Schulmeisterlein Wutz»: «... den ganzen Tag freuete er sich auf oder über etwas. ‹Vor dem Aufstehen›, sagt' er, ‹freu ich mich auf das Frühstück, den ganzen Vormittag aufs Mittagessen, zur Vesperzeit aufs Vesperbrot und abends aufs Nachtbrot – und so hat der Alumnus Wutz sich stets auf etwas zu spitzen.› Trank er tief, so sagt er: ‹Das hat meinem Wutz geschmeckt!› und strich sich den Magen. Nieste er, so sagte er: ‹Helf dir Gott, lieber Wutz!› Im fieberfrostigen Novemberwetter letzte er sich auf der Gasse mit der Vormalung des warmen Ofens ... War der Tag gar zu toll und windig ... so war das Meisterlein so pfiffig, daß es sich unter das Wetter hinsetzte und sich nichts darum schor; es war nicht Ergebung, die das unvermeidliche Übel aufnimmt, nicht Abhärtung, die das ungefühlte trägt, nicht Philosophie, die das verdünnte verdauet, oder Religion, die das belohnte verwindet: sondern der Gedanke ans warme Bett war's. ‹Abends›, dacht er, ‹lieg ich auf alle Fälle, sie mögen mich den ganzen Tag zwicken und hetzen, wie sie wollen, unter meiner warmen Zudeck und rück die Nase ruhig ans Kopfkissen, acht Stunden lang.›»[7] So schaffte es das Schulmeisterlein Wutz, auch unter recht erbärmlichen äußeren Bedingungen stets fröhlich zu sein.

Von manchen Menschen sagt man: «Alles fügt sich ihnen zum Glück.» Damit ist keineswegs gemeint, daß diesen Personen nur angenehme Dinge zustoßen. Sie scheinen vielmehr die Fähigkeit zu besitzen, auch scheinbar negativen Ereignissen etwas abzugewinnen, so daß sie sich für sie zum Guten wenden.

Manchmal geht es im Leben darum, mit überwiegend unerfreulichen Situationen zurechtzukommen, indem man ihnen noch eine gute Seite abgewinnt. Manchmal wird man aber auch mit Schicksalsschlägen konfrontiert, denen beim besten Willen überhaupt nichts Gutes abzugewinnen ist. Das muß man akzeptieren, nach besten Kräften weiterleben und auf eine neue Wendung der Dinge hoffen wie der Bauer in einer alten Geschichte.

Ein armer Bauer hatte sein mageres Land zu beackern und nur einen Sohn, der ihm half, und nur ein Pferd zum Pflügen. Eines Tages lief ihm das Pferd davon. Alle Nachbarn kamen und bedauerten den Bauern wegen seines Unglücks. «Woher wißt ihr, daß es Unglück ist?» fragte der Bauer ruhig. – In der nächsten Woche kam das Pferd zurück und brachte zehn Wildpferde mit. Die Nachbarn kamen alle und gratulierten dem Bauern zu seinem Glück. «Woher wißt ihr, daß es Glück ist?» fragte der Bauer. – Kurze Zeit später ritt der Sohn auf einem der wilden Pferde, fiel herunter und brach sich ein Bein. Nun war der Vater ohne Hilfe. Die Nachbarn kamen wieder und bedauerten das Unglück, aber der Bauer fragte ruhig: «Woher wißt ihr, daß es Unglück ist?» – In den folgenden Wochen brach ein Krieg aus. Soldaten kamen ins Tal, um die jungen Männer zum Militär zu holen. Den Sohn des Bauern ließen sie da, weil er das Bein gebrochen hatte.

Vielleicht ist der Bauer, der jede Wendung des Schicksals stoisch akzeptiert, einfach ein Fatalist. Vielleicht glaubt er an einen freundlichen Gott, der langfristig alles zum Guten wenden wird. Vielleicht denkt er buddhistisch: Alles, was ist, ist gut, weil es ist – an unseren individuellen menschlichen Bewertungen schert sich der Gang der Ereignisse nicht. Darüber sagt die Geschichte nichts. Auf jeden Fall weiß dieser Bauer aber, daß viele Ereignisse im größeren Lebenszusammenhang noch einmal eine andere Bedeutung bekommen können als sie im Augenblick des Geschehens für ihn haben. «Um ein Unglück kümmere dich drei Jahre nicht, und es wird zum Segen», sagt ein japanisches Sprichwort.

Manche Menschen beten, wie sie es als Kinder begonnen haben: «Lieber Gott, bitte erfülle mir diesen oder jenen Wunsch, mach dies oder das, verhindere dies oder das – und bring mir damit Glück beziehungsweise wende damit Leid von mir ab! Ich glaube, daß du die Macht dazu hast, und ich will dafür auch versuchen, ein anständiges Leben zu führen.» Das ist eine ebenso selbstsüchtige wie naive Form des Umgangs mit dem Schicksal. Reifer, erwachsen wäre es zu beten: «Du machst, was du machst, und so wie du es machst, ist es gut.» – Bei dieser Einstellung zum Schicksal braucht man eigentlich keinen persönlichen Gott mehr, mit dem man zu handeln und zu feilschen versucht; das Göttliche ist dann identisch mit dem Gesetz, nach dem sich alles Leben, Werden und Vergehen vollzieht und dem wir unterworfen sind, ganz unabhängig davon, ob wir es bewußt akzeptieren oder nicht. Wir können aber innere Gelassenheit aus dieser Einsicht ziehen, die wichtigste Quelle eines tieferen Glücks.

«Verlange nicht, daß das, was geschieht, so geschieht, wie du es wünschst, sondern wünsche, daß es so geschieht, wie es geschieht, und dein Leben wird heiter dahinfließen.» So steht es bei dem griechischen Philosophen Epiktet.[8]

Vielleicht greift man immer zu kurz, wenn man versucht, das Glück in irgendeiner seiner Erscheinungsformen direkt anzusteuern und festzuhalten. Vielleicht erwischt man so immer nur die flüchtigen Varianten des Glücks, die sich rasch abnutzen und auf Dauer der Mühe nicht wert sind. Ein wirkliches Glück, das in innerer Ruhe und der Fähigkeit zur Freude besteht, stellt sich vermutlich eher als Begleiterscheinung eines als gut oder sinnvoll empfundenen Lebens ein. Auf jeden Fall können wir mit sehr viel weniger unmittelbarem Lusterleben auskommen und sehr viel mehr Unlust aushalten, wenn wir das Gefühl haben, wir lebten «richtig» und «gut».

Damit werden wir auf die uralte Frage zurückgeworfen «Wie soll man leben?», eine Kernfrage aller Religion und Philosophie. Der Weg zum Glück ist ein tugendhaftes Leben, verkünden die Weisen aller Weltkulturen schon von ältester Zeit an, der Versuch also, ein Leben zu führen, das sich an den allgemein akzeptierten Tugenden orientiert. Die unterscheiden sich in den verschiedenen Kulturen und zu verschiedenen Zeiten gar nicht so sehr wie man annehmen könnte. Immer galten Wahrhaftigkeit und Ehrlichkeit, Freiheitsliebe, Tapferkeit und Zivilcourage, Lebensklugheit, Besonnenheit und Weisheit, Liebe zur Gerechtigkeit und das dazugehörige Unrechtsbewußtsein, Pflicht- und Verantwortungsgefühl, Menschenliebe, Hilfsbereitschaft und Toleranz, Zuverlässigkeit und Treue, Bescheidenheit oder Demut als Tugenden, obwohl sich mit den Zeitläuften die Begriffe veränderten und auch die Gewichte verschoben, die den einzelnen Tugenden beigemessen wurden. Im Prozeß der Moderne, «... mit der unreflektierten Ernennung von Fortschritt und Individualismus zu Götzen», ging die lebendige Diskussion um das, was diese Tugenden jeweils meinen und bedeuten können, fast verloren, und damit «... verlor die westliche Zivilisation einen wesentlichen Teil ihrer ethischen Identität».[9]

Als eine von vielen Anweisungen zum «guten Leben» aus unserem Kulturkreis mag hier ein Text stehen, der angeblich aus dem Jahre 1692 stammt und in der Old Saint Paul's Church in Baltimore, USA, gefunden wurde. In ihm kommt schon eine hohe Wertschätzung des Individuums zum Ausdruck, aber es ist ein umsichtiger Individualismus, der sich noch bewußt in einen größeren Zusammenhang einordnet. Dieser Text kursiert ohne genauere Quellenangabe in verschiedenen deutschen Übersetzungen und im englischen Original:

«Sei gelassen inmitten von Lärm und Hast, und denk an den Frieden, der in der Stille liegen kann. Sei in gutem Einvernehmen mit anderen Menschen, soweit dies möglich ist, ohne dich aufzugeben. Sag deine Wahrheiten ruhig und klar, und höre den anderen zu, auch den Langweiligen und Unwissenden, denn auch sie haben etwas zu sagen.

Meide laute und aggressive Personen; sie stören den Geist. Wenn du dich mit anderen vergleichst, magst du eitel oder bitter werden: Es wird immer größere und geringere geben als du selbst. Genieße, was du erreicht hast, und freue dich auch an deinen Plänen.

Behalte Interesse an deiner eigenen Laufbahn, auch wenn sie bescheiden ist; sie ist ein wirklicher Besitz im Wandel der Zeiten. Nimm deine Geschäfte mit Umsicht wahr, denn die Welt ist voller Arglist. Aber werde deswegen nicht blind für die Tugenden um dich herum. Viele Menschen streben nach hohen Idealen, und überall ist das Leben voll Heldentum.

Bleibe dir selbst treu. Täusche vor allem keine Zuneigung vor. Sei aber auch nicht zynisch der Liebe gegenüber, denn sie ist im Angesicht der Härten und Enttäuschungen so beständig wie das Gras.

Nimm die Einsichten des Alters freundlich entgegen, und gib die Dinge deiner Jugend gelassen auf. Pflege deine Seelenstärke, damit sie dich bei plötzlichen Schicksalsschlägen schützen kann. Aber mach dich nicht unglücklich mit Grübeleien. Viele Ängste entstehen aus Müdigkeit und Einsamkeit. Übe eine gesunde Selbstdisziplin, aber sei darüber hinaus nachsichtig mit dir selbst.

Du bist ein Kind des Universums, nicht weniger als die Bäume und die Sterne es sind; du hast ein Recht, auf dieser Welt zu sein. Und auch wenn du es nicht verstehst: Das Universum entwickelt sich zweifellos so, wie es soll.

Darum lebe in Frieden mit Gott, was auch immer du dir unter ihm vorstellst. Was immer dein Tun und Streben, lebe im unruhigen Durcheinander des Lebens in Frieden mit deiner Seele.

Trotz aller Plackerei, aller Enttäuschungen und zerbrochenen Träume: Die Welt ist doch schön. Sei achtsam. Versuche, glücklich zu sein.»

Im Märchen ziehen die Menschen aus, «um ihr Glück zu suchen». Was ihnen dabei widerfährt, können sie meistens nicht planen; es stößt ihnen in der Regel zu, und sie gewinnen ihr Glück sowohl durch Tun als auch durch Erleiden. Vielleicht sollten wir uns wie die Märchenhelden einfach auf die Aufgaben einlassen, mit denen uns das Leben konfrontiert, und während wir sie angemessen zu lösen versuchen, uns auf unsere kulturellen Ideale für ein gutes Leben besinnen. Dann wird sich das Glück als Begleitprodukt von selber einstellen.

ANMERKUNGEN

Erster Teil
Der Mythos der Machbarkeit

2. *«Gott ist mit dem Tüchtigen»*
Die Entstehung des Machbarkeitsmythos

1 Horst-Eberhard Richter, Der Gotteskomplex, Rowohlt, Reinbek 1990, S. 39.
2 Zitiert nach Richard van Dülmen, Die Entdeckung des Individuums, Fischer, Frankfurt a. M. 1997, S. 132.
3 Richard van Dülmen, a. a. O., S. 144.
4 Richard van Dülmen, a. a. O., S. 111.
5 Johann Peter Eckermann, Der Autor gibt Nachricht über seine Person und Herkunft, aus: Gespräche mit Goethe, C. H. Beck, München 1984, S. 11 ff.
6 Johann Peter Eckermann, a. a. O., S. 11 ff.
7 Louis Oppenheimer, Hirsch Oppenheimer – der Aufstieg eines Bankiers, zitiert nach Monika Richarz, (Hg.), Bürger auf Widerruf. Lebenszeugnisse deutscher Juden 1780-1945, C. H. Beck, München 1989, S. 103.
8 Zitiert nach Ingeborg Weber-Kellermann, Landleben im 19. Jahrhundert, C. H. Beck, München 1988, S. 330 f.
9 Arnold Toynbee, Menschheit und Mutter Erde, Claassen, Düsseldorf 1979, S. 488 f.
10 Arnold Toynbee, a. a. O., 1979, S. 499.
11 Herman Kahn und Anthony Wiener, Ihr werdet es erleben. Voraussage der Wissenschaft bis zum Jahr 2000, Molden, Wien/München/Zürich 1968.
12 Vgl. den Dokumentarfilm von Martin Schulze und Gero von Böhm beim Themenabend «Seuchen» des Senders Arte am 9. 9. 1999.
13 Eugen Drewermann, Der tödliche Fortschritt, Herder Spektrum, Freiburg 1991/1997.

3. Verdientes oder geschenktes Glück? Die vielen Gesichter des Glücks

1 Heinrich von Kleist, Aufsatz, den sichern Weg des Glücks zu finden, aus: Sämtliche Werke und Briefe, hg. v. H. Sembdner, 6. Aufl., Bd. 2, Hanser, München 1977, S. 301 f.

2 Nach einer Studie von R. Inglehart, 1990, zitiert nach Mihaly Czikszentmihalyi, Lebe gut! Wie Sie das Beste aus Ihrem Leben machen, Klett-Cotta, Stuttgart 1999, S. 33 f.

3 Vgl. Jörg Zirfas (Hg.), Zum Glück, Reclam, Stuttgart 1994, S. 15.

4 Vgl. Jörg Zirfas (Hg.), a. a. O., 1994, S. 16.

5 Arthur Schopenhauer, Die Welt als Wille und Vorstellung, Reclam, Stuttgart 1987, S. 451.

6 Sigmund Freud, zitiert nach Jörg Zirfas (Hg.), a. a. O., S. 43.

7 Sigmund Freud, zitiert nach Jörg Zirfas (Hg.), a. a. O., S. 69.

8 Mihaly Csikszentmihalyi, Flow.: Das Geheimnis des Glücks, Klett-Cotta, Stuttgart 1998.

9 Jean-Jacques Rousseau, zitiert nach Jörg Zirfas (Hg.), a. a. O., 1994, S. 218.

10 Alain, Die Pflicht, glücklich zu sein, zitiert nach Jörg Zirfas (Hg.), a. a. O., 1994, S. 29.

11 Bertrand Russell, Eroberung des Glücks (Org. 1950), Suhrkamp, Frankfurt a. M. 1977, S. 107 f.

12 Demokrit, zitiert nach Jörg Zirfas (Hg.), a. a. O., 1994, S. 265 f.

13 Alain, zitiert nach Jörg Zirfas (Hg.), a. a. O., 1994, S. 29.

4. Schicksal: kosmische Gesetze und göttliche Willkür gegen menschliche Ohnmacht?

1 Edward Tripp, Reclams Lexikon der antiken Mythologie, Reclam, Stuttgart 1970, S. 350 f.

2 Handwörterbuch des deutschen Aberglaubens, Bd. 6, hg. von Hanns Bächtold-Stäubli, Walter de Gruyter, Berlin 1987, S. 1121 f.

3 Mateo Maximoff, Die Ursitory, Mannesse, Zürich 1954 (frz. Orig. 1946).

4 Vgl. Annemarie Schimmel, Der Islam. Eine Einführung, Reclam, Stuttgart 1990, S. 69, S. 72 ff.

5 Christoph Horn, Antike Lebenskunst. Glück und Moral von Sokrates bis zu den Neuplatonikern, C. H. Beck, München 1998, S. 184 f.

6 Horst-Eberhard Richter, a. a. O., 1990; Taschenbuchausgabe Econ, Düsseldorf 1997.
7 Horst-Eberhard Richter, a. a. O., 1997, S. 19.
8 Horst-Eberhard Richter, a. a. O., 1997, S. 22.
9 Horst-Eberhard Richter, a. a. O., 1997, S. 29
10 Horst-Eberhard Richter, a. a. O., 1997, S. 87.
11 Horst-Eberhard Richter, a. a. O., 1997, S. 96.
12 Maxie Wander, Leben wär' eine prima Alternative, Luchterhand, Darmstadt 1980, S. 21, 28.
13 Diana Baumrind, zitiert nach Dieter E. Zimmer, Ein Kind ist schwer zu verderben, in: Die Zeit, Nr. 29 vom 15. Juli 1999, S. 17.
14 Alexander S. Neill, Theorie und Praxis der antiautoritären Erziehung. Das Beispiel Summerhill, Reinbek, Rowohlt 1960, S. 19, S. 273.
15 Vgl. meine ausführliche Auseinandersetzung mit dem «Mythos von der guten Mutter» in dem Buch Herrad Schenk, Wieviel Mutter braucht der Mensch?, Köln, Kiepenheuer & Witsch 1996, Taschenbuchausgabe Rowohlt, Reinbek 1998.
16 Dieter E. Zimmer, Ein Kind ist schwer zu verderben, in: Die Zeit, Nr. 29 vom 15. Juli 1999, S. 15 ff.

5. «Du kannst alles erreichen, was du willst!»
Die Ideologie von der Machbarkeit des Lebenserfolgs

1 Bill Gates, Der Weg nach vorn, Heyne, München 1998 (engl. Orig. 1995).
2 Bill Gates, a. a. O., 1998, S. 45.
3 Bill Gates, a. a. O., 1998, S. 17.
4 Bill Gates, a. a. O., 1998, S. 43.
5 Bill Gates, a. a. O., 1998, S. 44.
6 Höntsch, Tat gestaltet, 1941, S. 46–49, S. 80 ff., zitiert nach Ritter und Kocka, Deutsche Sozialgeschichte 1870–1914, S. 70–73.
7 Dagmar Deckstein, Die Aufklärerin. Beate Uhse, in: Cathrin Kahlweit (Hg.), Jahrhundertfrauen, C. H. Beck, München 1999, S. 89.
8 Robert H. Schuller, Erfolg kennt keine Grenzen, mvg, München/Landsberg am Lech 1993, S. 10.
9 Robert H. Schuller, a. a. O., 1993, S. 73.
10 Robert H. Schuller, a. a. O., 1993, S. 94.
11 Robert H. Schuller, a. a. O., 1993, S. 205 f.
12 Rolf Merkle, Auch du kannst mehr aus deinem Leben machen, PAL-Verlagsgesellschaft, 1986, 7. Aufl. Mannheim 1996, S. 15.

13 Michael Klose, Lothar J. Seiwert und Winfried U. Graichen, Verkaufen Sie sich einfach an die Spitze, mvg, München/Landsberg am Lech 1996, S. 25.

14 Michael Klose, Lothar J. Seiwert und Winfried U. Graichen, a. a. O., S. 24.

15 Robert H. Schuller, a. a. O., 1993, S. 95.

16 Michael Klose, Lothar J. Seiwert und Winfried U. Graichen, a. a. O., S. 33.

17 Annemarie Trixner, Umarme dein Glück, mvg, München/Landsberg am Lech 1998, S. 87.

18 Norman Vincent Peale, The power of positive thinking, New York, Prentice Hall 1952; dt. Die Kraft des positiven Denkens, Lübbe, Bergisch Gladbach 1992.

19 Vgl. vor allem: Joseph Murphy, Die unendliche Quelle Ihrer Kraft. Ein Schlüsselbuch positiven Denkens, Goldmann, München 1988.

20 Joseph Murphy, Dein Recht auf Glück. Der Triumph des positiven Denkens, Heyne, München 1999 (amerik. Original 1993), S. 62 f.

21 Sondra Ray, Schlank durch positives Denken. Eine spirituelle Diät, Kösel, München 1989, und Vera Pfeiffer, Die sieben Wege zum Traumpartner, Midena, Romb. 1997.

22 Joseph Murphy, a. a. O., 1999, S. 73.

23 Robert H. Schuller, a. a. O., 1993, S. 55.

24 Robert H. Schuller, a. a. O., 1993, S. 84.

25 Rolf Merkle, Auch du kannst mehr aus deinem Leben machen, a. a. O., S. 16, S. 18.

26 Erich Fromm, Haben oder Sein, dtv, München 1998.

27 Burkhard Strassmann, Wie eine Ameise zum Adler wird, in: DIE ZEIT, Nr. 42, 14. 10. 1999, S. 69.

28 Robert H. Schuller, a. a. O., 1993, S. 51.

29 Robert J. Ringer, Werde Nr. 1, mvg, München/Landsberg am Lech, 6. Aufl. 1990, S. 31 f.

30 Karl Heinrich Waggerl, Wagrainer Tagebuch, Insel, Leipzig 1940, S. 22 ff.

31 Christine Grän (Hg.), Zum Beispiel Tellerwäscher, Lamuv, Göttingen 1989, S. 14.

32 Christine Grän (Hg.), a. a. O., 1989, S. 7 ff.

33 Christine Grän (Hg.), a. a. O., 1989, S. 33 ff.

34 Frauke Hunfeld, Und plötzlich bist du arm. Geschichten aus dem neuen Deutschland, Rowohlt, Reinbek 1998, S. 147.

35 Annemarie Trixner, a. a. O., 1998, S. 64.

36 Peter Kummer, Warum geschieht das gerade ausgerechnet mir?, mvg, München/Landsberg am Lech 1998, S. 39.

6. «Alles, was dir geschieht, hast du selber bewirkt!»
Die Allmachtsphantasien im Denken des New Age

1 Norman Vincent Peale, a. a. O., S. 67.
2 Norman Vincent Peale, a. a. O., 1992, S. 70.
3 Norman Vincent Peale,. a. a. O., 1992, S. 17.
4 Joseph Murphy, a. a. O., 1999, S. 46.
5 Joseph Murphy, a. a. O., 1999, S. 67.
6 Zitiert nach Horst Eberhard Richter, a. a. O., 1997, S. 52.
7 Horst Eberhard Richter, a. a. O., 1997, S. 54.
8 Peter Kummer, a. a. O., 1998, S. 38 f.
9 Peter Kummer, a. a. O., 1998, S. 67.
10 Annemarie Trixner, a. a. O., 1998, S. 14.
11 Peter Kummer, a. a. O., 1998, S. 12.
12 Annemarie Trixner, a. a. O., 1998, S. 14.
13 Peter Kummer, a. a. O., 1998, S. 54.
14 Peter Kummer, a. a. O., 1998, S. 48.
15 Peter Kummer, a. a. O., 1998, S. 48/9.
16 Thorwald Dethlefsen, Schicksal als Chance, Bertelsmann, München 1979, S. 80.
17 Thorwald Dethlefsen, a. a. O., 1979, S. 80.
18 Thorwald Dethlefsen, a. a. O., 1979, S. 84.
19 Thorwald Dethlefsen, a. a. O., 1979, S. 205.
20 Thorwald Dethlefsen, a. a. O., 1979, S. 139.
21 Thorwald Dethlefsen, a. a. O., 1979, S. 135.
22 Thorwald Dethlefsen, a. a. O., 1979, S. 135.
23 Peter Kummer, a. a. O., 1998, S. 13.
24 Joseph Murphy, a. a. O., 1999, S. 172.
25 Peter Kummer, a. a. O., 1998, S. 150.
26 Thorwald Dethlefsen, a. a. O., 1979, S. 86.
27 Michiaki und Hildegard Horie, Befreiung aus dem Labyrinth. Trauma und Traumabewältigung, Brockhaus-Verlag, Wuppertal 1997, S. 136.

Zweiter Teil
Die Macht des Schicksals

7. Zerstörerische Kräfte
in der Natur und der Technik

1 Sebastian Münster, Cosmographia, Basel 1628, S. 1109.
2 Rötteler Chronik 1376–1432, S. 125.

3 Richard van Dülmen, Kultur und Alltag in der Frühen Neuzeit, Bd. 1, Das Haus und seine Menschen, C. H. Beck, München 1990, S. 265.

4 Richard van Dülmen, a. a. O., 1990, S. 262 ff.

5 «Berg verschlingt ein ganzes Dorf», in: Badische Zeitung vom 26. 6. 1999.

6 In der Badischen Zeitung vom 2. 6. 1999.

7 Vgl. «Schrubben, solange das Zählrohr knistert», Badische Zeitung vom 22. September 1999, S. 3.

8 Klara Steiner, Jahrgang 1906, in: Sibylle Meyer und Eva Schulze, Wie wir das alles geschafft haben. Alleinstehende Frauen berichten über ihr Leben nach 1945, Verlag C. H. Beck, München 1985, S. 16.

9 Klara Steiner, Jahrgang 1906, in: Sibylle Meyer und Eva Schulze, a. a. O., 1985, S. 13–26.

10 Michiaki und Hildegard Horie, a. a. O., 1997, S. 103.

11 Michiaki und Hildegard Horie, a. a. O., 1997, S. 104.

12 Michiaki und Hildegard Horie, a. a. O., 1997, S. 104.

13 Michiaki und Hildegard Horie, a. a. O., 1997, S. 105.

14 Michiaki und Hildegard Horie, a. a. O., 1997, S. 106.

8. Gesundheit – Geschenk oder Verdienst?

1 Dietrich von Engelhardt, Krankheit, Schmerz und Lebenskunst, C. H. Beck, München 1999, S. 43.

2 Zitiert nach Heinrich Schipperges, Die Kranken im Mittelalter, C. H. Beck, München 1990, S. 11.

3 Zitiert nach Dietrich von Engelhardt, a. a. O., 1999, S. 47 f.

4 Hans Christian Deter, «Ich bin leistungsfähig» oder «Ich fühle mich wohl», in: Elk Franke (Hg.), Sport und Gesundheit, Rowohlt, Reinbek 1986, S. 77.

5 Karl Pflugbeil und Irmgard Niestroj, Die Vital-Plus-Diät, Herbig Verlag, München 1994, S. 9.

6 Michael Lukas Moeller, Gesundheit ist eßbar, Goldmann, München 1989, S. 9.

7 Max Otto Bruker, Unsere Nahrung – unser Schicksal, 30. Aufl. emu-Verlag, Lahnstein 1998, S. 425.

8 Karl Pflugbeil und Irmgard Niestroj, a. a. O., 1994, S. 20.

9 Deutsche Gesellschaft für Ernährung, Vollwertig essen und trinken nach den 10 Regeln der DGE, Frankfurt 1993.

10 Helmut Wandmaker, Du willst gesund sein? Vergiß den Kochtopf!, Goldmann, München 1992.

11 Max Gerson, Eine Krebstherapie, Hyperion, Freiburg 1988, S. 290.

12 Zitiert nach Udo Pollmer u. a., Prost Mahlzeit! Krank durch gesunde Ernährung, Kiepenheuer & Witsch, Köln 1994, S. 123.

13 Udo Pollmer u. a., a. a. O., 1994, S. 16.

14 Udo Pollmer u. a., a. a. O., 1994, S. 101.

15 Nach Angaben der Lifestyle-Zeitschrift «Fit for fun», 2/1999, S. 14.

16 Aljoscha A. Schwarz und Ronald P. Schweppe, Gesund und fit mit Walking, mvg-Verlag, München/Landsberg am Lech 1994, S. 7.

17 Elk Franke, a. a. O., 1986, S. 11.

18 Ludwig von Geiger, Überlastungsschäden im Sport, BLV–Verlag, München 1997, S. 32.

19 Hans A. Bloss, Gesundheitssport gegen Herzinfarkt, Piper, München 1991, S. 14.

20 Ludwig von Geiger, a. a. O., 1997, S. 32.

21 Friedhelm Beuker, Wer Sport treibt, lebt gesünder – Erkenntnisse der präventiven Sportmedizin, in: Elk Franke (Hg.), a. a. O., 1986, S. 41.

22 Dagmar Sternad, Gymnastik – Beweglichkeit, Kräftigung, Ausdauer für alle, BLV-Verlag, München 1989, S. 8.

23 Henry A. Solomon, Der Fitness-Wahn, Droemer, München 1987, Org. 1984.

24 Henry A. Solomon, a. a. O., 1987, S. 6.

25 Henry A. Solomon, a. a. O., 1987, S. 18.

26 Volker Rittner, Veränderungen der Gesundheitsvorstellungen und des Sports, in: Elk Franke (Hg.), a. a. O., 1986, S. 71.

27 Horst-Eberhard Richter, a. a. O., S. 183.

28 Horst-Eberhard Richter, a. a. O., S. 184.

29 Rüdiger Dahlke und Thorwald Dethlefsen, Krankheit als Weg, Goldmann, München 1990, S. 82.

30 Rüdiger Dahlke und Thorwald Dethlefsen, a. a. O., 1990, S. 83.

31 Annemarie Trixner, a. a. O., 1998, S. 99.

32 Unter anderem gibt der Bastei-Verlag eine ganze Reihe solcher Erfahrungsberichte mit schweren Krankheiten heraus.

33 Dietrich von Engelhardt, a. a. O., 1999, S. 88.

34 Horst-Eberhard Richter, a. a. O., 1997, S. 185.

35 Horst-Eberhard Richter, a. a. O., 1997, S. 152.

36 Horst-Eberhard Richter, a. a. O., 1997, S. 152f.

37 Zitiert nach Dietrich von Engelhardt, a. a. O., 1999, S. 89.

9. Warum mußte das geschehen?
Deutungsversuche für individuelle Schicksalsschläge

1 Arno Bohlmeijer, Wo deine Stimme war, geht jetzt der Wind, München, Goldmann 1998, S. 13.
2 Arno Bohlmeijer, a. a. O., 1998, S. 27.
3 Arno Bohlmeijer, a. a. O., 1998, S. 69.
4 Arno Bohlmeijer, a. a. O., 1998, S. 165.
5 Angelika-martina Lebeus, Liebe auf den zweiten Blick, Bastei-Lübbe, Bergisch-Gladbach 1993.
6 Angelika-martina Lebeus, a. a. O., 1998, S. 17.
7 Angelika-martina Lebeus, a. a. O., 1998, S. 21.
8 Angelika-martina Lebeus, a. a. O., 1998, S. 30f.
9 Angelika-martina Lebeus, a. a. O., 1998, S. 27f.
10 Angelika-martina Lebeus, a. a. O., 1998, S. 35.
11 Angelika-martina Lebeus, a. a. O., 1998, S. 53.
12 Angelika-martina Lebeus, a. a. O., 1998, S. 31.
13 John Hull, Im Dunkeln sehen. Erfahrungen eines Blinden, C. H. Beck, München 1992, S. 27.
14 John Hull, a. a. O., 1992, S. 173.
15 Jean-Dominique Bauby, Schmetterling und Taucherglocke, Zsolnay, Wien 1997, S. 6f.
16 Jean-Dominique Bauby, a. a. O., 1997, S. 81.
17 Jean-Dominique Bauby, a. a. O., 1997, S. 82.
18 Jean-Dominique Bauby, a. a. O., 1997, S. 27.
19 Jean-Dominique Bauby, a. a. O., 1997, S. 10.
20 Jean-Dominique Bauby, a. a. O., 1997, S. 8.
21 Maxie Wander, a. a. O., 1980, S. 124.
22 Christel und Isabell Zachert, Wir treffen uns wieder in meinem Paradies, Bastei Lübbe, Bergisch Gladbach 1995.
23 Jutta Hartmann, Lautlos und unbemerkt. Der plötzliche Kindstod, C. H. Beck, München 1990.
24 Jutta Hartmann, a. a. O., 1990, S. 42.
25 Ann Diamond, Kein Laut mehr aus deiner Wiege, Bastei-Lübbe, Bergisch Gladbach 1997, S. 72.
26 Ann Diamond, a. a. O., 1997, S. 142.
27 Ann Diamond, a. a. O., 1997, S. 238.
28 Jutta Hartmann, a. a. O., 1990, S. 29–34.
29 Jutta Hartmann, a. a. O., 1990, S. 15.
30 Gabriele Michel, Ich trage dich wie eine Wunde, Herder, Freiburg 1995, S. 11.
31 Manfred Ötzelberger, Suizid. Das Trauma der Hinterbliebenen, Ch. Links, Berlin 1999.

32 Manfred Ötzelberger, a. a. O., 1999, S. 85.
33 Manfred Ötzelberger, a. a. O., 1999, S. 63.
34 Manfred Ötzelberger, a. a. O., 1999, S. 67.
35 Manfred Ötzelberger, a. a. O., 1999, S. 62.
36 Manfred Ötzelberger, a. a. O., 1999, S. 61.
37 Manfred Ötzelberger, a. a. O., 1999, S. 175.
38 Manfred Ötzelberger, a. a. O., 1999, S. 70.
39 Manfred Ötzelberger, a. a. O., 1999, S. 53.
40 Manfred Ötzelberger, a. a. O., 1999, S. 74.

10. Durch eigene Schuld erkranken –
durch eigene Leistung gesunden?
Deutungsversuche am Beispiel Krebs

1 Ken Wilber, Mut und Gnade, Scherz, München 1994, amerik.
   Orig. 1991, S. 54; S. 56.
2 Maxie Wander, a. a. O., 1980.
3 Maxie Wander, a. a. O., 1980, S. 57.
4 Maxie Wander, a. a. O., 1980, S. 21.
5 Maxie Wander, a. a. O., 1980, S. 28.
6 Maxie Wander, a. a. O., 1980, S. 123.
7 Maxie Wander, a. a. O., 1980, S. 15.
8 Maxie Wander, a. a. O., 1980, S. 30.
9 Maxie Wander, a. a. O., 1980, S. 41.
10 Maxie Wander, a. a. O., 1980, S. 47.
11 Maxie Wander, a. a. O., 1980, S. 171.
12 Fritz Zorn, Mars, Kindler, Zürich 1977.
13 Fritz Zorn, a. a. O., 1977, S. 10.
14 Fritz Zorn, a. a. O., 1977, S. 44.
15 Fritz Zorn, a. a. O., 1977, S. 132.
16 Fritz Zorn, a. a. O., 1977, S. 211.
17 Fritz Zorn, a. a. O., 1977, S. 209.
18 Georg Groddeck, Das Buch vom Es, 1923, zitiert nach Susan
   Sontag, Krankheit als Metapher, Fischer, Frankfurt a. M. 1981
   (amer. Orig. 1977), S. 56.
19 Louise Hay, Gesundheit für Körper und Seele, Heyne Verlag,
   München 1998, amer. Orig. 1984, S. 15.
20 Louise Hay, a. a. O., 1998, S. 25.
21 Louise Hay, a. a. O., 1998, S. 274 f.
22 Louise Hay, a. a. O., 1998, S. 276.
23 Louise Hay, a. a. O., 1998, S. 277.
24 Philie Haarbosch, Ich habe meinen Krebs nicht mehr nötig.
   Danke schön, Louise Hay, Lüchow Verlag, Freiburg 1994.

25 Marc I. Barasch, Ich suchte meine Seele und wurde gesund, 1998; amer. Orig. 1993, S. 32.
26 Marc I. Barasch, a. a. O., 1998, S. 34.
27 Eva Maria Sanders, Leben! Ich hatte Krebs und wurde gesund, Heyne Verlag, München 1999.
28 Eva Maria Sanders, a. a. O., 1999, S. 157.
29 Eva Maria Sanders, a. a. O., 1999, S. 54.
30 Eva Maria Sanders, a. a. O., 1999, S. 53.
31 Eva Maria Sanders, a. a. O., 1999, S. 54.
32 Eva Maria Sanders, a. a. O., 1999, S. 82.
33 Eva Maria Sanders, a. a. O., 1999, S. 84.
34 Eva Maria Sanders, a. a. O., 1999, S. 110.
35 Eva Maria Sanders, a. a. O., 1999, S. 199.
36 Ken und Treya Wilber, a. a. O., 1994, S. 60.
37 Ken und Treya Wilber, a. a. O., 1994, S. 63.
38 Ken und Treya Wilber, a. a. O., 1994, S. 64.
39 Ken und Treya Wilber, a. a. O., 1994, S. 80.
40 Ken und Treya Wilber, a. a. O., 1994, S. 249.
41 Ken und Treya Wilber, a. a. O., 1994, S. 284.
42 Reinhard Schwarz, Die Krebspersönlichhkeit. Mythos und klinische Realität, Schattauer Verlag, Stuttgart 1994, S. 93.
43 Ken und Treya Wilber, a. a. O., 1994, S. 64.
44 Susan Sontag, a. a. O., 1981, S. 66.

*11. Dem Schicksal ins Auge sehen:
die Begegnung mit dem eigenen Tod*

1 Vgl. Gion Condrau, Der Mensch und sein Tod, Benziger, Zürich 1964, S. 182 ff.
2 Zitiert nach Klaus Schreiner, Der Tod Marias als Inbegriff christlichen Sterbens, in: Arno Borst u. a. (Hg.), Tod im Mittelalter, Konstanz 1993, S. 261–312.
3 Philippe Ariès, Studien zur Geschichte des Todes im Abendland, Hanser, München 1976.
4 In der Zeitschrift «Berliner Feuerspritze» 1853, zitiert nach Wolfgang Preisendanz, Heines Geschichte der Agonie, in Arno Borst u. a. (Hg.), a. a. O., 1993, S. 382 f.
5 Philippe Ariès, a. a. O., 1976, S. 61.
6 Zitiert nach Jörg Zirfas (Hg.), a. a. O., 1994, S. 247.
7 Horst Fuhrmann, Fern von gebildeten Menschen, C. H. Beck, München 1989, S. 105 ff.
8 Harald Steffahn, Albert Schweitzer, in: Hans Jürgen Schultz (Hg.), Der Tod nimmt, die Liebe gibt. Porträts vom Leben

und Sterben aus drei Jahrhunderten, Quell Verlag, Stuttgart 1994, S. 51.

9 Johannes Cremerius, Sigmund Freud, in: Hans Jürgen Schultz (Hg.), a. a. O., 1994, S. 85.

10 Zitiert nach Cremerius, 1994, a. a. O., S. 87.

11 Zitiert nach Cremerius, 1994, a. a. O., S. 90.

12 Peter Noll, Diktate über Sterben & Tod, pendo, Zürich, 1984.

13 Peter Noll, a. a. O., 1984, S. 200.

14 Peter Noll, a. a. O., 1984, S. 123.

15 Peter Noll, a. a. O., 1984, S. 27.

16 Peter Noll, a. a. O., 1984, S. 139.

17 Peter Noll, a. a. O., 1984, S. 21.

18 Peter Noll, a. a. O., 1984, S. 34.

19 Peter Noll, a. a. O., 1984, S. 81 ff.

20 Peter Noll, a. a. O., 1984, S. 227.

21 Peter Noll, a. a. O., 1984, S. 196.

22 Peter Noll, a. a. O., 1984, S. 240.

23 Peter Noll, a. a. O., 1984, S. 241.

24 Peter Noll, a. a. O., 1984, S. 258.

25 Peter Noll, a. a. O., 1984, S. 272.

26 Peter Noll, a. a. O., 1984, S. 265.

27 Peter Noll, a. a. O., 1984, S. 274.

28 Ruth Picardie, Es wird mir fehlen, das Leben, Rowohlt, Reinbek 1999.

29 Ruth Picardie, a. a. O., 1999, S. 14.

30 Ruth Picardie, a. a. O., 1999, S. 31.

31 Ruth Picardie, a. a. O., 1999, S. 35.

32 Ruth Picardie, a. a. O., 1999, S. 43.

33 Ruth Picardie, a. a. O., 1999, S. 66 f.

34 Ruth Picardie, a. a. O., 1999, S. 81.

35 Ruth Picardie, a. a. O., 1999, S. 82.

36 Ruth Picardie, a. a. O., 1999, S. 122.

37 Ruth Picardie, a. a. O., 1999, S. 83.

38 Ruth Picardie, a. a. O., 1999, S. 123 f.

39 Ruth Picardie, a. a. O., 1999, S. 28.

12. *Wir sind unseres Glückes Schmied: gestalten und geschehen lassen*

1 Michel de Montaigne, Essais, zitiert nach Jörg Zirfas (Hg.), 1994, a. a. O., S. 246.
2 Aldous Huxley, Schöne neue Welt. Ein Roman der Zukunft, Fischer, Frankfurt a. M. 1983 (engl. Orig. 1953).
3 Jacques Lusseyran, Das Leben beginnt heute, München, dtv 1990 (frz. Orig. 1959), S. 25.
4 Jacques Lusseyran, 1990, a. a. O., S. 55.
5 Jean-Dominique Bauby, 1997, a. a. O., S. 83.
6 Ulrich Wickert, Das Buch der Tugenden, Hoffmann und Campe, Hamburg 1995, S. 34.
7 Jean Paul, Leben des vergnügten Schulmeisterlein Maria Wutz in Auenthal. Eine Art Idylle, Reclam, Stuttgart 1977, S. 13 f.
8 Epiktet, zitiert nach Jörg Zirfas (Hg.), 1994, a. a. O., S. 97.
9 Ulrich Wickert, 1995, a. a. O., S. 30.